www.tredition.de

AF186045

## Dieses Buch widme ich meinem Vater

Mein Vater hat mir ein Tagebuch hinterlassen, in dem er jeden Tag akribisch aufgeschrieben hat, was er in den 50er- und 60er Jahren in Afghanistan als Entwicklungshelfer erlebt hat.

Sonja Seibel geb.Schreiner

Sonja Seibel

# Abenteuerliche Reise- und Tatsachenberichte aus Afghanistan

www.tredition.de

Verlag und Druck: tredition GmbH, Hamburg

ISBN
Paperback:     978-3-7469-9528-1
Hardcover:     978-3-7469-9529-8
e-Book:        978-3-7469-9530-4

# Aufzeichnungen und Reiseerzählungen von Rudolf Schreiner „Rudi" aus Lautenbach im Renchtal

Aufgewachsen im schönen Renchtal hatte ich schon als junger Mann das Bedürfnis

die weite Welt zu bereisen, um andere Kulturen und Menschen kennenzulernen.

Der Zufall, wie so oft half mir. Ich bewarb mich als Entwicklungshelfer nach Afghanistan

und wurde angenommen. Von diesen Erlebnissen und Eindrücken möchte ich hier berichten.


Die Lebensgeschichte meines Vaters Rudolf Schreiner. 1923 in Kappelrodeck geboren, erlernte er den Beruf des KFZ-Mechanikers.

Es konnte sich dann beim Militär zum Flugzeugmechaniker, aufgrund der Kriegs Einsätze bei

der Luftwaffe ab 1941 weiterbilden. Dabei hatte er die ersten ungewollten Auslandsaufenthalte in Polen und Russland.

In Lautenbach lernte er sein Frau Gisela kennen, mit ihr bekam er drei Kinder.

Ein befreundeter Arbeitskollege hatte gute Kontakte zu dem bekannten Bauunternehmer

Hochtief, das zu dieser Zeit weltweite Straßenbau Aufträge abwickelte.

Über diese Information wurde dann mein Vater auf ein Großprojekt in Afghanistan aufmerksam.

1954 bewarb er sich beim Deutschen Konsulat und der afghanischen Botschaft.

Nach ca. 1 ½ Jahren kam es dann zum Vertragsabschluss.

Dann konnte die Reise beginnen, allerdings ohne Frau und Kinder, die Gefahren in einem

Muslimischen Land zu dieser Zeit waren

zu unsicher.

Die handschriftlichen Aufzeichnungen meines Vaters inspirierten mich, nachdem ich sie gut

lesbar abgetippt habe, als Taschenbuch für alle zugänglich zu veröffentlichen.

Im Jahr 1954 schrieb ich auf eine Annonce einer Zeitung betr. Arbeitsvertrag im asiatischen Ausland. Nach Ablauf eines Jahres glaubte ich mein Anfragen wäre vergessen, doch nein, ich wusste ja noch nicht von der Mentalität asiatischer Völker und ihrer Zeitrechnung, denn nach weiteren 6 Monaten also 1 ½ Jahre nach meinem Schreiben bekam ich die Mitteilung, dass man mit meiner Person einverstanden ist.

Nun begann ein reger Schriftwechsel von mir und dem Vermittler über Vertrag und Reisespesen und vieles mehr, wobei wiederum eine Zeit von 20 Monaten verstrich.

Doch dann war es soweit, im Dezember 1957 schickte man mir den Vertrag von zuständiger Stelle beglaubigt und Reisegeld für einen Flug oder Seereise je nach Wunsch. Das war der eigentliche Anfang von meinem Aufenthalt in Asien, der noch recht lange dauern sollte. Nach den üblichen Reisevorbereitungen, Visa etc. Papiere Formular usw. flog ich dann am 05.Januar 1958 mit der Air France von Frankfurt ab.

Die Maschine eine Super Konstellation imponierte mir ganz besonders, ich freute mich richtig wieder einmal in so einer Luftschaukel sitzen zu können und stellte Vergleiche an mit unseren deutschen Flugzeugen ähnlicher Bauart. Als ehemaliger Angehöriger der deutschen Luftwaffe im zweiten Weltkrieg war mir das fliegen nichts neues, jedoch war natürlich eine Reisemaschine mit einer Kriegsmaschine nicht in allen Dingen vergleichbar.

Der Start in Frankfurt war abends um 10.00 Uhr und bald sah man das Lichtermeer dieser Großstadt verschwinden. Nach einer halben Stunde sah man schon die Lichter von München und dann ging es über die Alpen.

Noch einmal ertönte die Stimme aus dem Lautsprecher wir überfliegen Zagreb und nach einer Stunde weiteren Stunde setzte die Maschine zur ersten Landung in Istanbul an.

Eines hat mich allerdings etwas gewundert, der Klassenunterschied, den es auch in der Luft gibt. In der sogenannten First Class hat man außer der größeren Sitzfläche noch andere Vorteilen, z.B. 30 kg Freigepäck und Zigaretten an Bord.

Nur wenn der Kasten plötzlich nicht mehr fliegen will oder die Landung nicht klappt, dann ist die ganze Gesellschaft völlig klassenlos und mit demselben Sarg zufrieden. Ich will hiermit niemanden eine Flugreise verbittern, denn ich selbst fliege recht gern und oft und habe einige hunderttausend Flugkilometer hinter mir, aber die

Wirklichkeit ist hart und das Leben der Piloten nicht beneidenswert! Nach Landung in Istanbul mussten alle Passagiere aussteigen bis die Maschine wieder zum Weiterflug startbereit war.

Während dieser Zeit wurden alle Leute in einen großen Warteraum geführt, der einer Hotelhalle glich.

Es brannten nur einige der vielen Lampen, denn es war schon nach Mitternacht alle Verkaufsstände waren geschlossen, weder Ansichtskarten, Briefmarken oder sonstiges war zu bekommen.

Der Flugplatz in Teheran hat internationales Format und nicht vergleichbar mit dem technischen Stand des Landes Iran.

Es gibt in den Warteräumen des Flughafengebäudes alles zu kaufen, vom Andenken über die Opiumpfeife bis zu den schwarzhaarigen Damen, die vor dem Gebäude auf einen zahlungskräftigen Mann warten.

Leider war der Aufenthalt zu kurz für Transitreisende, um all diese Verlockungen zu genießen, denn schon nach 1 Stunde startete unser Flugzeug wieder, um nach Karatschi, der damaligen Hauptstadt von Pakistan zu gelangen.

Schon bald nach dem Start sah man auf der Erde in langen Reihen gleichmäßige Löcher, die genau wie Bombentrichter aussehen.

Nach befragen eines Mitreisenden wurde ich aufgeklärt du wunderte mich aber trotzdem noch über diese Sache.

Die Löcher sind bis zu 30 m tief, rund 1 m im Durchmesse und dienten lediglich dazu, das ausschachtmaterial des unterirdischen Wasserkanals ins freie zu schaffen.

Hunderte von Kilometer gibt es in Persien dieser unterirdischen Wasserläufe, das ausschließlich zur Bewässerung dient.

Hiernach gab es 2 Stunden auf der Erde nichts mehr zu sehen, denn nun überflogen wir die zwei Wüsten Kavir und Lut aber bald danach wurde man mit einem herrlichen Panorama belohnt.

Linksseits das Mahren Gebirge und rechtsseits der Golf von Oman und die weite blaue See.

So landeten wir dann nach 4 Stunden Flug in Karachi.

Nun hieß es umsteigen, denn mein Ziel lag im Norden und die Maschine der Air France flog weiter nach Tokio, wohin ich auch ganz gerne wollte.

Nach Erledigung der Zollformalitäten wurde ich mit einem meiner Passagiere ins Hotel Metropol zur Übernachtung gefahren.

Dieses Hotel ist ein 5stöckicher große U-Bau mit einem Palmenbepflanzten Innenhof, der mit vielen anderen tropischen Pflanzen bewachsen ist und wie ein zoologischer Garten anmutet. Es gibt alles in diesem Hotel, Zimmer mit Bad, Ventilator oder Temperaturausgleich. Wir hatten nur Stunden zuvor in Istanbul noch 5 Grad Kälte, in Karachi waren es auch in der Nacht noch 20 Grad Wärme. Ferner Aufzug, wenn er auch nicht immer geht und Bakschischheischende Diener. Bakschisch heißt zu Deutsch „etwas Geschenktes" und dieser Begriff ist in orientalisch-asiatischen Ländern genau so weit verbreitet wie „Kamerad" in Europa.

Nach einem überdimensionierten Abendessen mit vielen undefinierbaren Gerichten machte ich mit meinem Reisebegleiter (er war Schweizer) einen Bummel durch die Stadt, wobei mich manches sehr beeindruckte.

Am anderen Morgen wurden wir recht früh geweckt, es war eine richtige Hetze, das Auto brachte uns zum Flugplatz es sind rund 15 km Weg. Nun war der Eindruck vom Stadtbild ein ganz anderer als bei Nacht, man konnte diese

Fahrzeuge, die sich Straßenbahn nennen, nun auch sehen, nicht nur hören. Fahrtechnisch wohl einmalig und in Deutschland schon längst schrottreif.

Auch sah ich Fahrzeuge, die mit Kamelen oder Elefanten gezogen wurden, hinzu die vielen Rikschas, das sind dreirädrige Fahrräder, worin sich hinten eine Sitzbank mit Sonnendach befindet und das Vorderteil einem Fahrrad gleicht.

Wen zwei Erwachsene hinten sitzen, dann hat der Fahrer aus Leibeskräften zu treten, um das Ding fortzubewegen und man staut mit welcher Ausdauer das die Leute machen.

Rikschahfahrer ist ein Beruf, denn es ist nicht nur für die Touristen, sondern auch für Einheimischen das altbewährte Fortbewegungsmittel.

In einem undisziplinierten Verkehrsgewühl, aller nur denkbarer Fahrzeuge, natürlich geschieht dies alles nicht lautlos, sondern mit viel kling kling und Geschrei. Nur so kann man sich den Weg bahnen.

Auf dem Flughafen angekommen, begann man sofort wieder die Zollabfertigung das macht den Pakistanis scheinbar ganz besondere Freude, denn nirgends hatte ich bis jetzt eine solche Anzahl von Zetteln ausfüllen müssen.

Nach Erledigung von Zoll und Polizei wurden wir in ein kleineres Flugzeug vom Typ DC-3 gebracht. Der Schweizer Herr und ich waren die einzigen Fluggäste. Die Sonne stand schon hoch am Himmel und ich dachte, dass es schnell los geht.

Aber erst nach einer Stunde Wartezeit im Flugzeug erfolgte der Start. Wir flogen nun nicht mehr mit einer Super-Maschine der Air-France, sondern mit einem alten Kann der PIA. Rein flugtechnisch gesehen, ist diese DC-3 sogar der Super Konstellation je nach Verwendungszweck überlegen, doch das Gefühl der Sicherheit richtet sich nach anderen Gesichtspunkten.

Schon der Anblick einer neuen Maschine entscheidet hierüber und wenn man dieser alten Schlitten beim Einsteigen gesehen hat, ist man mit gemischten Gefühlen geflogen.

Es uns ging jedoch alles gut, wir flogen die große grüne Indusebene ungefähr 500 km von

Karachi bis Shiharpur nach Norden und dann mit nordwestlichem Kurs Richtung Quetta

Schon eine geraume Zeit flogen wir in ungefähr 3000 m Höhe dem Brahai Gebirge entgegen, dessen Berge bis annähernd 4000 m ansteigen und zu der Zeit recht wolkenverhangen waren.

Über das Wetter konnte das Flugzeug aus technischem Grund nicht hochsteigen, also versuchte der Pilot in niedrigerer Höhe und mit Erdsicht durch die Berge zu kommen.

Auch dieser Versuch misslang, infolge sehr starken Winds, der die Maschine wirklich zu einer Luftschaukel machte und recht oft in beängstigende Nähe der Felswände trieb.

Somit waren wir nach dreistündigem Flug zur Umkehr gezwungen und flogen nun dasselbe Stück nach Karachi zurück, wo wir buchstäblich mit dem letzten Tropfen Benzin landeten.

Die Besatzung (drei Mann) waren recht froh, dass sie den Kasten wieder heil am Boden hatten, doch für uns Ausländer begann nun dieselbe Zollkontrolle mit ausfüllen vieler Formulare, bevor wir wieder ins Hotel Metropol gebracht wurden.

Wir waren rund 6 Stunden in der Luft und dauern übe pakistanischem Hoheitsgebiet, doch als wir gezwungenermaßen wieder nach Karachi zurückkamen, wurden Koffer und Taschen trotzdem kontrolliert. Das ist typische asiatische Arbeitsweise, wobei keinerlei Schimpfen oder Belehrung hilft.

Also auf ging es ins Hotel die Fluggesellschaften müssen das Risiko über Mehraufwand, der durch höhere Gewalt entsteht von vornherein mit einkalkulieren und somit eben auch unseren Hotelaufenthalt, was jedoch nicht ohne ein paar böse Worte geschah.

Das zweite Mal Karachi bei Nacht, doch dieses Mal liesen wir uns nicht alleine von den Lichtern beeindrucken, sondern gingen rein ins Vergnügen, Theater, Varieté, Kino. Viele chinesische Lokale mit chinesischer Kost und recht teurerem Dessert im zweiten Stock.

Dies alles kam uns doch sehr befremden vor, sodass wir es vorzogen, recht bald wieder in unser Hotel zurück zu kehren. Der nächste Tag klärte uns über den vielen Lichterschmuck in der Stadt auf.

Es kam Ministerpräsident Suharno von Indonesien zu einem Staatsbesuch nach Pakistan, um 10.00 Ortszeit landete er auf dem Flughafen Karachi

Somit war auch geklärt, warum wir an diesem Tag nicht wie tags zuvor schon um 6.00 Uhr zum Flugplatz gebracht wurden.

Gegen 12.00 Uhr als wir dann wiederum mit dem Auto für den Flug im Hotel abgeholt wurden, sah ich den Präsident Suharno auf seiner Stadtrundfahrt im Auto vorbeifahren.

Es war ein kleiner dicker Mensch mit einem Gesicht ohne Nase, diesen Namen bekam es von mir, obwohl er mit bisher unter dem Namen „Barfüßer" bekannt war.

So drückte sich nämlich eine mir bekannte Holländerin über ihn aus, die Suharno wirklich als Kind kannte und barfuß geht man sicher recht viel in Indonesien.

Besagte Holländerin war mit ihrem Mann 18 Jahre in Djakarta und bei der Unabhängigkeitserklärung von Indonesien mussten ja recht viele Holländer oder sonstige Ausländer durch Landesverweis auf ihren Besitz verzichten.

Es warten bestimmt noch viele auf das Versprechen, der Wiedergutmachung, doch Suharno hat heute andere Sorgen, diese Episode nur nebenbei bemerkt.

Wir hatten auch Sorgen endlich von Karachi fort zu kommen. Die Abfertigung ging nun zum vierten Mal schon etwas schneller, es kam auch noch ein dritter Passagier heute dazu.

Alles war klar, wir stiegen in die gleiche Maschine wie tags zuvor, der Pilot startete den rechten Motor, als er nicht gleich ansprang, versuchte er es mit dem linken Motor, was auch glückte, wir hofften ja auch mit.

Nun kam wieder der rechte Motor dran, aber nach längeren Versuchen wollte er nicht anspringen. Es kamen Monteure, Stehleitern wurden herangeschleppt, Bleche abgeschraubt und die Reparatur begann.

Nach 20 Minuten weitere Startversuche, doch der Motor tut es nicht, zuletzt fängt er noch Feuer und das war das Alarmzeichen, raus aus dem Kahn.

Schließlich konnte das Feuer wieder gelöscht werden, aber die Maschine war nicht mehr flugfähig, außerdem war die Zeit auch fortgeschritten, sodass bis Einbruch der Dunkelheit das Flugziel kaum mehr erreicht werden konnte, In solchen Gebirgen kann man nur bei Tag fliegen.

Nun war es soweit, zum dritten Mal ins Hotel zur Übernachtung, doch heute war das Metropol von Suharno und seinen Begleitern belegt, also auf in das Hotel am Hafen Bich Luxury. Auf der Fahrt in dieses Hotel sahen wir nun die Elendsviertel, die man ja nicht gerne Ausländern zeigt, nur weil die Stadtdurchfahrt betreffs des Staatsbesuchs gesperrt war, konnten wir diese Kistendörfer sehen.

Deck, Schlamm, Morast links und rechts der ungeteerten Straße, Hütten aus lauter Holzkisten und Pappkartons zusammengenagelt. Menschen mit vielen Kindern, verkommen, krank und aussätzig hausten darin.

Man kann dieses Flüchtlingsproblem, das Pakistan zu jener Zeit hatte und auch heut noch anhält, nicht mit Worten beschreiben.

Leider werden diese Verhältnisse viel zu wenig bekannt gemacht.

Ich war froh im Hotel zu sein und nichts mehr von dem Elend zu sehen, so dachten auch meine beiden Begleiter.

Dieses Bich Luxury Hotel war an Komfort dem Metropol überlegen, nur liegt es zu weit vom Stadtzentrum entfernt.

Man hat vom Dachgarten des Hotels einen herrlichen Rundblick auf die Hafenanlagen und das weite Meer.

Die Nacht war bald um und nun unternahmen wir den dritten Versuch endlich fortzukommen, Wir hatten Glück, bei wolkenlosem Himmel und schwachem Wind kamen wir dieses Mal über die Berge und landeten im Kandahār, eine Stadt mit rund 10.000 Einwohnern im Südwesten von Afghanistan.

Eine Hütte ohne Tisch und Stühle was damals das einzige Gebäude auf dem Flugplatz, heute ist er zum internationalen Großflughafen ausgebaut, wenn auch nur einmal in der Woche ein Flugzeug landet, das von Teheran oder Beirut kommt, glaubt man doch an die Bedeutung dieses Flugplatzes und ist sehr stolz.

Man steckt viele Gelder in das Unternehmen, nur um zu präsentieren, denn der Begriff Rendite ist in Afghanistan noch unbekannt. Nach kurzem Aufenthalt in jener Hütte, man trinkt am Boden hockend eine Tasse Tee, was gar nicht einfach ist, denn die Tassen sind ohne Henkel, ging der Flug weiter nach Kabul.

Dieses Kandahār liegt am Rande einer Salzwüste man sieht vom Flugzeug weiße Flächen auf der Erde und glaubt es wäre Schnee, jedoch hat es seit Menschengedenken dort noch nie Schnee gegeben, das ist nämlich alles Salz.

Erst 200 km nordöstlich von Kandahār sieht man wirklichen Schnee auf den Bergen, der Ausläufer vom Hindukusch.

Bald waren wir mitten in den Bergen und überall schienen die Schneegipfel weit höher zu sein, als unsere Flughöhe, es klingt unwahrscheinlich, aber es stimmt, denn die Berge sind z.T. über 5.000 m hoch.

Nach 2 Stunden war es nun soweit, wir waren am Ziel, unter uns lag Kabul grau und ringsherum weiße Bergkuppen.

Wir landeten auf einem Steppengelände, das nur eine schwache Grasnarbe trug und mit weißen Steinen geheimzeichnet war.

Es gab auch ein Flugplatzgebäude, nicht groß aber es erfüllte den Zweck, denn Zollformalitäten, sie sie heute sind, gab es damals nur ganz wenig.

Nun musste ich mich von meinem Reisebegleiter trenne. Er wurde schon einige Tage erwartet und von seinen Bestimmungsleuten am Flugplatz abgeholt.

Ich jedoch stand alleine da und wusste nicht wohin, denn wer versteht schon „Farsi" eine exotische Sprache, die in Afghanistan gesprochen wird.

Mit Händen und Zeichen kann man sich helfen, das wusste ich. Also fuhr ich mit einer afghanischen Gatti zur Stadt.

Eine Gatti ist ein zweirädriges Fahrzeug, das Gewicht gleichmäßig auf einer Achse verteilt mit großen leichten Speichenrädern und zwei Bambusleinen.

Diese Lamellen sind rechts und links am Pferd befestigt, somit trägt das Zugtier die Balance.

Die Pferde sind z.T. ganz abgemagerte Tiere, denn sie bekommen mehr Peitschenhiebe als Hafer, aber man wundert sich mit welcher Ausdauer die Tiere kilometerweit im Trab laufen, natürlich nicht ohne den berühmten Stockhafer.

Es gibt ja in Afghanistan noch kein Tierschutzverein, obwohl ein Gaul der eine Gatti ziehen muss noch nicht als gequält bezeichnet werden kann.

Es gibt hier noch recht viele Fahrzeuge, die von menschlichen Pferden gezogen werden und dagegen hat auch kein Europäer etwas einzuwenden.

Jedenfalls kam ich gut und billig diese 8 km zur Stadt, wo ich mich in ein Hotel einquartierte. Der Name Hotel ist überall gleich jedoch gibt es auch andere Unterschiede so z.B. kostete eine Übernachtung im kalten Zimmer mit Bett und einer Decke damals 16 Afs. Das waren rund 4 DM.

Es gab auch einen Ofen im Zimmer, das Rohr geht zum Fenster hinaus dort zieht zusätzlich Kälte herein und wer warm haben will, muss sich das Holz pfundweise im Basar nebenan kaufen.

Nun hatte man wohl Holz, aber noch lange nicht warm, denn Ofenrohre sind afghanische Kunstwerke, recht klein in der Öffnung und recht lang vom Ofen bis ins Freie.

Hinzu ist jede Steckstelle vom Rohr zu Rohr mit Lehm eingeschmiert damit es nicht raucht.

Oben auf dem Blechofen, den es in jeder nur denkbaren Form gibt, schüttet man Sand oder Kies, der ebenfalls rauchdämmend wirken soll, aber beim Anheizen ist die ganze Bude so voller Qualm, dass man lieber im kalten schläft.

Viele Ausländer mussten so etwas zur Begrüßung als erstes Erlebnis in Afghanistan in Kauf nehmen, bedingt ist natürlich zu welcher Jahreszeit man hier ankommet, denn Kabul hat ein ausgesprochenes europäisches Klima, nur mit extremeren Temperaturschwankungen in den einzelnen Jahreszeiten.

Mein Hotelaufenthalt war nach einigen Tagen vorbei, ich hatte meine Arbeitsstelle ausfindig gemacht, das war nicht ganz leicht, denn die paar Deutschen, die in Kabul waren, konnten mir auch nicht sagen, wohin ich mich wenden muss. Auch die damalige deutsche Gesellschaft interessierte sich nicht für solche Anliegen, also wusste ich gleich voran ich bin und machte alle Besorgungen selbst.

Das königliche afghanische Arbeitsministerium, welches mit mir einen Arbeitsvertrag über 3 Jahre abgeschlossen hatte, war 10 km außerhalb der Stadt in einem Schloss des ehemaligen Königs, „Aman Ullah" wo ich bei der Vorstellung von Direktoren, und dem Arbeitsminister einige Stunden in den kalten 8 m hohen kahlen Räumen gefroren habe. Dieses Schloss wurde in den Jahren 1924-1929 unter „Aman Ullah2 mit Hilfe italienischer Fachleute gebaut

Es war für jene Zeit sehr modern eingerichtet worden, doch als dieser neuzeitlich denkende König aus dem Land verjagt wurden, blieben alle Projekte die durch in begonnen wurden, vorerst halbfertig liege oder wurden z.T. völlig vernichtet.

So z.B. war in diesem besagten Schliss das jetzt schon 20 Jahre des Arbeitsministeriums beherbergt, eine zentrale Dampfheizung eingebaut, die auch funktionierte, jedoch nach einigen Jahren Stillstand total verrostete.

Wie ich schon anfangs sagte: Rendite kennt man noch nicht in Afghanistan, denn in 20 Jahren kam noch kein Minister oder Ingenieur dieses Arbeitsministeriums auf die Idee, diese Heizung wieder in Gang bringen zu lassen.

So geht man hin stellt in jeden ungefähr 250 Räume, einen Blechofen mit 5 und mehr Meter Ofenrohr, das natürlich zum Fenster hinaus geht, denn Kamine sind keine eingebaut.

Nun wird täglich das Holz nach Gewicht an die einzelnen Abteilungen verteilt, jeder Ofen hat einen Heizer der zugleich Zimmerputzer und Diener des dort arbeitenden Angestellten ist.

Mit der Verteilung sind etliche Angestellte beschäftigt, die jeden Tag das Lager auf- und zuschließen.

Ich sollte später noch recht oft mit dieser Holz- und Heizungsgeschichte zu tun bekommen, und dachte dabei immer an meine erste Vorstellung im Weerate-Feudama d.h. Arbeitsministerium.

Man zeigte mir mein Arbeitsbereich den staatlichen Bauhof für Maschinen und Fahrzeuge aller Art, wo ich als Wehrmeister fungierte.

Auch da begegnete ich Dingen, die mich in größtes Staunen versetzten.

Maschinen und Motoren von 30-40 Jahren zurückliegender Bauart, die erstaunlicher Weise z.T. noch arbeitenden, der größte Teil war ein Schrotthaufen und diese wieder einsatzfähig zu machen, das war meine Aufgabe. Hierzu hatte ich rund 120 Mann afghanische Mechaniker, so schimpften sie sich, waren jedoch alles andere als das.

Beim demontieren große Spezialisten, sie haben mit einem Handgriff mehr kaputt gemacht, als man in einer Woche reparieren kann.

Man hatte mir auf dem Ministerium gesagt, dass noch zwei weitere Deutsche unter Vertrag genommen wurden, die dann auch 6 Wochen nach mir hier in Kabul ankamen. Das war für mich eine Erleichterung, zumal sich nun auch das Wohnproblem gelöst hat.

Es ist in Afghanistan nicht möglich für Ausländer d.h. wenn sie nicht Moslem sind, einfach irgendwo ein Zimmer zu mieten, das geht nicht.

Man nimmt ein ganzes Haus, das mit einer Lehmmauer ringsherum abgeschlossen ist, somit ist jeder vom anderen getrennt.

Afghanistan ist heute noch eines der strengsten Moslemländer du es ist nicht immer einfach, mit den Muslemannen zu arbeiten, dabei gibt es viele Probleme, die noch nicht gelöst werden können.

Wir drei Deutsche wohnten dann in einem Haus zusammen und es gab viele schöne Stunden, denn wir verstanden uns prima, sei es bei der Arbeit, oder in der Freizeit gewesen.

So verging die Zeit recht schnell, zumal das Zeitproblem hier nicht so groß ist, wie in Europa.

Es gab keine Hetzen schnell, schnell, Zeit hat man hier genug und wenn etwas ganz dringend ist, dann sagt man „Inschallah", d.h. mit Gottes Hilfe.

Bald lernten wir auch die Landessprache, dieses „Forsi", das allerding nicht im ganzen Land gesprochen wird.

Es gibt viele Dialekte, die jedoch grammatikalisch nicht feststehen. Heute führt man eine allgemeine Landessprache ein „Pastu" das aber recht vielen Leuten große Schwierigkeiten macht.

Das Schul- und Erziehungswesen keine allgemeine Schulpflicht weder Schulen noch Lehrer.

Heute jedoch versucht man mit Hilfe der Weltorganisatonen, dies alles recht schnell aufzuholen und das widerspricht der Mentalität vieler Einwohner.

Nachdem wir uns eingelebt hatten und die Probezeit von 6 Monaten lt.Vertrag um waren, traten auch größere und schwierigere Probleme an uns heran. So z.B. hatte ich die Ausgabe bekommen, einen Großbagger der im Süden des Landes stationiert war, abzubauen nach dem Norden zu transportieren und dann wiederaufzubauen. Ein Kollege von mir bekam die Aufgabe eine Brücke zu bauen, obwohl das nicht sein Fach war, so musste jeder sein Bestes geben um den Ruf der Deutschen nachging, und den unserer Väter hier in Afghanistan würdig vertraten, nicht zu schmälern.

Es kommen ja immer wieder neue Leute hierher teils mit Arbeitsvertrag bei irgendeiner Firma, und teils Touristen oder besser gesagt Weltenbummler.

Leute wie die nicht zum arbeiten nach Afghanistan gekommen sind, schwärmen natürlich von diesem alten Land, das noch unangetastet von Industrie und europäischer Kultur ist.

Wenn man aber zum arbeiten und helfen hier ist wie ich, dann kann man auch anderer Meinung über Land und Leute haben.

So erging es mir als im Frühsommer 1958 als ich den Auftrag bekam einen Großbagger zu transportieren. Mit einem deutschen Tieflader-Fahrzeug (Kaleble 20) mit 45 Tonnen Lasaport Anhänger, ferner zwei russische Lastwagen (Jos180) und ein russischer Jeep, fuhr ich los um den besagten Transport zu bewältigen. Auf der Anfahrt zum Standort des Baggers saht ich schon die Schwierigkeiten, die sich ergeben denn das Stück von Kabul über den Lataband pass nach Djellalabad, musste ich wieder beladen zurückfahren und der Lataband pass ist stellenweise sehr steil mit engen Kehren.

Dieser Pass ist praktisch brückenlos, führt um jeden Hügel und in jedes kleine Tal immer am Hang entlang.

Die Passhöhe ist 2.040 m, der Anstieg von Kabul kommend ist gering, hingegen Richtung Jalalabad sehr stark und recht lang.

Wer einmal diesen Pass abgefahren hat, wird den Blick von oben nie vergessen, man glaubt nur Sandhügel zu sehen, doch sind das alles eingefressene Täler in deren Sohlen Geröllmuren sich langsam vorwärts schieben.

Soweit das Auge reicht, kein Baum, kein Strauch nur Steine.

Nun ich konnte mich später noch genug der afghanischen Steppe oder Bergwelt erfreuen, doch zuerst ging es jetzt weiter vorbei an einem Kraftwerk, das mit deutscher Hilfe von deutschen Firmen gebaut wurde und jedem Vergleich mit ähnlichen europäischen Anlagen standhält.

Durch ein enges Felstal mit steilen Wänden beiderseits vom Kabul Fluss kamen wir in die Ebene von Jalalabad, das rund 800 m hoch liegt und schon im Mai recht hohe Temperaturen hat. Jalalabad ist eine Distrikthauptstadt und war Wintersitz früherer Könige wie z.B. Aman Ullah und dessen Vater Habib Ullah, die auch dort beerdigt sind.

Vom Jalalabad aus hatten wir nun nicht mehr weit bis zur Grenze nach Pakistan, wo dieser

Bagger stand. Diese Strecke von Kabul nach der Grenze 234 km schafften wir in einem Tag, es gab noch keine geteerte Straße, sie war z.T. im Bau, jedoch noch nicht befahrbar.

Nach der ersten Nacht im fahrbaren Hotel ging die Arbeit los, auf einem Lastwagen luden wir den Ausleger mit Zubehör, der andere Lastwagen transportierte eine russische Planierraupe um unterwegs Kurven und schmale Straßenstücke für den großen Tieflader befahrbar zu machen.

Der Bagger (42 Tonnen) war nach 2 Tagen verladen, und ich machte mich mit dem Jeep an die Spitze des Konvois, nun begann erst die große Fahrt. Dasselbe Stück nach Kabul und zurück wurde dieses Mal nicht in einem Tage, sondern in 3 Tagen bewältigt. Beim Anstieg zum Lataband Pass aus dieser Richtung, hat ein Moslempriester (Mullah) genannt eine Wasserstelle, das ist ein großer Tonkrug ungefähr 100 Liter fasend, in en Boden eingegraben, damit das Wasser kühl bleibt,

In einem eigens für Wassertransport kunstgerecht abgezogenem Ziegenfell holte er das Wasser auf Eselsrücken weit her, denn ringsum gibt es nirgends Trinkwasser.

An dieser Stelle halten alle Lastwagen an, das Wasser kann man auch für den Kühler gebrauchen.

Jedenfalls trinkt jeder Mann mal zuerst etwas Wasser, hiernach gibt man diesem Einsiedler Mullah eine Münze und je nach Größe dieses Wertes, erfolgt danach die Segnung aller die nun den schwierigen Anstieg beginnen.

Diese Segnung geschieht durch ein Gemurmel und streichen des wilden Vollbartes, ohne den fast kaum ein Mullah zu finden ist.

Der Anstieg bringt allerhand mit sich, was man in Europa nicht kennt, große Hitze, trockene Luft, dazu die Höhe. Hierdurch haben alle Motoren schon einen Leistungsverlust, der sich sehr bemerkbar macht. Man sieht Fahrzeuge ohne Kotflügel und ohne Motorhaube, lediglich der Kühler mit Draht angebunden bildet die Fahrzeugvorderseite.

An diesem Kühler sitzt ein Mann buchstäblich wie eine Fliege am Leim, mit flatterndem Hemd und einer Büchse.

Wasser womit er den Kühler nachfüllt, weil er unten rinnt und ober überkocht. Die Fahrzeuge sind alle überladen, es gibt keine Kontrolle hierfür. Man fährt ohne Anhänger und braucht somit allen Raum und ganz oben drauf sitzen noch Fahrgäste.

Nicht selten fällt auch so ein 4-5 m hoch beladenes Fahrzeug um, oder noch schlimmer, stürzt in irgendeine Schlucht, wer dann noch heil davonkam, der geht zu Fuß weiter.

Auch wir hatten Fahrgäste dabei, das ist für die Chauffeure ein kleiner Nebenverdienst und für den mitfahrenden immer noch billiger, als ein Platz in einem Omnibus, der einer Ölsardinenbüchse gleicht.

Bald war Kabul erreicht, von wo es dann nach 2 Tagen Unterbrechung Richtung Norden in den Hindukusch zum großen Schiebarpass weiterging.

In Kabul der Hauptstad des Landes, lässt es sich schon einigermaßen leben, wenn auch erst das Jahr 1337 geschrieben wird, und vielerlei Verbote bestehen, merkt man doch schon den ausländischen Einfluss

Man schätzt die Einwohnerzahl dieser Stadt auf rund 1 Million, genau zählen kann man sie nicht, weil man hierbei mit den religiösen Sitten der Mohammedaner im Konflikt kommt.

In einer solch großen Ansiedlung, mit vielen Ausländern vor allem Botschaften und Handelsvertretungen braucht man viel Platz, denn alle Gesetze speziell das Verbot von Alkohol, da ja nur religiös fundiert ist, lassen sich nicht über 1000 Jahre halten.

So z.B. kauft man Alkohol, sei es Bier oder Whisky, in jedem größeren Basar, natürlich zu horrenden Schwarzmarktpreisen. Ganze Hilfsendungen rein Alkohol für medizinische Zwecke, wurden auf diese Art anderer Verwendung zugeführt, womit auch ich mich in diesen 2 Tagen Rast in Kabul auf die kommende Fahrt nach Norden eindeckte.

Früh am Morgen fuhren wir los um ein recht großes Stück Weg zurückzulegen. Gleich 10 km nach Kabul die erst Panne, auf dem Anstieg zum kleinen Kabulpass, Reifenwechsel, was nur deshalb schwierig war, weil wir den ganz Weg versperrten und einige Fahrzeuge einen kleinen Umweg fahren mussten.

Nach diesem Pass, der nur 2 km Anstieg hat und rund 1.950 m hoch ist, also vom Kabuler Plateau ungefähr 100 m Unterschied, fällt das Gelände 50 km langsam bis 1.600 m ab. Somit fährt man in einem breiten Tal, immer entlang dem Hindukusch bis zu dem Ort Schrikar.

Von da an beginnt der Anstieg durch das schmale und fast 100 km lange Khorband-Tal zum Schiebar Pass. Auf dem Weg durch dieses Tal, das recht oft von schweren Unwettern bedroht wird, mussten wir zweimal mit der mitgeführten Planierraupe die Straße für unseren Schwertransport befahr machen.

Nach 3 Tagen standen wir unterhalb des Anstieges zum Pass, noch einmal wurde die Ladung kontrolliert, alle Befestigungen überprüft, danach ein Lastwagen vorgespannt und nun ging es los, im Kriechgang rund 7 km, doch dazwischen lag viel Arbeit, denn bei allen Steigungen von 28-30 % die auch in den Spitzkehren drin sind, mussten wir die Raupe vorspannen und außer dem 2-3mal zurücksetzen wegen der Fahrzeuglänge.

Einen vollen Tag haben wir benötigt um diesen Pass zu befahren, doch es gab keinen anderen Weg als diese Höhe von rund 3.000 m zu überwinden. Der südliche Anstieg ist kurz und steil hingegen die Abfahrt nach Norden flacher und länger.

Die Straße ist sehr schlecht und schmal und führt zwischen steil aufragenden Felswänden hindurch, entlang der Straße ein kleiner Bach, welcher zum reißenden Fluss wird, wenn die Wetter über die 5.000endern der Koh-i-Baba herniedergehen.

So kommen wir nach weiteren 2 Tagen in den Marktflecken Duab d.h. Zweiwasser. Dort gibt es eine Tankstelle und ein Hotel, das man auch Kuhstall nennen kann. Natürlich war ich froh wieder mal nach 5 Tagen in einem Bett zu schlafen, weshalb man keine besonderen Ansprüche stellt.

Es gibt auch Essen in diesem feudalen Hotel, drei Hauptgerichte, die besonders empfehlenswert sind, Reis mit Hammel, gebackene Eier im Hammelfett schwimmend und Heise Milch mit Hammelfett geschmälzt.

Wer die Landekost noch nicht gewohnt ist, wird sich nach Genuss von einem dieser Gerichte bestimmt akklimatisiert.

Unsere Fahrt geht weiter, das Gelände wird ebener und wir brauchen die Raupe nicht mehr, deshalb kann das eine Fahrzeug umkehren. Man fährt nun vorbei an ziegelroten Bergen.

Ferner durch Hügelland, wo man glaubt, auf dem Mond zu sein, denn kleine Kuppen von 10-50 m Höhe in den Farben grün, braun bis dunkelrot sind über große Strecken zu sehen.

Das einzige Wachstum ist Kameldorn, das so stachelig ist wie Disteln. Sonst sieht man kein Baum oder Strauch, nur Steine, die von der Sonne richtig schwarz gebrannt sind.

Immer wieder windet sich die Straße über Hügel, durch Felsschluchten um viele Berge bis man bei Doschi, die Talebene des Flusses „Rotwasser" erreicht.

Doshi ist eine größere Ansiedlung und hat einige Rasthäuser, wo wir einen Tag Ruhe einlegen.

Als wir in einem Rathaus beim Mittagsmahl sitzen, 5 Mann auf dem Boden, um eine große Schüssel herum hockten, und den Reis mit Hammel kunstgerecht mit der Hand zum Mund führen, kam das Gespräch auf mich.

Der Khalifa, das ist der Chef merkte, dass ich Ausländer bin und als er erfuhr, ich bin Germany wurde er ganz freundlich, was einen speziellen Grund hatte.

Er hatte einen 5 KW Generator englischer Herkunft und als einziges Haus am Ort elektrisches Licht.

Der Benzinmotor zum Antrieb dieses Aggregats lief seit einiger Zeit nichtmehr und nun bat mich dieser Mann, das Ding zu reparieren. Er meinte, wenn ich Deutscher bin, geht das gut, denn die Maschine sei auch deutsch was zwar nicht stimmte, aber er brachte zum Ausdruck, die Deutschen würden alles können

Nun, ich betrachtete mir die Maschine, hatte auch bald die Fehlerquelle gefunden, jedoch nichts gesagt, denn nun machte ich die Sache spannend um wirklich, den Ruf, der mir vorausging zu wahren. Für den Fachmann sei hier kurz die Fehlerquelle gesagt – die Leitkohle, welche vom Verteilerfinger den Zündstrom abnimmt, klemmte in ihrer Führung.

Ich ließ nun Wasser einfüllen und wartete einige Minuten, bis ich mit ein paar geschickten Handgriffen den Fehler behoben hatte.

Hiernach lief ich einige Male um den Motor herum, machte verschiedene Zeichen und Bewegungen, die einiges Staunen bei den Halbwilden, nur so kann man diese Menschen bezeichnen, hervorrief.

Auf Befragen, was ich denn mache, erklärte ich, dass ich den Teufel aus der Maschine vertreibe, sonst würde sie nicht anspringen, das glaubte man mir sehr gern, mehr als ich selbst, worauf ich dann den Motor mit der Handdrehkurbel anwarf. Das war eine Freude alles lachte und zum Dank musste ich mit meinen Leuten noch eine Nacht dableiben um den Lichterglanz zu bewundern.

Den ganzen Abend habe ich mich mit Tee richtig betrunken!

Natürlich nicht vom Tee alleine, sondern von dem 90 %igen aus Kabul, der für medizinische Zwecke gedacht war.

Essen bekamen wir alles umsonst, es kamen diesen Abend auch viele Leute zum Tee trinken, weil wieder Licht brannte und ich musste erzählen, was mir zu jener Zeit infolge Sprachschwierigkeiten nicht leicht viel.

Diese Nacht brauchte ich nicht auf dem Teppich am Boden zu schlafen, ich bekam das beste Zimmer, darin stand eine alte Couch, die recht angenehm aussah. Hätte ich jedoch gewusst, dass die Federn einzeln herausdrücken, und mir das Liegen zur Qual wurde, dann wäre mir das Parkett doch lieber gewesen, aber ich durfte den Hausherrn ob dieser Gastfreundlichkeit nicht kränken, war jedoch sehr froh als der Morgen anbrach.

Nach dieser Unterbrechung setzten wir die Fahrt zum Amu-darja, dem Grenzfluss zwischen

Afghanistan und Russland fort. Die Straße ist nun breit und verläuft eben, denn das Tal ist breiter und wird zur großen Ebene. Es ist eine furchtbare Gegend, jedoch ist jegliches Wachstum nur durch Bewässerung möglich.

Man pflanzt Zuckerrüben, Weizen, Reis und vor allem Baumwolle.

Die Felder sind in zyklopischen Formen jeder Größe terassenmässig angelegt, somit kann man mit demselben Wasser mehrere Feldstücke nacheinander bewässern. Für den Einsatz von Maschinen sei es pflügen oder ernten, sind diese kleineren Bazellen nicht geeignet, doch bis jetzt hat man in Afghanistan noch Zeit und Landarbeiter genug und dies ist entscheidender als höhere Erträge oder rationellere Arbeitsweise.

Bald ist der größte Ort in dieser Nordprovinz erreicht, er heißt Kunduz und hat schon etwas Industrie. Eine große Baumwollspinnerei, die nach modernem europäischem Vorbild aufgebaut wurde, beschäftigt schon eine Vielzahl von Arbeitern. Bildern, die den Blick in ein trostloses großes Gefängnis geben, nahm ich Abschied von der russischen Grenze um die Rückfahrt nach Kabul anzutreten.

Hier wird die Baumwolle entkernt und auf Ballen gepresst, ferner stellt man von den Kernen Speiseöl, Seife und andere Nebenprodukte her. Zur Zeit der Baumwollernte sieht man viele Esel, Pferde und Kamelkarawanen, welche auf ihren Rücken in große Tücher oder Säcken gefüllte Baumwolle täglich in die Fabrik transportieren.

In dieser Fabrik sind auch einige deutsche Experten beschäftigt, denn ohne Ausländer läuft so etwas noch nicht, das geht schon ein paar Jahrzehnte bis die Afghanen einen solchen Stand erreicht haben, der ihnen die Möglichkeit gibt, auch industriel von außen unabhängig und selbstständig zu sein. Bei Deutschen, welche schon einige Jahre in diesem Kunduz stationiert sind, bin ich für eine Nacht Gast und am anderen Tag ging die Fahrt weiter.

Rund 60 km durch Steppe und Wüste bis an die russische Grenze. Bei klarem Wetter sieht man von diesem Gebiet aus das Wahan und Pamir Gebirge mit seinen 6 und 7.000tausendern.

Nach 20 tägiger Fahrt, eine Strecke von 750 km ist nun das Ziel erreicht, der Flussumschlagehafen Kiesel-Kala am Amu-Darja, dort soll dieser Großbagger auf Kettenlaufwerk, die ankommen dem Schiffe (200-800 Tonnen) entladen.

Ein kleinerer Kran steht schon einige Zeit da und hat Kisten, sowie Kleinwaren, alles auf Haufen geschmissen, die nun wie große Kohlenhaufen aussehen.

Mehrere Kisten, welche zu einer Sendung gehören sind nicht mehr festzustellen.

Man lädt einfach der Reihe nach auf, die Ware muss sowieso alle zuerst in Kabul in den Zoll Hof, dort bleibt es eben solange liegen, bis die Sendung lt.Liste komplett ist.

Beschädigungen der Waren durchwerfen, umkippen, falsches Lagern und Witterungseinflüsse gibt es recht viel, bei solchen Transporten.

Wir entladen nun unsere Fahrzeuge ich baue den Bagger zusammen und mache ihn betriebsfertig.

Nach weiteren 8 Tagen haben wir eine Rückladung von 20 Tonnen geladen, welche die Rückfahrt nach Kabul wesentlich leichter gestaltet. Während dieser Zeit in der ich unmittelbar an diesem Grenzfluss mit dem Bagger aufbauen beschäftigt war, sah ich auf der anderen Seite des

Flusses, die russischen Grenzwächter auf den typischen Wachtürmen und unmittelbar musste ich auch an die russische Westgrenze denken, dem Stacheldraht und Wachturm geben das gleiche Bild.

Ob in Europa oder Asien und ich weiß bis heute nicht, was die Russen eigentlich bewachen. Mit diesen Bildern, die den Blick in ein trostloste Gefängnis geben, nahm ich Abschied von der russischen Grenze um die Rückfahrt nach Kabul anzutreten.

Die Rückfahrt nach Kabul konnte der afghanische Fahrer mit seinem Beifahrer, welcher auch Putzer oder Helfer genannt wird, alleine bewältigen, einmal infolge kleinerer Ladung und zum anderen hatte er ja lange genug Zeit, von mir verschiedene Tricks des Fahrens mit überschweren Ladungen zu lernen. So fuhr ich also mit meinem russischen Jeep und dem afghanischen Begleiter dieselbe Strecke nach Kabul zurück, es gab sowieso nur das einzige Fahrzeug.

Ungefähr auf halber Strecke machten wir einen Abstecher nach der Provinz Baien, um die dortige Tote Stadt und die großen in Felsen gehauenen Buddhas zu betrachten. Es ist schon überwältigend, wenn man vor diesen Riesenstatuen von 37 und 52 m Höhe steht und sich dabei überlegt, wie man vor mehr als 1000 Jahren solche Bauwerke schuf. Die Afghanen hingegen sind nicht sehr stolz auf diese Buddhas, zumal ihre Vorfahren durch den Buddhismus und seine Ausbreitung unter DSchindingskhan recht viel zu leiden hatten. Diese großen Figuren sind zum Teil sehr stark beschädigt einmal durch Witterungseinflüsse und zum anderen durch menschliche Zerstörungswut, denn noch vor Jahren war es Brauch und Sitte, dass jeder Afghane, der daran vorbei ging, einen Schuss aus seiner überlangen Vorderlader Flinte auf den Buddha tat.

Auch heute geschieht das zum Teil noch, doch der Staat erkennt nach und nach die Vorteile vom Tourismus und hat auf Beschädigung alter Kulturstätten Strafen ausgesetzt.

Es sind auch einige europäische Archäologen und Ethnologen hier in Afghanistan, welche Ausgrabungen vornehmen und das staatliche Museum in Kabul mit immer mehr neuen uralten Dingen bereichern.

Es ist unter die Ausländer, die hier sind schon zum Hobby da sind, noch in bestimmte Gegenden zu fahren um einige Stunden fieberhaft Buddhas auszugraben.

Nun muss man schon Kenner sein, um festzustellen, dass so ein kleiner faustgroßer Steinkopf auch echt ist. D.h. uralt ist, denn vielfach graben die Afghanen solche Buddhas, die aus Gips oder Kalk gefertigt sind, an den bekannten Stellen ein und freuen sich über alles Erhabene.

Getue vieler Leute, wenn sie einen Buddha gefunden haben.

Ich habe das Ausgraben bis jetzt den Archäologen überlassen, denn diese Leute freuen sich auch über irgendwelche Funde und sie sind sehr skeptisch und genau.

Die großen Buddhas stehen noch, nahe dem Verfall, den einen hat man schon mit Betonstützten versehen. Auch die tote Stadt, die aus lauter Höhlen und richtig in den Felsen gehauenen Wohnungen besteht, wird immer kleiner. Es stürzt jedes Jahr etwas ein, denn die Nomaden, die ab und zu darin hausen, habe kein Interesse daran und wenn sie im folgenden Jahr keine Höhle mehr vorfinden bauen sie ihr Zelt daneben auf.

Nach all den Besichtigungen fuhr ich zurück nach Kabul und war froh meinen Auftrag erledigt zu haben!!

Man ist immer froh, wenn irgendeine Sache klappte und auch ich freute mich, denn ich hatte auch vieles neues gesehen, meine Kollegen jedoch überraschten mich auch mit etwas neuem, ein Problem, das wir alle drei zusammen lösen mussten.

Die Afghanen feiern, wie so manches Volk auch ihre Unabhängigkeit jedes Jahr an festgelegten Tagen, nun hatte man von Seiten der Regierung in diesem Jahr zum 40.Jahrestag der Unabhängigkeit eine ganz besonders große internationale Feier geplant. Ein großes Gelände wurde mit Pavillons zur Industrieausstellung überbaut.

Verschieden Länder wie z.B. Russland, Deutschland, USA bauten ihre Ausstellungshallen selbst, doch recht viele fertigten. Die Afghanen unter anderem ein Repressentatenbau, der als Kino, Theater oder Versammlungsgebäude dienen soll.

Das Gebäude war schnell hochgemauert, ohne Gerüst, denn die Afghanen sitzen auf der Mauer, die sie fertigen und arbeiten in der Woche und nach jeder Schicht Backsteine kommen sie höher, sodass zuletzt das herunterkommen zum Problem wird.

Genauso ein Problem wurde das Dach auf diesem Theaterrau, der 42 m lang, 18 m breit und 14 m hoch war. Die Mauern standen und keiner wusste weiter, wonach ein österreichischer Bauingenieur, der ebenfalls beim afghanischen Staat unter Vertrag war, uns Deutsche gebeten hat, ihm zu helfen.

Natürlich war keiner von uns Baufachmann, aber der Ruf die deutschen können alles, der uns nachging, verlangte auch solche Arbeiten, wir liesen Nagelbinder anfertigen, die auf dem Betondach eines eingebauten Gebäudeteils zusammengeschraubt und genagelt wurden,

welche mir dann mit zwei angefertigten Spezialwagen über das Mauerwerk einführten und verankerten.

Es klappte alles, bis zum letzten Tag, an dem wir die letzten drei Binder einfahren wollen, da **kam hoher Besuch auf die Baustelle, nämlich der Arbeitsminister persönlich und sein Begleiter, der Obermullach, oder Hohepriester von Kabul.**

Der Bauingenieur hatte errechnet, dass alles wollte der Arbeitsminister wissen und der Obermullach hörte begeistert zu. Als jedoch die Rede von 13 war, machte der Obermullach dem Minister mit beschwichtigten Worten klar, dass 13 eine schlechte Zahl sei. Man glaubt kaum war für eine Macht der Aberglaube hier hat, denn auf Anordnung des Arbeitsministers mussten 14 Binder eingesetzt werden und keiner außer uns Europäer getraute eine Wiederrede.

Nach und nach sahen wir ein, dass alles aufklären nichts nützt, also wurde ein weiterer Nagelbinder angefertigt, doch waren die anderen schon befestigt und im gleichen Abstand eingemauert, also haben wir den 14. Binder genau neben dem 13. ohne Abstand dazu gesellt.

Nach dieser Lösung waren alle zufrieden, und man blickte den Feiertagen wartend entgegen

Ich kam später noch recht oft in diese Gebäude und auch aufs Dach und musste jedes Mal lächelnd an diese abergläubische Idee eines hohen Moslempriesters denken, als ich die zwei Nagelbinder sah, doch solche Scherze am Rande des Alltags brachten immer wieder Spaß und Abwechslung.

Die Zeit verstrich nur allzu schnell, es wurde fieberhaft Tag und Nacht gearbeitet um alle Projekte bis zu den Feiertagen fertig zu machen.

Die Afghanen feiern dieses Fest jedes Jahr, es beginnt am 23. August und dauert eine ganze Woche. Jeder Minister oder besser gesagt, jeder Afghane weiß den Beginn, doch jedes Jahr ist es das gleiche Theater. Ungefähr 4 Wochen vor Beginn fangen die Afghanen ein Projekt an, das bis zu den Feiertagen beendet sein soll, damit der König sieht, was alles geleistet wird.

Dann war es soweit, der 23. August war der Auftakt, nur Ausländer, die nur direkt beim afghanischen Staat angestellt waren, bekamen eine briefliche Einladung speziell zur Besichtigung der Militärparade.

Diese Parade findet auf einer 2 km langen Prachtstraße statt, die jedes Jahr mit tausenden von Schaulustigen umstellt ist. Schon einige Tage zuvor kommen viele Menschen aus den Provinzen und Lagern in unmittelbarer Nähe dieser Straße auf einer künstlich angelegten Wiese von 20 Hektar. Da ist jede Nacht Rummel und Geschreie, denn alles nächtigt im Freien, es ist zu dieser Jahreszeit recht warm und auch nachts kaum unter 20 Grad Celsius.

Schon recht früh um 6.oo Uhr machten wir uns auf den Weg zur Parade, die auf 7.oo Uhr angesagt war, doch es war ein fürchterliches Gedränge, Menschen aller Rassen bewegten sich kreuz und quer, dass man kaum vorwärtskam. Ordnungspolizisten wurden nicht beachtet wirklich wie eine Schaftherde rannte das Volk durcheinander.

Nach einiger Zeit hatten wir den uns zugeteilten Platz gefunden, in einem Zelt direkt neben der

Tribüne für das diplomatische Corps worauf sich auch der König mit seinem Gefolge niederlies.

Die Sonne brannte schon unerbärmlich alles wartete auf die Parade. Es war schon 8.oo Uhr, nichts regte sich, nur das Geschrei der Massen übertönte alles. Der König war noch nicht da und ohne den geht es doch nicht, endlich begann die 100 Mann starke Militär-Blaskappelle, die genau gegenüber der Königstribüne stationiert war. Einen Marsch zu blasen, der König kam, und nun konnte es losgehen.

Die Musik, welche nun die Kapelle in den nächsten zwei Stunden spielte, wusste jeder Ausländer schon im Voraus, es war immer dasselbe. Denn schon 4 Wochen vor den Feiertagen marschierte diese Militärkapelle jede Nacht, immer erst nach Mitternacht durch die Stadt und blies ohne Unterbrechung 2 Stunden lang dieselbe Melodie zur Freude aller Musikliebhaber.

Jetzt kamen die ersten Einheiten, Soldaten zu Pferd, voraus die so überaus geliebte Fahne, diese Fahnenliebe gibt es ja auch bei den Europäern. Danach eine Offiziersanwärter Truppe die der König freundlich grüßte. Nun kam der Höhepunkt eine russische Eliteeinheit 120 Mann in 12 Reihen, im Stechschritt mit gezücktem Säbel und Blickwendung vorbei am König.

Die Russen trugen lange knallrote Jacken, weiße Hosen und lange schwarze Stiefel. Für Fotofreunde ein schönes Bild, doch durfte nur geheim fotografiert werden, die Polizei hatte oder Fotoapparate wegzunehmen.

Nach den Russen, zweifelsfrei die die beste Disziplin hatten, kam eine amerikanische Truppe, ebenfalls im Stechschritt, doch sah man schon den Unterschied, es war gelassener und nicht so dressiert wie die Iranis. Hiernach kamen afghanische Einheiten und wenn diese auch nicht so hochgedrillt waren bekamen sie doch den größten Applaus, denn das Militär ist der größte Stolz aller Afghanen.

Nach den Fußtruppen kamen die motorisierten Einheiten, von der Infanterie über Panzerabwehr und Artillerie bis zur Panzerwaffe. Sämtliche Ausrüstung ob Fahrzeug, Uniform oder Waffen, ist russischer Herkunft z.T. alte überholte Maschinen aber dazwischen auch ganz moderne Geräte so z.B. die Flugzeuge, die während der Parade vorbeiflogen, waren ganz moderne Mig 17, russische Maschinen, die schon in Korea erprobt wurden.

Nach den Panzern kam eine pakistanische Kameleinheit und man wunderte sich wie schnell und behändig die Tiere waren, die doch sonst so träge und lahm erscheinen. Nicht zu vergessen war die wilde Masse von Volk, sogenannte Paschfunenm die in ungleicher Kleidung undiszipliniert bewaffnet mit Schnellfeuergewehren, alten Vorladern, mit dem Dolch in den Zähnen, tanzend und schreiend vor dem König vorbeizogen.

Nach 2 Stunden war der Rummel vorbei, jeder war froh, dass sich da Volk verteilte und auch wir hatten genug, denn die Sonne stand jetzt hoch und die Hitze wurde grösser.

Zu dieser Jahreszeit gibt es in Kabul immer noch 40-42 Grad Celsius Schattentemperatur und in der Sonne ohne Kopfbedeckung ist es unerträglich. Recht oft grüßten die Helfer vom roten Halbmond, das ist dieselbe Organisation wie in Europa das rote Kreuz, während der Parade, die ohnmächtigen und schwachen abtransportieren und das geschah in aller Eile um vor den herannahenden Fahrzeugen weg zu kommen.

Im Allgemeinen sind Militärparaden in allen Ländern fasst immer dasselbe, doch hier in Afghanistan unterscheidet sich dies Parade darin, dass unter Hunderttausenden von Beteiligten und Zuschauern keine Frau zu finden ist. Alles nur Männer, die Ausländer natürlich ausgeschlossen.

Mit dieser Parade waren nun die sogenannten Unabhängigkeitsfeiern eröffnet und das Volk tat sich auf der großen Freiwiese gemütlich bei Hamel am Spieß, Weintrauben und Melonen ebenso Tee in Mengen, verbunden mit Wasserpfeifenrauchen mit und ohne Rauschgift.

Die Stadt ist geschmückt mit Fahnen und Tüchern, alle Bilder mit und ohne Rahmen, Koranschriften und sonstige Sinnsprüche werden vor das Haus gestellt oder sichtbar aufgehängt, somit verkündet jeder seine Freude und Nationalstolz an diesen sogenannten

Djeschen-Feiertagen.

Eine ganze Woche lang dauern diese Feiern und jeden Tag ist der König unterwegs und eröffnet irgendeine Veranstaltung, sei es Ausstellung oder Reiterspiel, das ist der afghanische Nationalsport und sonstige Spiele.

Die Amerikaner hatten ein paar Neger nach Kabul geschickt, um die amerikanischen Rekorde von verschiedenen sportlichen Disziplinen zu demonstrieren (zu dem können sie ja die Neger noch gebrauchen, ferner auch noch als Kanonfutter). Jedenfalls waren die Afghanen sehr beeindruckt von diesen baumlangen Kerlen die z.B. 2 m hochspringen oder 7 m weitspringen.

In den Ausstellungen waren technische Errungenschaften wie Maschinen und Fahrzeuge aller Art zu bewundern. Die Russen mit Fernsehapparaten und chirurgische Artikel, ferner Großmaschinen wie Bagger, Traktoren, Bohrgeräte und landwirtschaftliche Maschinen.

Die Tschechen hauptsächlich auf dem Gebiet der Spinn- und Weberei.

Die Amerikaner führten neuartige Filmwiedergabe, 3 D als Circorama vor, wovon die Afghanen mehr begeistert waren, als von der Ausstellung im deutschen Pavillon, wo es Bücher, Zeitschriften und expressionistische Bilder zu sehen gab. Auf der Volksweise sah man Ringwettkämpfe mit internationaler Beteiligung von Russland, Pakistan, Iran und Türkei.

Gerungen wird im Stil griechisch-römisch, nach Gewicht und ungefährem Alter, genau weiß ja keiner wie sein Alter selbst ist. Selbst die Russen nicht, man sah schon gute Kämpfe, jedoch die Bewegung der Weltmeister im Feldhockey. Indien stellte sich gegen Pakistan zur Schau und es war schon toll, wie diese Inder mit Vollbart und langem Kopfhaar über den Platz rannten, man glaubte es wären Veteranen vor 60 Jahren. Nur am schnellen Lauf der Männer erkannte man ihre Jugend.

Auch ein afghanischer Zirkus war zu sehen, mit Einlagen von Fakiren, die auf Nägel liegen sich dabei einen Stein auf der Brust mit dem Hammer zerschlagen lassen, oder Feuerspucker und Messertänze, Säbelhopsen veranstalteten.

Nur allzu schnell vergingen die Tage, die Arbeit nahm uns wieder in Anspruch doch manche Erinnerung bleibt immer bestehen. Der Sommer ging vorbei die Temperaturen wurden erträglicher und bald sah man den ersten Schnee auf den Felsgipfeln der Hindukusch, dessen Berge schon in der Nähe von Kabul auf 4.500 m ansteigen und weiter nördlich bis 6.000 m Höhe erreichen.

Am 14.Oktober feiert der König Zahir Schah seinen Geburtstag und an diesem Tag wird jedes Jahr zu Ehren seiner Majestät das afghanische Reiterspiel „Butz-Kaschi" zur deutsch „Ziege ziehen" vor dem König und seinem Gefolge vorgeführt.

Dieses Spiel lockt immer recht viele Zuschauer an, denn in der Kabuler Gegend sowie im Süden des Landes ist diese Tradition nicht mehr erhalten. Hingegen im Norden bis in die russische Republik Kasachstan, Dort sieht man auch ohne besonderen Anlass diese Reiterspiel, das ungefähr folgendermaßen abläuft.

Auf einer ebenen Viehweide mit dem Ausmaß von mindestens 2-3 ha wird in Sichtweite für die Zuschauer (rund 20 m) ein 4 m großer Kreis erkenntlich angelegt. In diesem Kreis wird ein abgezogenes Kalb (früher Ziege) ohne Beine und ohne Kopf, im Gewicht 50-70 kg hineingelegt.

Dieses glitschige etwas muss nun von einem Reiter vom Boden aufgenommen werden, hierbei darf der Reiter jedoch nicht absitzen, danach muss er das Kalb zu einem 200m entfernten Punkt und von dort wieder zurück in den Kreis bringen.

Nun ist das aber nicht so einfach, denn es sind zwei Gruppen Reiter, die jeweils wie beim Fußball an der Kleidung erkenntlich sind.

Das Spiel kann beliebig mit zwei gleichstarken Gruppen von 6-16 Reiter je Gruppe durchgeführt werden.

Die Gruppen werden 50 m vom Zielkreis aufgestellt, die Pferde alles nur Hengste sind meistens sehr unruhig, bis der Startpfiff ertönt.

Nun versucht jede Gruppe einen Reiter nach dem Kalb zu schicken, hierbei wiederum den

Freund zu unterstützen und den Gegner stören. Schließlich kommt einer frei, rast nach dem Kreis und hebt mit unglaublicher Schnelligkeit diesen Tierleib vom Boden auf, danach bekommt das Pferd die Sporen, auf einer Seite hängt der Tierleib, auf der anderen Seite der Reiter, fast bis zum Boden, um das Gewicht zu verteilen

Zugleich versucht der Gegner das Kalb abzunehmen und ebenso versucht der Freund zu unterstützen, hierbei kann man sehen, wie die Pferdleiber in vollem Galopp aufeinander rasen, andere versuchen mit der Peitsche dem Mann der das Kalb hat, auf die Finger zu schlagen, was allerdings nicht erlaubt ist, doch nicht alles wird von den 4-6 Schiedsrichtern, die ja auch mit reiten gesehen.

Meistens verliert der erste Kalbzieher das Spielobjekt und nun versucht ein anderer e aufzunehmen, doch ein wirres Knäul von Pferden, die drücken und treten verhindern die Aufnahme vom Boden bis es dann doch irgendeiner erwischt.

So geht das einige Male man kommt immer näher dem Zielkreis und diese Mannschaft, die das Kalb in den Kreis zurückbringt gewinnt einen Punkt. Das Spiel geht über eine unbestimmte

Zeitdauer, es gibt Unterbrechung durch Verletzungen von Reiter und Pferd und nicht selten gibt es Tote, was jedoch an der Fortsetzung des Spieles nicht hindert.

Jetzt wird dieser leblose Fleischklumpen immer schmieriger und somit das Spiel interessanter für diese wilden Burschen, die in ihren Stepphosen und langen Stiefeln z.T. mit langem Schnurrbart, wie dem Teufel seine Kosaken aussehen.

Nach dem Spiel werden die Gruppen vom König geehrt. Sieger und Besiegte, worauf alle rechts stolz sind.

Es ging mir genau wie schon vielen anderen Deutschen, die vor mir hier in Afghanistan als selbstständige beim afghanischen Staat unter Vertrag waren, nämlich am zweiten Tag des Hierseins wäre jeder am liebsten gleich wieder abgehauen, doch nun nach einem Jahr hatte ich mich eingelebt, ebenso meine Kameraden.

Wir verstanden schon recht gut die Landessprache eine Abart persisch „Forsi" genannt, das Alphabet ist arabisch und für uns Europäer recht schwer zu lernen, zumal alles für uns verkehrt ist, man schreibt von rechts nach links, ebenso sind alle Bücher oder Zeitungen im umgekehrten Sinn der uns anhaftet.

Selbst auf der Straße geht und fährt man lieber links jedoch aus Feindschaft gegen die Engländer hat man den Rechtsverkehr gewählt, doch diese möchte ich erst später näher beschreiben.

Auch die Zeitrechnung ist eine andere, denn Afghanistan ist mohammedanisch und noch einer der strengsten Moslemländer, das jeder Ausländer der Nichtmohammedaner ist und den man Kafir d.h. „Ungläuber" nennt, zu spüren bekommt.

Man rechnet nach der Geburt von Mohammed dem Gründer des Islam, und somit schrieb man 1957 gregorianischer Zeit, hierzulande 1356. Man könnte fast das Leben in Europa in jenem Zeitalter mit dem Standard der Afghanen von heute betrachten, vieles gleicht sich nur sieht man hier neben dem Alten auch das Neue, denn durch die geografische Lage, wird Afghanistan, der lieben Politik wegen von vielen Seiten unterstützt und bis jetzt versteht die Regierung des Lands diese Situation recht gut auszunutzen.

Das sogenannte Sonnenjahr, das der gregorianischen Zeitrechnung angeglichen sind, beginnt am 21.März, es wird in 12 Monaten geteilt, die ersten 6 Monate haben 31 Tage und die nächsten fünf 30 Tage und der letzte Monat hat nur 29.

Lediglich im Schaltjahr ebenfalls 30 Tage. Der Sonntag fällt auf unseren Feiertag, doch wenn man einige Zeit hier ist, fällt das nicht mehr auf und es bleib sich gleich, denn auch jeder 7.Tag ist Sonntag.

Neben dem Sonnenjahr zählt man auch das Mondjahr, das rund 15 Tage kürzer ist, diese Rechnung behält man aus religiösen Gründen bei, um den Anfang des alljährlichen Fastenmonats der sich in Farsi „Ramasan" nennt, zu wissen.

Dieser Fastenmonat ist eine schlimme Zeit speziell für Ausländer, die gerade während dieser Zeit auf irgendeiner amtlichen Stelle etwas zu erledigen haben und daran kann man ermessen, wie groß der religiöse Wahn im Mittelalter im Abendland gewesen sein muss.

Diese Fastenzeit richtet sich nach dem Mond und geht über die Dauer von 28 Tagen, also einer Mondphase oder falls der Mond nicht zu sehen ist, im Maximum 30 Tage, doch infolge günstigen Klimas ist hier in Afghanistan fast immer wolkenloser Himmel und somit der Mond auch in der ersten zunehmenden Phase nach Neumond, also die Sichel bei Sonnenuntergang meistens zu sehen.

Tritt dieser Fall ein, so schießt man mit einer Kanone in allen größeren Orten im Land, 21-mal, dann weiß jedermann, nun hat die Fastenzeit begonnen.

Genau so wird das Ende dieser Fastenzeit angezeigt und darauf wartet jeder sehnsüchtig.

Schon am zweiten Tag nach Beginn. Eigentlich ist es kein richtiges Fasten, denn es steht geschrieben, dass von Sonnenaufgang bis Sonnenuntergang kein Moslem essen, trinken oder rauchen darf, selbst das Lieben soll untersag sein, jedoch nachts da fressen sie sich buchstäblich so die Wampe voll, und es ist überall Betrieb hingegen zu anderer Zeit alles tot ist.

Eigentlich ist die Ramasan Zeit nur eine Verdrehung des Tagesablaufs. Jeden morgen vor Sonnenaufgang schießt die Kanone vom Berg das Zeichen der Essensperre und abends nach dem Sonnenuntergang ebenso, da sitzen die meisten schon vor den vollen Tellern und kaum hat man den Schuss vernommen, stürzt sich alles mit wilder Begier auf das Essen. Für uns Ausländer, die nur bei staatlichen Stellen beschäftigt sind, ist diese Zeit einesteils recht angenehm infolge verkürzter Arbeitszeit doch andererseits auch behindernd denn wenn wir etwas essen müssen, wir es heimlich tun, sonst werden die Söhne Allahs recht böse, denn für sie ist das Gebot des Korans heilig und wehe, man lässt sich mit einem Moslem auf ein religiöses Gespräch ein, das gibt kein Ende, denn für ihn ist nur sein Religion die einzig seligmachende, wie ja fast jede andere Glaubenslehre dasselbe von sich behauptet.

Über die Betfreudigkeit der Moslem muss man sich ja wirklich wundern und mancher Christ könnte sich ein Bespiel nehmen, nur die Ausübung das Gebet und die Verrichtungszeit, nämlich 5-mal am Tage, wäre uns etwas peinlich. Sicher heißt es in der Bibel „bete und arbeite" aber die Moslems beten und zwar recht lange, denn während dieser Zeit brauchen sie nicht zu arbeiten.

Die Gebetsvorrichtungen können an jedem Ort ausgeführt werden, auf dem Hausdach, im Garten, an der Straße, der Verkehrsschutzmann tut das sogar auf seiner Verkehrsinsel auf irgendeiner Straßenkreuzung. Während dieser Zeit läuft der Verkehr auch, wenn er nicht gerade betet so schläft er, es kommt also auf dasselbe raus, oder irgendwo in einem Raum.

Der Ort spielt also keine Rolle, nur die Richtung muss immer nach Mekka, dem heiligen Ort, wo der kluge Mohammed umgebracht wurde.

Mann hat auch Gotteshäuser sogenannte Moscheen. Doch darin sind die wenigsten Beter zu finden, es dürfen nur Männer in das Gotteshaus, eine Frau hat darin nichts zu suchen, denn beten ist hauptsächlich Männersache.

Es wäre natürlich auch unangenehm für eine Frau, bei den Kniebeugen und Bodenküssen und sonstigen Verrenkungen, die das Gebet einschließt zu wissen, dass unmittelbar hinter ihr andere sind, die wohl dasselbe tun, aber bei dem Anblick der Vordermannes an alles andere

denken, als an Gott.

Bei mir war es jedenfalls so, dass immer jeder Arbeite beten musste, wenn eine schwere Arbeit zu tun war und mit den vorgehenden Waschungen, Füße, Hände, Mund usw. nimmt die Prozedur mindestens ½ Stunde in Anspruch.

Während des Ramasan ist die Arbeitsverrichtung gleich null und kein modern oder weltlich denkender kann etwas gegen diese Sitten tun, das bedeutete sein Landesverweis.

Wir Nichtmoslems freuen uns mit dem Moslem jedes Jahr genau so, wenn dieser Fastenmonat um ist und ein geregelter Tagesablauf wieder in Gang kommt. Je nach Jahreszeit in die Fastenzeit fällt, ist es unterschiedlich für die Gläubigen zu ertragen, so z.B. ist die Sommerzeit mit langer Sonnenscheindauer und großer Hitze recht strapaziös, hingegen die Wintermonate erträglich.

Eben auch durch die Mondrechnung verschiebt sich der Ramasan jedes Jahr 14-15 Tage und geht somit innerhalb 27 Jahren einmal ums Sonnenjahr herum. Für mich ist diese Fastenzeit immer eine Erinnerung an einen besonderen Fall, der sich folgendermaßen zugetragen hat. Auf einer Straßen-Großbaustelle, hatte ich den Einsatz von Traktoren, Walzen Steinbrechern, Lastwagen usw. und die Wartung dieser Maschinen zu überwachen und weil jeder Maschienführer einfach beten wollte wenn es ihm passte, somit nie alles volllief, habe ich die Leute vor Beginn der Arbeit sowie in der Mittagszeit gedehnt und während da Arbeitszeit ging alles gut voran. Nur einen Mullach sog. Priester hat diese Einführung nichtgepasst.

Er besprach die Sache mit seinem Obermullah und prompt bekam ich vom Ministerium die Warnung, diese Einmischung in religiöse Angelegenheiten zu unterlassen. Es halfen alle Anstrengungen meinerseits bei den afghanischen verantwortlichen Stellen nichts, und ich konnte den Herren auch nicht beibringen, dass durch meine Einführung eine Leistungssteigerung erzielt wurde.

Die Mullahs haben recht und alles ging wieder im alten Trott, jeder ging beten, wann er wollte und mich den „Kafir" hat man ausgelacht. Seit jenem Zeitpunkt änderte sich meine Gesinnung und heute bin ich genauso wie die Afghanen, ich gehe auch beten, das schafft Ansehen. Ähnlich erging es mir in einem Fastenmonat, zu welcher Zeit mein Aufenthaltsvisum abgelaufen war.

Ich ging mit einem Schreiben des königlich afghanischen Arbeitsministeriums, wo meine Vertragsdauer bestätigt war, zur Polizeistation, welche das Visa ausstellt. Da sagte man mir, es wäre jetzt Ramasan und die Leute können nicht arbeiten, weil sie nicht essen dürfen, ich soll nach der Fastenzeit wiederkommen.

Dieser Bitte fand mein Verständnis und ich unternahm dasselbe nach 3 Wochen wieder, doch was musste ich dann vom selben Staatangestellten auf der Polizei hören? Er erkläre mir nun, dass mei Visa schon 20 Tage abgelaufen sei und das kostet pro Tag 50 Afs. (2,50 DM) Strafe.

Mit solchen Mitteln versuchen die Angestellten den eigenen Staat zu betrügen und nur wenn man gewaltig schimpft und sie zu den höchsten Stellen vordringt, kann man solche Sachen umgehen. Aber auch das kostet viel Mühe, Geduld und Ärger. Um sich diesen Ärger zu sparen, gibt man ohne ein Wort zu verlieren, gleich von vornherein ein Bakschisch, sprich Trinkgeld oder Geschenk, dann wickelt sich alles von selbst ab.

Es gibt in diesem rückständigen Land noch viel schlimmere Sachen als der Ramasan, so z.B. die Verwaltung, sei es auf einem Ministerium oder in einem kleinen Lager.

Da System, welches schon längst überholt und veraltet ist, lassen sich die Afghanen nicht nehmen oder ändern und jeder Einfluss von außen zur Verbesserung der Verwaltung und Lagerhaltung, scheiterte bis jetzt immer an den sogenannten Damildaren, z. deutsch Lagerverwaltung.

Diese Damildare sind die reinsten Könige, denn sie kommen wirklich vor dem eigentlichen König und jeder der mit solchen Leuten zu tun hatte, kennt die Schwierigkeiten des Empfanges irgendeiner Ware aus einem Lager, Damilchana genannt.

Die Vorschrift besagt, dass der Lagerverwalter für alle Sachen haftbar ist welche sich in seinem Lager befinden, damit man aber nie genau feststellen kann, was alles in dem Lager ist, sind alle Teile in verschiedenen Büchern eingeschrieben, einmal unter ganz falschen Bezeichnungen, und zum anderen dieselben Teile unter anderen Nummern.

Somit ist eine Kontrolle überhaupt nicht möglich und Inventur das kennen die Afghanen noch nicht.

Will man irgendein neues Teil, so muss man das alte Teil abliefern und sei es ein Bleistift oder sonstiges Verbrauchsmaterial, muss der Rest-stummel oder Rest teil zurückgebracht werden.

Natürlich geht das alles nur mit einem Beleg, welcher vorher vom Büropersonal unter großer Anstrengung mit 7 Unterschriften einiger Leute, die sich Direktor nennen, ausgeschrieben wird. So kommt es vor, dass 2-3 Büroangestellte mit ei-nem Pfennigartikel einer Unterlagscheibe eine ganze Woche lang beschäftigt sind.

Beim selben Ministerium, bei dem ich nun unter Vertrag bin, waren vor mir schon zwei Deutsche unter Vertrag, sogenannte Lagerspezialisten, die hier nach deutschem Muster die Lager mit vielen Ersatzteilen von Amerika, England, Deutsch-land, Japan, Russland und noch mehr einrichten wollten.

Jedoch haben beide kapituliert, ihren Vertrag nach ½ Jahr abgebrochen und sind zurück nach Hause. Es ist nicht immer einfach, den Leuten et-was neues Ungewohntes beizubringen, doch wenn man mal ihre Sprache versteht, geht vieles besser.

Es gibt hierzulande recht viele Geschichten über Damilchana, also über Lager, hier eine Episode, die ich selbst erlebt habe.

Bevor die von tschechischer Hilfe erbaute Zementfabrik in Afghanistan arbeitete, musste man Zement auf Pakistan und Russland einführen, welcher in Jutesäcken zu 50 kg geliefert wurde.

Man kaufte große Mengen ungeachtet der befristeten Lagerungszeit dieses Artikels, setzte ein ehemaliges Schloss aus der Aman-Ullah Zeit halb voll und lies das Lager von Soldaten bewachen.

Nach ein paar Jahren gab es Streit mit der Lieferfirma betreffs den

Jutesäcken, die doch zurückgeliefert werden sollten für weiteren Gebrauch, weil man die Verpackung nicht im Preis einberechnet hatte.

Nach längerem hin und her kam man auf die Idee, dass man den Zement auch lose, also ohne Säcke lagern kann und es wurde der Befehl auszuschütten.

Der Befehl wurde von den Soldaten, die ja hauptsächlich Arbeitssoldaten sind, ausgeführt. Es ging klar nur das Ausschütten bereitete einige Schwierigkeiten, weil der Zement vollkommen hart und versteinert war.

Niemand störte das, denn man war der Meinung, das ist normal und mit Wasser wird der sich schon wieder lösen.

Nach dieser Arbeit sah man den Zement genauso aufeinandersitzen, wie vorher, nur ohne Säcke wo er auch heut noch sitzt und bewacht wird.

Die Säcke wurden zurückgeliefert, wenn auch einige schon z.T. kaputt war.

Man fragte sich, wozu man eigentlich Zement in Säcke verpackt?In Afghanistan ist Soldat sein die höchste Ehre auch wenn einer als Soldat nie ein Gewehr zu sehen bekommt, sondern nur die Schaufel und zwei Jahre lang für den Staat eine billige Arbeitskraft bedeutet.

Einige machen sogar 3 und 4 Jahre Soldat, weil sie die Zeit nicht rechnen können, denn 90% der Bevölkerung sind Analphabeten.

Andere wieder die etwas Geld haben, erscheinen nur zur Aufnahme uns später bringen sie den leitenden Kommandanten, die schon in Fremdes kreisen festgelegte Summe an Paia (Geld), damit sie vom Dienst befreit sind

Alle Ämter, Schulen, Fabriken, Lager ja selbst Privathäuser wurden von Soldaten bewacht, diese Wachsoldaten sind z.T. mit Gewehr ausgerüstet, wenn auch ohne Munition.

Gestohlen wird allerdings trotzdem, denn die Wache muss ja auch mal schlafen.

Die einzige Wache, die nicht schläft ist im Staatsgefängnis, da ein Terrain von gut 2 HA ringsherum mit großer Lehmmauer umbaut, worauf Postenhäuschen aufgebaut sind.

Rund 6-8 Mann stehen dauernd auf Posten und nachts hört man immerfort dieselben Schreie, die sich die Soldaten in kurzen Abständen zurufen, einmal vor Angst und zum anderen um nicht einzuschlafen.

Wer in der Nähe wohnt schläft auch nicht ein, jedenfalls die erste Zeit, bis man sich an die Töne gewöhnt hat. Aber nicht nur In der Nähe des Gefängnisses ist es nachts unruhig, sondern in allen Teilen der Stadt Kabul.

Hervorgerufen durch das Gebell von vielen wilden Hunden, die keinen Herrn haben und nachts in allen Straßen und Gassen nach Abfällen suchen.

Richtige Kämpfe zwischen verschiedenen Rudeln werden durchgeführt, wenn welche in das Gebiet der anderen Gruppe eindringen und das

Gebell wird zum Jaul Konzert, das recht lange anhalten kann.

Bis jetzt gibt es noch kein Mittel gegen die Hundeplage, auch wenn ab und zu Gift gelegt wird. Sie wurden noch nicht weniger, denn auch da fehlt die Geburtenkontrolle.

Die Hunde sind auch eine gewisse Gesundheitspolizei innerhalb von menschlichen Ansiedlungen, denn alle Kadaver, sei es Schaf, Ziege, Esel oder Pferd werden nicht eingegraben. Man lässt diese toten Tiere einfach liegen, alles andere besorgen dann die Hunde. Wenn das auch ein paar Tage stinkt, so ist das auch nicht schlimmer als der Gestank von menschlichem Kot, den man in ganz Afghanistan und se es mitten in der Stadt oder in der Steppe überall in großen Mengen vorfindet.

Es gibt keine öffentlichen Bedürfnissanlagen, man hatte den Versuch schon gemacht, jedoch wurde dies zum Chaos, die einzige öffentliche natürliche Bedürfnisanlage ist der Kabul Fluss, der mitten durch die Stadt zieht und recht viel benutzt wird .Wer gerade im Sommer nach Kabul kommt, wird zwar den Fluss nicht sehen, weil er austrocknet, aber umso mehr riecht man ihn.

Denn während der heißen Zeit stinkt die ganze Gegend in Flussnähe. Leider ist das ein großes Problem, das auch viele Krankheiten und Seuchen fördert und solange der Koran nicht umgeändert wird, ist selbst für die Regierung dieses Problem ein heißes Eisen.

Es wurde Winter im Raum Kabul, die Luft ist zu dieser Zeit wirklich rein und gut, denn kein Staub und Gestank erfüllt die Luft wie bei 40 Grad Cels. im Sommer.

Recht extreme Temperaturunterschiede gibt es, denn im Winter hatten wir schon bis zu 20 Grad unter null und 40-60 cm Schnee.

Den Schnee kann es in 1-2 Tagen geben und nach weiteren 8 Tagen sieht man nichts mehr davon.

Lediglich auf den Bergen liegt er länger. Die Sonne ist am Tage so stark und frisst den Schnee buchstäblich weg, sodass der Boden kaum nass wird. Kaum hatte es geschneit, sieht man schon viele Leute mit Holzschaufeln durch die Straßen ziehen, die sich anbieten den Schnee vom Dach zu säubern. Recht viele Häuser haben eben Lehmdächer, das ist die alte herkömmlich und billige Bauart und damit der Schnee nicht schmilzt und das Wasser in den hem eindringt, wenn man heizt, muss man das Dach säubern. Andernfalls brauch man den Schirm im Zimmer und des Nachts schläft man unter dem Bett. Diese Tropfen in den Häusern werden aber erst schlimm und stark, wenn die Regenzeit so im Februar beginnt, die sich bis zu drei Wochen hinziehen kann. Die ersten 2-3 Tage geht alles noch gut, aber wenn dann der Lehm durchweicht ist, dann wird man drinnen genauso nass wie draußen.

Man spannt Tücher, die man mit einem Stein beschwert, sodass an diesem tiefsten Punkt das Wasser durchtropft, darunter eine Büchse steht, oder man stellt überall wo es tropft Büchsen auf. Dann hat man zugleich ein richtiges Tropfkonzert und für alles bezahlt man noch Miete.

Nie konnte ich eine größere Wut bekommen, als speziell in der Regenzeit, wenn der afghanische Hausbesitzer kam und die Miete verlangte

Der Winter ging vorbei, mein Kollege, der mit mir bei derselben Dienststelle war und ich bekamen einen Spezialauftrag, der uns einige Monate außerhalb Kabuls fesselte.

Ungefähr 200 km östlich von Kabul waren zwei Brücken zu reparieren, beide Eisenkonstruktionen englischer Herkunft. Wir nahmen einen russischen Jeep, das ist ein Allrad getriebenes Wehrmachtsfahrzeug, sehr geländegängig, jedoch im Material sehr schwach „reparaturanfällig".

Diesen Wagen packten wir voll mit Werkzeugen und Zeltausrüstung, sowie Bettzeug und die persönlichen Utensilien um in der Wüste und Steppe nicht ganz zu verkommen. Nach 8 Tagen Planung und Vorarbeiten ging die Fahrt lost mit einem afghanischen Treiber (Chauffeur), der genauso gut Esel treiben kann, wie Autofahren.

Man fährt in Afghanistan nicht selbst. Das ist einmal für Ausländer sehr aufregend, und zum anderen nicht standeswürdig Die Fahrweise der Afghanen ist nicht wie in Europa und auch die Fußgänger verhalten sich ganz anders.

Viele Leute sind augenkrank und sehen ein Hindernis erst recht spät, andere wieder glauben, sie müssen schnell noch vor einem herannahenden Auto über die Straße rennen. Sind sie dann kurz vor dem Auto vorbeigekommen, dann glauben sie, dass der böse Geist, von dem sie verfolgt wurden, ganz sicher überfahren wurde und ihnen nichts mehr tun kann.

Es ist schon recht oft vorgekommen, dass solche Leute samt dem bösen Geist überfahren wurden und passiert das einem Ausländer, dann können schlimme Folgen nachkommen.

Hält man an, um nachzusehen oder zu helfen, muss man damit rechnen gelncht zu werden, also fährt man weiter, doch ach dieses Tun wird verurteil. Ist nun der Fahrer selbst ein Afghane und es passiert ihm so etwas, dann wird der die erste Gelegenheit wahrnehmen, du irgendwo in den Bergen verschwinden.

Wir kamen jedoch gut ans Ziel, die Fahrt ging wieder über diesen Lataband-Pass, was natürlich mit einem Geländefahrzeug keine Schwierigkeit ist. Danach durch ein fruchtbares Tal, wo viel Reid und Mais gepflanzt wird. Hiernach mussten wir einen riesigen Fluss durchfahren und dann gab es praktisch nur noch Kamelwege und Steppen.

Erst spät am Abend erreichten wir das Tal mit einem tiefeingeschnittenen Fluss worüber die zu reparierende Brücke führte.

Die erste Nacht schliefen wir im Auto, sie war sowieso recht kurz und anderntags wurde zuerst das Zelt aufgebaut und die Gegend besichtig.

Hilfskräfte wurden an Ort und Stelle angeheuert, außerdem kam noch eine Soldaten Arbeitseinheit uns zu Hilfe und dann konnte die Arbeit beginnen.

Schon lange hatten wir uns abgesprochen, eine Fahrt nach Indien zu unternehmen, zwei meiner Arbeitskollegen und ich hatten zu diesem Zeitpunkt einen alten Chevrolet, den wir in Gemeinschaftsarbeit überholten und somit ein billiges Fahrzeug zu dieser Urlaubsreise hatten.

Das Fahrzeug war erstanden und in Ordnung.

Doch unser Vorhaben war zum Scheitern verurteilt, weil das Ministerium, den uns lt.Vertrag zustehenden Urlaub und die Genehmigung zur Ausreise mit der Bedingung, dass das Ministerium ein Monatsgehalt bis zu unserer Rückkehr einbehält, außerdem die Urlaubszeit erst nach Beendigung des Vertrages bezahlt.

Wir gingen gerne darauf ein, denn wir wussten im Voraus, dass wir nach der Reise sowieso kein übriges Geld mehr haben und ganz gerne an unsere Arbeitsstelle zurückkehren.

So starteten wir in einem alten Fahrzeug, das in Europa unter Schrottwert registriert wird, doch die Besatzung dieses Vehikels nämlich drei Fahrzeugmechaniker garantierten für Haltbarkeit und Ausdauer.

Unsere Fahrt begann mit reparieren und endete so auch, immer wieder war es der Stolz jedes mitreisenden, die Karre in Ordnung gebracht zu haben, sodass die Fahrt nur kleine Unterbrechungen hatte, die entweder mit reparieren oder mit Händen waschen ausgefüllt waren. Von Kabul aus war uns die Strecke bis zur pakistanischen Grenze zum Khyber-Pass gut bekannt.

Danach beginnt eine Umstellung für jeden Fahrer, denn Pakistan sowie Indien haben Linksverkehr und immer wieder kommt man in Versuchung, speziell bei Überholungen die falsche Seite zu benutzen.

Die Straßen sind schmal und Großfahrzeuge weichen nicht zur Seite, Fahrweise und Fahrdisziplin entstammen keinesfalls englischer Schule.

Über Peshamar erreichten wir bald den mehr dreckigen als heiligen Indus und danach Ramalpindi.

Man spürte schon die zunehmende Wärme, was uns selbst sehr freute, das Fahrzeug hingegen weniger, denn sein Kühler hatte auch schon ungewollte Karambolagen gelitten und nur noch

der halbe Kühlraum war intakt.

Durch Hügelgelände mit Steppecarakter ging die Fahrt über Sialkof-Lahor nach der indischen Grenze. Wir wurden nirgends wegen unserem Fahrzeug bestaunt, denn es passte sich sehr gut seiner Umwelt an, die Inder und Pakistaner hatten auch keine besseren.

Nun waren wir in dem Land der vielen Geheimnisse, von denen ich als Junge immer träumte. Angelangt die Wirklichkeit sieht anders aus, als das Märchen. Das stellte ich mit wenigen Blicken fest. Wohl ist die Landschaft nicht so kahl und baumlos wie in Afghanistan, es hat grüne Flächen, Baumgruppen auch Wald und viele Wasserläufe, die im Frühjahr alle Wasser führen, aber die Bevölkerung ist arm.

Es gibt nur wenige Prinzen, viel mehr Bettler und Kranke, die sich nicht scheuen ihre Wünsche zu äußern.

Amritzar-Dschalandhar-Ludhiana-Ambala, lag hinter uns, wir hatten die Landehauptstadt Delhi erreicht. Ausnahmsweise lief unser Vehikel einwandfrei und ohne Reparatur. Anscheinend lag das an der Umwelt oder an der weniger zügigen Fahrt, denn bei Ortsdurchfahrten in Indien ist es nicht wie in Europa, wo man weiß, dass Hühner und alte Frauen unbedingt die andere Straßenseite vor einem herannahenden Fahrzeug erreichen wollen.

Im Land der heiligen Kühe besorgen das diese Viecher, doch nicht mit der Behändigkeit einer alten Frau, nein schnelle Bewegungen kennt man nicht. Deshalb ist es ratsam, nicht allzu schnell, auf solche Heiligtümer zuzufahren, denn man weiß nie im Voraus nach welcher Seite diese Göttlichkeit ausweicht.

Es ist völlig egal, ob sich das Hornvieh verkehrsrichtig verhält oder nicht, wer eine Beschädigung diese mit Kot vergoldeten Heiligtümer unternimmt, muss nicht nur mit dem Fluch dieser Gottheit, sondern auch mit einer teuflischen Strafe rechnen. Wieder mal stellte ich fest, andere Länder, andere Sitten.

Umgekehrt ist es bestimmt auch schon Indern so ergangen, als sie Europa durchkreuzten.

Delhi ist eine Großstadt mit viel Grünanlagen und Palmen. Die Straßen sind z.T. in Rund und auch quadratisch angelegt, recht oft haben wir uns in diesem Wirrwarr verfahren, denn es gleicht sich vieles, sodass man schon längere Zeit braucht, um sich auszukennen.

Sehr viele Basare, vor allem Schmuck und Edelsteine wird in großen Mengen angeboten.

Es ist ein Schreien, Handeln, feilschen wie auf dem Jahrmarkt, nur ist es hier tagtäglich und gehört zum Leben, wie das tägliche Brot.

Die Leute mit ihren riesigen Turbanen und Pluderhosen sehen wirklich noch wie im Märchen aus. Z.T. mit Bart und langen Haaren die kunstgerecht unter dem Turban versteckt werden und der Bart mit einer Plastikbinde eingebunden.

Ein Stadtbummel durch Delhi bei Nacht lässt vieles interessanter und märchenhafter erscheinen, als sonst. Doch der Lichtschein trügt, denn nur wer am Tage durch die Altstadt geht, sieht die Not und Armut in diesen Elendsvierteln.

Unsere Fahrt ging weiter über Mathura nach Agra, wo wir jeder Fremde die heutige Touristensensation besuchten, das Tatsch-Mahal mit den vielen Goldverschwendereien.

Durch fruchtbare Gegend mit viel Reis, Mais, Weizen du Baumwollfeldern erreichten wir Alahabad.

Bei dieser Stadt ist die Einmündung des Dschamne-Flusses in den Ganges, von dessen heiligen Wassern wir unseren Kühler nachfüllten. Doch wurden hiervon die Leckstellen auch nicht dicht, da half nur das afghanische Wundermittel. Rosinen und Lehm geknetet gibt eine Dichtmasse, die sich mit anderen Dichtungsmassen messen kann. Entlang den heiligen Wassern des Ganges gelangten wir nach Benares, der Stadt der 1000 Tempel und der 1000-mal mal so vielen Bettlern.

Einige Tempel konnte man betreten, jedoch muss man die üblichen Riten hierbei einhalten, sonst läuft man Gefahr, aus dem Tempel gejagt zu werden. Es gibt so viele verschiedene Bräuche, die für jeden Sünder eine Überraschung bieten, die einen müssen zuerst 3 m am Tempel herumgehen, bevor sie zum Gebet eingelassen werden. Andere haben an eigens dafür aufgestellten Blechtrommeln zuerst den Teufel zu verjagen.

Hiernach kann man den Tempel betreten jedoch niemals auf die Schnelle und immer ohne Schuhe.

Diese Tempel sind uralte Bauwerke mit vielen aus Stein gehauenen Ornamenten verziert, alles ist wie vor 1000 Jahren, auch die Tempelbesucher mit Ausnahme der Touristen.

Benares ist für viele Gläubige so etwas Ähnliches wie Rom für Christen, viele Bettler schleppen sich mit letzter Kraft nach Benares um dort zu sterben. Von überall her bringt man die Toten um sie in Benares zu verbrennen und die Asche dem heiligen Ganges zu übergeben, worin man auch zu gleicher Zeit, worin man auch zur gleichen Zeit baden kann um seine Sünde los zu werden.

Auf Autos, Handkarren, ja selbst auf dem Fahrrad bringt man Tote angefahren zur Einäscherung.

Das gleicht einem kleinen Fest, jedenfalls in finanzieller Hinsicht denn Holz und Petroleum sind nicht gerade billig, genauso wie Übernachtungen im sogenannten First-Class-Hotel recht teuer sind.

Abwechselnd musste von uns dreien einer den Chauffeur markieren, einer den Mechaniker und einer hatte jeweils Ruhetag, das klappte ganz gut, im Notfall halfen wir alle zusammen.

Von Benares fuhren wir nach Patna, wo wir das Fahrzeug im Hotel ein paar Tage zum ausruhen abstellten, dann von Pana flogen wir mit dem Flugzeug nach Katmandu, der Hauptstadt von Nepal.

Dieser Flug war sehr interessant, denn nicht immer war die Maschine so hoch wie die Bergriesen, zu beiden Seiten des Tales, durch das die Flugroute führt.

Der Blick auf die höchsten Bergriesen unserer Erde wie z.B. Manaslu, Pangna oder Mount Everest die in rund 100 km Entfernung von Katmandu ihr schneebedecktes Haupt zum Himmel heben, hinterlässt bei jedem Beschauer einen gewaltigen Eindruck von der Natur.

Katmandu als Landeshauptstadt ist keine Großstadt im europäischen Stil. Dachform der Häuser, die mit Steinziegeln bedeckt sind, lässt den chinesisch mongolischen Einfluss erkennen. Die Menschen sind nicht unfreundlicher, doch sehr neugierig und es kam vor, dass einige unsere Kleider anfassten um zu fühlen, was das für Stoff ist, der ihnen fremd erschien.

Wir sahen sehr viele Menschen mit Traggeräten auf dem Rücken, denn infolge der vielen unwegsamen Berge werden die meisten Güter von Trägern transportiert, und da z.T. über sehr weite Strecken.

Neuerdings wird auch Nepal von Indien und von China unterstützt, man baut Verkehrswege und Elektrizitätswerke. Eine Stadtbesichtigung und ein weiterer Tag in Katmandu beschlossen den Besuch wonach wir nach Patna zurückflogen und von dort die Reise nach Kalkutta fortsetzten.

Mit letzten Anstrengungen unsere technische Hilfe für das Fahrzeug gelangten wir nach Kalkutta, von wo wir eigentlich weiter nach Süden bis Machras fahren wollten, doch eine größerer

Schaden am Differenzial machte diesen Plan zunichte.

Wir berieten über die Ersatzteile, die Kosten des Neuteils. Hierbei kamen wir zu dem Entschluss, das Ding zu verkaufen. Der Erlös war zwar nicht groß, aber es reichte für jeden von uns zur Flugreise von Kalkutta nach Kabul.

In Kalkutta lag die Temperatur bei 45 Grad sehr großer Luftfeuchtigkeit, dies ist die Hölle um die Mittagszeit.

Verkehrspolizisten hatten sich einen Regenschirm auf den Rücken gebunden um etwas Schatten zu haben, ein Bild zum Lachen, wenn man die Burschen mit fuchtelnden Armen auf der Verkehrsinsel sah.

Nach zwei Tagen Aufenthalt in dieser tropischen Stadt flogen wir nach Kabul zurück, gesättigt mit vielen Erlebnissen und Eindrücken fremder Länder!

Eine 84 m lange Brücke mit 8 m Lichter Höhe und zwei Pfeilern, bei einer Tragkraft von 40 Tonnen Stahlkonstruktion englischer Herkunft war das Objekt, das uns Sorgen machte.

Ein Pfeiler war vom Wasser unterspült und hatte sich rund 60 cm gesenkt, und um diesen Pfeiler

neu zu fundieren mussten war zuerst das Flussbett trockenlegen, was kein Problem war, weil
das Wasser jeden Tag weniger wurde.

Es ging dem Sommer entgegen und mit ihm kam
auch die Hitze, aber im Zelt war es recht angenehm. Wir hatten einen Soldaten angestellt, der
für unser leibliches Wohl sorgen musste, er
brachte uns Brot auf einem alten Blech, das er
über zwei Steine legte und darunter mit Kameldorn Feuer machte.

Wir gaben ihm täglich Geld für Mehl, Zucker
und Fleisch, meistens brachte er ein Huhn, wo er
das gestohlen hatte war uns egal. Wir hatten es
ja bezahlt.

Unsere Arbeit dauerte 4 Monate, jeden Monat
fuhren wir einmal für eine Woche nach Kabul,
damit wir nicht ganz verwilderten und vor allem
auch um aus der Hitze wieder mal etwas heraus-
zukommen.

Es war Mai und das Thermometer stieg schon
auf 43 Grad im Schatten, das Gelände dort liegt
nur rund 800 m hoch während Kabul 1864 m
über Meer liegt.

Nach 4 Monaten zogen wir weiter, fast wie die Nomaden, die jedes Jahr Hunderte von Kilometern mit Kamelen umherziehen, an die nächste Brücke.

Dieses Mal war es eine Hängebrücke 106 m lang zwischen zwei steil aufragenden Felsbergen woran die Zugseile verankert waren.

Diese Brücke mussten wir ausbesseren, Geländer und Belag außerdem die Tragseile Nachspannen. Die Tragfähigkeit war nur 3 Tonnen. Also nur geeignet für leichte Fahrzeuge wie z.B. Pkws, auch kleine LKWs natürlich leer.

Kam ein Lastwagen, der über die Brücke wollte, musste er zuerst bei der Brückenwache einen Zoll bezahlen, danach wurde der Wagen von vielen Trägern abgeladen, die immer an der Brücke lauerten, bis einer kam.

Das war ihr Lebensunterhalt. Hiernachkonnte das Fahrzeug die Brücke passieren und nun wurde alles auf dem Rücken nach der anderen Seite getragen und dort wieder aufgeladen.

Flussaufwärts und abwärts gab es keine Möglichkeit, den Fluss zu durchfahren, denn er führt zu viel Wasser und die Ufer sind bis zu 10 m hoch. Während wir an der Brücke arbeiteten, gab es natürlich Wartezeiten, doch das war nicht schlimm, denn die Afghanen haben noch Zeit und kennen noch nicht das europäische Tempo.

Während dieser Zeit, die ich im Zelt verbrachte, hatte ich auch viel Zeit zu sehen, wie die Leute dort Rebhühner einfangen, alles nur mit viel Geduld. Wenn auf den Felsbergen kein bisschen Wasser mehr zu finden ist, kommen diese Rebhuhn artigen Laufvögel uns Tal auf Wassersuche.

Man macht eine Loch in den Sandboden und füllt Wasser hinein, ringsherum werden aus langen Pferdeschweifhaaren kunstgerecht Schlingen an Hölzern befestigt und wenn nun das Tier ans Wasser will, läuft es meistens in eine Schlinge, die sich zuzieht und das Tier für einige Stunden wehrlos macht.

Die Leute liegen auf der Lauer und schnell ist der Vogel eingefangen,

In den Bergen hat es recht viel Ungeziefer.

Schlangen, Spinnen, Skorpione, Mäuse und viele Käfer werden recht gern von den Waranen gefressen. Der Waran ist eine recht scheue große Eidechse, die bis zu 1,50 m lang werde kann, das Fleisch ist ungenießbar, aber ihre Haut gibt gutes Leder.Sie leben hauptsächlich in Felshöhlen und lieben sehr die Wärme. Stundenlang können diese Tiere auf einem Stein auf der Lauer liegen, unbeweglich und unmerklich für andere Tiere, die dann, wenn sie in greifbarer Nähe sind, ganz plötzlich angegriffen und verschlungen werden.

Der Feind des Warans wiederum ist der Adler, die es in großen Mengen gibt und täglich auf ihren stundenlangen Gleitflügen zu beobachten sind.

Schlägt der Adler ein solches Tier frisst er sich satt und was liegen bleibt, das holt dann die Steppen Gesundheitspolizei. Das sind einmal die Geier bei Tag und nachts sind es die Schakale

So habe ich recht viel Neues gesehen und erlebt was dieses einsame Leben etwas bereicherte.

Manch einer wird nun denken, die waren aber dumm, warum hatten die kein Transistor Radio dabei, das ist doch heutzutage einfach, laut Reklame hört man überall, was allerdings nicht stimmt

Man ist heute in der Lage Raketen zum Mond zu schießen, aber noch lange nicht so weit, dass man in Afghanistan deutsche Radiosendungen hören kann.

Die Deutsche Welle aus Köln die mit Richtstrahler nach Süd- und Ostasien täglich 3 Stunden sendet, ist teils aus atmosphärischen Gründen gestört und anderseits wird sie aus politischen Gründen gestört von Russland und China, die natürlich viel stärkere Sender einsetzten als es die Deutschen dürfen.

Wir Deutsche in Asien sind überhaupt dumm dran, wollen wir Westdeutsch hören wird es vom Osten gestört, wollen wir Ostdeutsch hören, wird des vom Westen gestört, dahinter stehen die freundlichen Worte: Friede, Freundschaft und Vereinigung!

Der Sommer verstrich, die Hitze ging zurück wieder kamen die Freiheitsfeiertage, doch dieses Jahr wurde keine internationale Feier oder Ausstellung durchgeführt. So hatten wir wenigstens Ruhe vor Sonderaufträgen, lediglich eine Brücke in der Stadt mussten wir unterstützen und verstärken, weil bei der Parade die Panzer zu dritt über diese Brücke fuhren.

Diese Arbeit war auch nicht angenehm, denn wie schon gesagt trocknet der Kabul Fluss im Sommer aus und die Anwohner benutzen recht gern das Flussbett für ihre Geschäfte und speziell unter Brücken.

Zuerst liesen wir durch einen Treiber und 20 Esel den menschlichen Kot wegschaffen bevor wir mit unserer Arbeit beginnen konnten.

Straßen und Brückenarbeiten werden in Afghanistan vom Arbeitsministerium ausgeführt in Verbindung und Mithilfe amerikanischer und russischer Firmen. Flugplätze, Kraftwerke, Wasserdämme und sonstige Projekte werden vom Ministerium unter ähnlichen Bedingungen ausgeführt.

So kam es, dass die Russen ungefähr 50 km nördlich von Kabul einen Militärflugplatz angelegt und das Arbeitsministerium baute die Straße, die unmittelbar an diesem Platz vorbeiläuft. An dieser Strecke waren mein Kollege und ich recht lange im Einsatz und dadurch hatten wir auch die Möglichkeit, bei irgendwelchen Staatsbesuchen gleich auf dem Flugplatz zu sein. Als erster landete Präsident Nehru aus Indien auf dem neuerbauten Flugplatz. Das war nichts Besonderes, er wurde vom König abgeholt und man fuhr nach Kabul.

Viel interessanter hingegen war es im Dezember 1959 als Präsident Eisenhower Afghanistan einen Besuch abstattete.

Schon 8 Tage vor seiner Ankunft kam eine Maschine mit einigen Spezialisten, die den Flugplatz inspizierten und feststellten, ob man mit einer großen Düsenmaschine landen könne.

Endlich war es soweit, wir wussten den Tag es war der 8.Dezember und recht früh machten wir uns auf den Weg zum Flugplatz.

Was wir da erlebten war eine Demonstration der amerikanischen Luftwaffe und die Russen waren am fotografieren, denn die Amerikaner und die Afghanen hatten nichts gegen Fotoliebhaber einzuwenden.

Früh um 8.00 Uhr Ortszeit kamen die ersten Maschinen an, zuerst eine fliegende Festung, sie war mit rund 40 Mann Wachpersonal (spezialpersonal) besetzt die sofort zur Sicherung alles absperrten. Danach kam ein fliegender Güterwagen, darin waren zwei komplette Feuerwehrlöschzüge mit Personal, die sofort ausgefahren und aufgestellt wurden.

Als dritte Maschine landete eine ebensolche welche das Auto und zwei weiteren Wagen in sich barg, natürlich mit Chauffeuren. Die vierte und fünfte Maschine brachte jeweils einen Hubschrauber aus ihrem Rumpf hervor, die sofort ausgefahren und flugfertig gemacht wurden.

Danach kam ein weiterer Transporter welcher Maschinen und Fahrzeugersatzteile mitführte.

Nun erst landete eine Verkehrsmaschine, worin Reporter und Zeitungsleute sowie Begleitpersonal von Ice waren.

Erst in der 8.Maschine eine Boeing 707 kam Eisenhower begleitet von seiner Frau, einem Arzt und seinen persönlichen Bewachern. Zuletzt landete noch ein Tankflugzeug das einige Tausend Liter Benzin als Reserve nachflog.

Das alles spielte sich innerhalb einer Stunde ab und jeder staunte, wie gut durchtrainiert das ganze Flug- und Bodenpersonal war, vor allem wie ungezwungen alles verlief.

Wir dachten, weil die Russen so eifrig fotografiert sie das wollten, als aber einige Jahre später Nihita Chruschtschow zu einem Staatsbesuch nach Kabul kam und auf demselben Flugplatz landete, war von alledem nichts zu merken. Keiner durfte auf damals auf den Flugplatz, fotografieren war strengstens verboten, dabei war diese TU 114 mit der er von Kalkutta nach hier kam schon längst in aller Öffentlichkeit bekannt, aber die Russen tun in allen Dingen so geheim um ihre billigen Maschinen recht gefährlich erscheinen zu lassen.

Eisenhower wurde jedenfalls von der Kabuler Bevölkerung recht stürmisch empfangen, was hingegen beim Chruschtschow-Besuch nicht der Fall war.

Für die afghanische Regierung jedoch ist es gleich wie der Mann heißt, der jeweils einem recht gossen Bakschisch bringt und das tun alle selbst Erhardt, als er noch in der Funktion eines Wirtschaftsministers der Bundesrepublik Deutschland zu Besuch in Kabul war.

Eisenhower weilte nur ein paar Stunden in Kabul, von wo er dann auf seiner damaligen Weltreise nach Afrika weiterflog. Ungefähr 1 Jahr nach seiner Weltreise sah ich mir den eigens hiervon gedrehte Film im Auditorium der amerikanischen Botschaft in Kabul an, doch war der Text seine Ansprache bei der Ankunft auf dem Flugplatz, sowie vor der afghanischen Regierung weggelassen worden, sodass man nichts hören sollte, was der Zensur nicht passte.

Später hörte man im Radio, was alles von Eisenhower an Afghanistan geschenkt wurde.

Nur als Beispiel von der Höhe solcher Staatsgeschenke, die sich Entwicklungshilfe nennen, ist anzuführen, eine Universität mit allen dazugehörenden Baulichkeiten wie z, B. Unterrichtsgebäude mit vielen Abteilungen, ferner Großküche und Unterkünfte der Studenten, Wohnheime groß und weiträumig angelegt, ein Projekt von rund 10 Millionen Dollar.

Universität ist ja schön und gut, aber man fragt sich, wo diese vielen Akademiker, die dort jährlich ausgebildet werden später wirken sollen? Zumal der Forschergeist oder Wissensdrang dieser Leute nur beschränkt ist.

Im besten Fall bildet diese Schicht Menschen mit asiatisch akademischer Bildung in einigen Jahren eine revolutionierende Gefahr für die eigene Regierung.

Somit ist klar und deutlich festzustellen, dass jegliche Wirtschaftshilfe einen politischen Hintergrund hat.

Auch wie im staatlichen Bauhof merkten immer mehr, die Wirtschaftshilfe, die von Russland kam. In den 50iger Jahren hatten wir Deutsche noch einen gewissen Einfluss auf Afghanistan, der einmal von dem bekannten Fleiß der Deutschen die in früherer Zeit hier tätig waren herrührte und zum anderen, von afghanischer Seite bedingt war, weil verschieden Afghanen in führenden Staatstellungen saßen, welche recht lange in Deutschland studierten und daher sehr deutschfreundlich eingestellt waren.

Leider hatte zur damaligen Zeit die deutsche Industrie den Anschluss in Afghanistan verpasst, denn hier lässt sich noch mansche Maschine verkaufe.

Nun möchte ich die Schuld nicht alleine der Industrie zuschieben, sondern vor allem der Politik, jeder weiß, dass wir Deutsche durch den verlorenen Krieg recht viel Sorgen im eigenen Land hatten und es wäre besser wir hätten jene Sorgen auch noch heute, denn der hohe Lebensstandard von heute brachte neben Ansehen auch Pflichten und diese Pflichten können wir heut in Form von Hilfe für unterentwickelte Länder nicht mit diesem politischem Druck und Einfluss ausüben wie es Russland oder Amerika tut.

Folge dessen schwindet unser deutsches Ansehen und bleibt ganz im Schatten dieser beiden Großmächte.

Unseren rund 150 Maschinen und Fahrzeuge deutscher Herkunft im staatlichen Bauhof des königlich afghanischen Arbeitsministeriums, stehen jetzt schon (1960) das Hundertfache an russischen Maschinen und Fahrzeugzeuge gegenüber.

Nicht nur Maschinen werden geliefert, nein auch Spezialisten werden auf 1-2 Jahre von Russland nach Afghanistan geschickt.

So kommt es, dass nur Deutsche täglich Seite an Seite mit Russen zusammenarbeiten und neben Leistungskampf auch manchen ideologischen Streit anfechten.

Durch Personalwechsel in der afghanischen Regierung verbunden mit großem Bachschisch Geschäften, ferner bedingt durch die Angrenzung der Sowjetunion an Afghanistan, wurde der Handel und die Verträge mit Russland immer grösser und ausgedehnter, was den Russen ja ganz gelegen kam.

Mit diesen Bedingungen wurden auch die russischen Spezialisten viel billiger beim afghanischen Staat angeboten, als wir Deutsche es tun konnten.

Natürlich übernahm der Russe bedingt durch sein totalitäres System seiner Staatsform alle anfallenden Sorgen dieser Leute, die er nach Afghanistan brachte, sei es die Anreise mit Flugzeugen der staatlichen Fluggesellschaft, „Aeroflot", sei es Kost und Logie am Einsatzort oder Krankenbetreuung, Versicherung.

Ja selbst die Post dieser Leute ist gratis, dadurch hat man eine gute Zensurmöglichkeit. Kurz alles was der Mensch braucht, gibt ihm seine Regierung, nicht zu viel, sondern genau nach Norm und um das alles zu kontrollieren, brachte der

Russe zu gleicher Zeit auch die sogenannten Kommissare mit, die heutzutage allerdings von Volkseigenen Genossen und nicht mehr von Juden oder besser gesagt von Israelis, wie sie sich ja heute schimpfen gestellt werden.

So konnte es recht oft vorkommen, dass ich mich mit einem Russen unterhielt, die Verständigung ging je nach Wortschatz in Persisch, russisch oder deutsch, und wenn dann dieser Kommissar, oder Natschalnik, wie ihn die Russen nennen, grade vorbeikam, dann wurde sofort die Unterhalt abgebrochen und der Russe ging schleunigst seiner Arbeit nach, das tat jeder so, ohne Ausnahme.

Immer wieder haben wir Deutsche uns darüber gefreut, denn nicht nur wir sahen dies, sondern auch die Afghanen und schließlich hatten wir uns als Anweiser und Berater gemeldet.

Somit war immer wieder der Unterschied auch von dem kleinsten und dümmsten Mann zu sehen, dass es zwischen den russischen und deutschen Spezialisten Unterschiede gibt, das soll aber nicht heißen, dass die Russen nicht können, im Gegenteil jeder Russe ist ein guter Arbeiter oder Ingenieur, aber er ist nicht frei.

Im Ganzen gesehen ist jedoch Russland auch mit der Zeit gehend nur nützt der Staat die Unterdrückung des Einzelnen für das Ansehen der Gesamtheit aus.

Die russische Wirtschaftshilfe an Afghanistan nahm indes immer größere Formen an und so kam es dann auch, dass wir Deutsche immer weniger wurden, der Höchststand an freien, nicht von deutscher Seite gebundenen Technikern, Kaufleuten und Beratern, welche Verträge mit der afghanischen Regierung auf verschiedenen Basen und Zeiträumen abgeschlossen hatten betrug in den Jahren 1955-1958 rund 50 Personen heute hingegen also 10 Jahre danach sind es keine 10 Personen mehr.

Hiermit zum Ausdruck bringen, dass es immer weniger Deutsche gibt, die als wirkliche Idealisten unter Verzicht vieler persönlicher Dinge ins Ausland gehen und sich bei irgendwelchen Staaten verdienen, ihr Wissen und Können auch ohne politische Richtung weiterzugeben.

Ich selbst bin stolz darauf mich zu diesen Wenigen zu zählen, obwohl die fast 10jährige Tätigkeit in Afghanistan auch nicht spurlos an mir vorbeiging.

Es ist auch nicht immer angenehm und vor allem nicht jedermanns Sache, jahrelang von der Familie getrennt zu leben, diese jedoch zu versorgen, hinzu kommt das Risiko der Krankheit oder Unfall.

Ebenso die Altersvorsorge, die natürlich keine Garantie der Inanspruchnahme zu gegebener Zeit gibt. Wir leben eben draußen in der Welt, ähnlich dem Bergmann mit „Glück auf" und wer keinen seelischen Halt hat, der geht eben unter im Strudel des Überschwunges, dem auch im hintersten und unterentwickeltsten Land sind die Verlockungen des Lebens recht groß.

Sei es in Form von sich berauschen mit irgendwelchen Giften, deren Beschaffung nicht schwer ist, oder ganz menschlich in der so viel gerühmten Liebe, nicht geschlechtlich gebunden!

Ich hatte meinen Wintermantel über einen Stuhl gelegt und ging zur Toilette. Als ich nach einigen Minuten zurück kam war mein Mantel weg, was mir natürlich peinlich war.

Ich fragte einige Mitreisenden betreffs dieser Sache, doch bald hatte es sich geklärt, der Stuart der Maschinenbesatzung hatte den Mantel an sich genommen und mir höflichst erklärt, dass Istanbul nicht mehr Europa ist und man nirgends etwas liegen lassen darf.

Das war mein erster Eindruck von Asien, ich sollte später noch recht oft an diese Worte denken.

Um drei Uhr nachts Ortszeit startete die Maschine von Istanbul. Wir flogen dem jungen Tag und der Sonne Richtung Osten entgegen. Bald begann die Dämmerung in einer Flughöhe von achttausend Meter, man sah die gelbweise Sonne emporsteigen.

Unter uns war die Erde noch kaum zu erkennen, es war ein überwältigender Sonnenaufgang.

Bei grellem Morgenlicht und ganz klarem Himmel konnte ich zur linken Seite das große Elbursgebirge und weit dahinter das Kaspische Meer sehen.

Die Zeit wurde nie langweilig es ist in solchen großen Reiseflugzeugen an alles gedacht.

Lektüren in verschiedenen Sprachen sind vorhanden. Leselampen mit verstellbarer Lichtstrahlung ebenso Frischluftstrahldüsen einstellbar nach Wunsch.

Die Sitze lassen sich durch einen kleinen Knopfdruck in Liegesitze verwandeln, falls diesen Mechanismus ein Passagier nicht kennt, drückt er einen Klingelknopf und schon erscheint jemand vom Bordpersonal, der dann alles auf Wunsch recht freundlich bewerkstelligt.

Um 6 Uhr früh wurde das Frühstück gereicht, dem ich mich mit besonderer Aufmerksamkeit widmete, danach konnte ich sogar einen Morgenspaziergang durch den fast vierzig Meter langen Rumpf zur Toilette, die sich im hinteren Teil des Flugzeuges befindet, unternehmen. Der Flug war bis jetzt ruhig und für alle Passagiere sehr verträglich.

Über Lautsprecher und Warnlicht wurden die Passagiere auf die kommende Landung aufmerksam gemacht das bedeutet Rauchen einstellen, mit den an jedem Sitzplatz befindlichen Anschnallgurt sich festschnallen, damit bei eventuell starkem Landestoss keiner der Passagiere verletz wird.

In wenigen Minuten waren wir gelandet und die Maschine rollte vor das Flughafengebäude in Teheran. Der Flugplatz in Teheran hat Internationales Format und ist nicht vergleichbar mit dem technischen Stand des Landes Iran

Es gibt in den Warteräumen dieses Flughafengebäudes alles zu kaufen vom Andenken über Opiumpfeife bis zu den schwarzhaarigen Damen, die vor dem Gebäude auf einen zahlungskräftigen Mann warten.

Leider war der Aufenthalt zu kurz um all diese Verlockungen zu genießen, denn schon nach einer Stunde startete unser Flugzeug wieder um nach Karatschi, der damaligen Hauptstadt von Pakistan zu gelangen.

Schon bald nach dem Start sah man auf der Erde in langen Reihen gleichmäßige Löcher die genau wie Bombentrichter aussahen. Nach Befragen eines Mitreisenden wurde ich aufgeklärt, wunderte mich aber trotzdem weiterhin über diese Sache. Diese Löcher sind bis zu dreißig Meter tief, rund ein Meter im Durchmesser und dienen lediglich dazu, das Ausschachtmaterial des unterirdischen Wasserkanals ins Freie zu schaffen.

Hunderte von Kilometern gibt es in Persien diese unterirdischen Wasserläufe die ausschließlich der Bewässerung dienen.

Nach 2 Stunden Flug gab es auf der Erde wirklich nichts mehr zu sehen, die Maschine überflog die große Wüste.

Bald jedoch wurden die Insassen des Flugzeuges mit einem herrlichen Panorama belohnt, einerseits war das Mahrangebirge und andererseits der Golf von Oman, sowie die weite blaue See zu sehen.

Gar zu schnell war der Flug von Teheran nach Karachi zu End. Nun hies es für mich umsteigen, mein Ziel lag im Norden, während die Maschine der Air France nach Tokio weiterflog, wohin ich auch ganz gerne wollte.

Nach Erledigung der Zollformalitäten wurde ich mit einem weiteren Passagier ins Hotel Metropol zur Übernachtung gefahren. Dieses Hotel ist ein fünfstöckiger großer U-Bau mit einem palmen-beflanzten Innenhof, der mit vielen anderen tropischen Pflanzen bewachsen ist.

Die Zeit meines Vertragsendes rückte immer näher, ich begann die ersten Vorbereitungen zur Ausreise bezüglich der Heimreise. Es ist gar vieles vorzubereiten, wenn man wie ich nach dreijähriger Vertragszeit das erste mal wieder aus einem Land ausreist, in das man sehr gut reinkommt, aber die Ausreise große Schwierigkeiten macht.

Bevor ich überhaupt das Ausreisevisa beantragen konnte, hatte ich einige Vorarbeiten zu erledigen, die recht viel Ärger bereiteten, das geht jedem so, der zum ersten Mal so etwas unternimmt.

Später ist es immer leichter, so z.B. musste ich dem Arbeitsministerium zuerst den Beweis bringen, dass ich auf meiner Arbeitsstelle und auf sämtlichen Außenbaustellen nichts schuldig bin. Sei es Werkzeuge oder Benzin, das innerhalb der Vertragszeit empfangen habe. Hierzu musste ich von jedem Kommandanten der Außenstellen und Arbeitseinheiten, sowie von den Lagerverwaltern eine Unterschrift auf einem sogenannten Laufzettel bringen.

Glaubt man nun diese Unterschriften innerhalb einer Woche zusammenzubringen, so wird man enttäuscht werden, denn wenn man auch nichts schuldig ist, bekommt man die Unterschrift von diesen Leuten nur mit dem Versprechen ihnen ein Bakschisch aus Deutschland mitzubringen.

Das ist natürlich einfach, wenn nicht mehr zurückkommt, doch wehe das Bakschisch wird vergessen, wenn man nach 2-3 Monaten wiederauftaucht, dann bleibt keine andere Wahl, als im Basar irgend einen Füllhalter oder eine Taschenmesser zu kaufen, um dem Betroffenen zu beschenken, denn sonst hat man vor diesen Leuten keine Ruhe mehr.

Als zweites musste ich dem Arbeitsministerium einen Brief vom Finanzministerium bringen, worin bestätigt wird, dass ich die Landessteuere nach vorgeschriebenen Satz bezahlt habe und zwar für die volle Vertragszeit inklusiv Urlaub.

Erst als diese Bedingungen erfüllt waren bezahlte mir das Arbeitsministerium das letzte Monatsgehalt, sowie Urlaubs- und Heimreisegeld. Nun konnte ich das Ausreisevisa beantragen wozu ich wiederum einen Brief vom Finanzministerium betr. der Steuer benötige und einen weiteren Brief vom Arbeitsministerium, dass ich vertraglich frei bin und die Erlaubnis der Ausreise ihrerseits erteilt werden kann.

Doch diese Belege sind nicht genug, denn nach der Antragsstellung auf Ausreise, wird der Name des Betreffenden 3 mal im Rundfunk aufgerufen, und erst wenn niemand einen Einwand gegen die Ausreise dieser genannten Person hat, wird das Exit Visa erteilt.

Man sichert sich nach allen Seiten, es könnte ja auch Leute geben, die im Basar einen großen Kauf gemacht haben, sei es Teppiche oder Felle, die Hälfte anbezahlt, da andere 1 Woche danach versprechen zu bezahlen, doch inzwischen ist er ausgereist auf nicht mehr wiedersehen.

Es soll schon solche Fälle gegeben haben, doch ist es meistens umgekehrt, und in letzter Minute auf dem Flugplatz kurz vor Abflug kommen solche Basarhändler und sperren das Visa irgendwelcher Personen. Es ist erstaunlich wie gut und schnell die Nachrichtenübermittlung in solchen unterentwickelten Ländern klappt und meistens sind es Leute mit überheblicher Einbildung über diese zurückgebliebenen die wegen unrentablen Kleinigkeiten geschnappt werden.

Man ist schon recht froh, wenn man das Ausreisevisa im Pass hat und ebenso, wenn man den Zoll hinter sich gebracht hat, denn das sind Aufregungen, kurz vor einer großen Reise die alle auf 1-2 Tage zusammenkommen. Will man einen Koffer oder Kiste im Zollamt verzollen, so geht das nur mit Ausreisevisa dieses jedoch bekommt man sowieso erst 2 Tage vor Reisebeginn und hat nur 3 Tag Gültigkeit, also bleibt meistens nur 1 Tag um den Zoll zu erledigen, was wiederum in einem Land wie Afghanistan eine unglaubliche Prozedur ist.

Man fährt ins Zollamt, lässt sich die Koffer von Trägern zu der betreffenden Stelle hin transportieren, selber tragen wir verpönt und als niedrig angesehen.

Nach einer Wartezeit die 2 Stunden betragen kann, kommt ein Beamter besieht sich den Inhalt und erteilt je nach Größe des Bakschischs gleich oder erst in einer Stunde einem seiner untergeordneten den Auftrag, die Gepäckstücke zu plombieren.

Nun will dieser Herr ebenso ein Bakschisch das Wort geht einem nicht mehr aus dem Sinn Bakschisch-Bakschisch, Geschenk – Geschenk.

Von amtlicher Behörde bekommt man einen Schein, der bescheinigt, dass die Gepäckstücke im Hauptzollamt eingesehen wurden, das gibt aber keine Sicherheit, dass am Flugplatz oder an anderen Grenzübergängen, wo man gerade das Land verlässt, die Koffer nicht mehr geöffnet werden können. Im Gegenteil, mit solchen Schikanen muss man bei allen asiatischen Völkern und auch bei den Russen rechnen All diese Vorbereitungen hatte ich erledigt, die Flugreise von Kabul über Taschkent-Moskau-Berlin gebucht und stand zur angegebenen Zeit, eine Stunde vor Abflug auf dem Flugplatz Kabul.

Das Wetter war gut, blauer Himmel, nur über den Bergen des Hindukusch sah man Wolken. Ich war nicht alleine, es hatten sich weitere 15-20 Personen eingefunden, alle warteten und warteten auf die Maschine der Aeroflot, die schon längst hätte das sein müssen.

Die Flugbegleitung des Platzes konnte keine Auskunft geben, denn sie stand nicht mit den russischen Flugplätzen in Verbindung. Also verließ man sich auf Inschallah und wenn die Maschine bis spätestens 13.00Ortszeit in der Winterszeit in Kabul nicht ankam, war der Rückflug am selben Tag nicht mehr möglich.

Es wurde 14.00 Uhr, die Maschine kam nicht, also auf nach Kabul zurück, zuerst auf die Visaabteilung, um das Exit Visa zu verlängern, dann die Polizei fragt nicht nach Wetter und Flugmöglichkeiten. 3 Tage waren um und folglich war das Visa abgelaufen. Als dann am anderen Tag die Maschine wirklich ankam, gab es 1 Stunde Startverzögerung, weil verschiedene Fluggäste von der Polizei zurückgehalten wurden, die tags zuvor fliegen wollten und deren Visa ebenfalls abgelaufen war.

Erst nachdem ein Offizier der Visabehörde auf dem Flugplatz eintraf und gegen ein gewisses Entgelt das Datum im Pass änderte, konnte die Maschine gegen 13.00 Uhr starten.

Die Reise begann, zum ersten mal saß ich in einer JL-14 (Illuschia) und verglich die Flugeigenschaften mit anderen mir bekannten Flugzeugtypen

Der Start verlief einwandfrei, rund 30 Personen waren wir in der Maschine, darunter ich als einziger Deutscher, das andere waren Tschechen und Russen. Recht lange sah man Kabul unter uns liegen, denn die Maschine muss sich zuerst in einigen Spiralen auf Höhe schaffen, um aus dem Kabuler Becken nach Norden zu fliegen.

Nach einiger Zeit merkte man erst den ungeheuren Krach, den die Motoren durch den dauernden Anstieg verursachten, was durch die schlecht abgedichtete Kabine allen Passagieren aufs Gehör schlug. Der ganze Kasten zitterte und vibrierte wie eine Dreschmaschine, denn es hatte starke Winde über dem Hindukusch, dessen größere Berge beiderseits zu sehen waren.

Eine wohlbeleibte Dame unzweifelhaft russischer Abstammung, welche sich Stewardess nannte, ging zu jedem einzelnen Passagier und machte die Sauerstoffflaschen klar, weil eben die Kabine der JL-14 nur bedingt dicht ist. Ich dachte den Bergen nach, die z.T. höher waren als die Flughöhe wir sind in Bodennähe, doch der Höhenmesser überzeugte mich mit seiner Angabe von 6000 m über dem Meer. Das ist die Mindesthöhe um diesen Gebirgszug, den Hindukusch zu überfliegen und man spürte richtig, dass die Maschine in der Luft hing, wie eine reife Pflaume am Baum, so leicht beweglich sie machte kleine Sprünge mal auf und ab, mal links und rechts, doch nach einer Stunde Flug merkte man, dass die Motoren leiser wurden, das Gebirge wurde niedriger und eine große Ebene breitete sich unter uns aus.

Schon von weitem sah man den Oxus, der große Grenzfluss zwischen Afghanistan und Russland. Besonders auffällig war die Geländefarbe auf afghanischer Seite war alles grau und auf russischer Seite grün, was auf Bepflanzung oder Wald schließen ließ.

Immer niedriger wurde der Flug und bald setzte die Maschine zur ersten Landung auf russischem Boden.

Je näher wir dem Boden kamen, je besser sah man auch Gebäude und Felder du war wir am meisten auffiel, waren die vielen Grenzwachtürme, wie ich sie schon vor Jahren an derselben Grenze, nur 200 km östlich gesehen habe. Nach 1 ½ Stunden Flug landete die Maschine an der Grenzstation Thermez am Oxus, wo es Zollschwierigkeiten gab.

Das Flughafengebäude in Themer war eine Baracke, mit einem Zollraum und einem Gastraum neben dem Gebäude eine WC-Anlage, welche verschmutzt und verdreckt war, dass jedermann der sie benutzen wollte, einen schlechten Vorgeschmack von den so vielgerühmten Sowjetparadies bekam.

Alle Passagiere wurden in den Zollraum geführt, wo jeder Reisende eine Deklaration der mitgeführten Gegenstände abgeben musste und anschließend Gepäck-Kontrolle durchgeführt wurde.

Die russischen Staatsangehörigen, welche von Afghanistan ins Land einreisten wurden bis ins Kleinste kontrolliert. Sie mussten sich sogar Leibesvisitationen unterziehen. Die Transit-Reisenden waren etwas besser behandelt worden. Man begnügte sich mit Handgepäck Kontrolle.

Als ich zur Kontrolle kam, meine Tasche öffnete glaubte der Zollbeamte einen Fang gemacht zu haben, denn ich führte einige Schraubenzieher und Zangen mit. Werkzeuge, die man in russischen Hotels überall braucht, weil werde Lichtschalter, Wasserhahn noch Türschloss in solchen Massenquartieren geht.

Außerdem hatte ich einen gewöhnliche Wecker mit dabei und erst nachdem ich einige mal die Klingel dieser Uhr vor den Augen des Zollbeamten ablaufen lies, glaubte man mir, dass es keine Höllenmaschine sei, die ich mitführe.

So ließ man mich nach einigem Hin- und Her passieren und ich machte mich in den Gastraum zu den anderen Passagieren.

Nun kam ich ja aus einem Land in dem völliges Alkoholverbot herrscht und sah in diesem Gastraum alkoholische Getränke, was war ein Anblick den ich nicht leicht schildern kann, aber auch die anderen Reisenden waren schon dabei einen kräftigen Schluck von diesem Feuerwasser „Wodka" zu tun.

Ich wollte so ein kleines Gläschen wie man es in Europa kennt bestellen, doch wurde mir klar gemacht, dass es in Russland alles nur nach Gewicht gibt, und nicht nach Raummaß, auch die Flüssigkeiten. Also musste ich das Mindestmaß (100 gr.) kaufen und das gab mir einen leichten Schlag, wieder sah man den russischen Profitsinn, denn ausländisches Geld, speziell Dollar nehmen die Russen recht gern, nur ihre eigene Währung, den angeblich so stabilen Rubel, will im Ausland niemand annehmen, d.h. schon die Ausfuhr von Rubel ist streng untersagt.

An allen Grenzstationen gibt es Wechselstuben, wo man Rubel eintauschen kann, dafür erhält man eine amtliche Bescheinigung über Umtauschhöhe und diese Bescheinigung ist sehr wichtig denn es kann passieren, das man Reisenden ihre Rubel abnimmt, wenn sie nicht den Eintausch nachweisen können, mit der Begründung, dieses Geld sei falsch und man hätte es nach

Russland eingeschleust um ihre Währung zu schwächen.

Es ist kaum zu glauben, mit welcher Genauigkeit die russischen Beamten solche Kontrollen und Untersuchungen durchführen, jeder Fremde spürt sofort bei Grenzübertritt nach der Sowjetunion etwas unheimliche ungewissen und malt sich schon die schlimmsten Geschichten aus. Genauso erging es mir bei der ersten Russland Reise, welche nun von dem Grenzflugplatz Thermez nach Taschkent weiterging.

Weitere zwei Flugstunden mit demselben Flugzeug JL-14 brachten uns über Duschanbe-Samarhand nach Taschkent, der Metropole von Kasachstan.

Schon recht lange vor der Landung in Taschkent war ich dabei nach allen Seiten Umschau zu halten, es war noch heller Tag als wir landeten und somit konnte ich den riesig großen Flugplatz bewundern, der zugleich Zivil und auch Militärflugplatz ist.

Drei Startbahnen von je 3000 m Länge und einige kürzeren Bahnen für Kleinflugzeuge. Leider konnte ich vom Flugzeug aus nicht fotografieren, denn um ganz sicher zu gehen, dass dies niemand tut, hat man allen Passagieren nach dem Start von der Grenzstation Thermer, die Fotoapparate abgenommen, ums sie zu bewahren, bis man wieder das Flugzeug verlässt.

Wir landeten also glücklich in Taschkent, bevor wir jedoch das Flugzeug verlassen konnten,

denn die Passagiere werden auf eventuelles Fieber kontrolliert. Danach durfte man die Maschine verlassen und auf dem Laufsteg stand schon die Polizei, die die Pässe in Empfang nahm und sofort auf Visa kontrollierte. Hiernach ging es zuerst zur ärztlichen Kontrolle, wo jeder den Impfpass abzugeben hatte und erst lange danach konnte man gegen einen Bon der jedem ausgehändigt wurde, etwas zu essen bekommen.

Das Flugplatzgebäude in Taschkent ist typisch russisch, die Stockwerke 6 m hoch, große Säulen stützen die überbaute Veranda, die sich längs des Gebäudes hinzieht. In einem Saal mit 4 m hohen Fenstern, die trotz ihrer Größe kein Licht einließen, weil sie mit riesigen Vorhängen verkleidet waren, konnte man das Essen einnehmen und mit etwas Aufzahlung sogar ein Ostdeutsches Bier dazu trinken.

Nach kurzem Aufenthalt in diesem Taschkent ging der Flug abends um 8.00 Uhr weiter nach

Moskau. Diesmal war es eine große Maschine, eine Tu 104 (Tupolew) mit 98 Sitzplätzen. Taschkent ist sozusagen eine Sammelstelle für Reisende nach Moskau und die Maschine war bis auf den letzten Platz besetzt.

Bald erfolgte der Start und danach spürte man wie der Pilot die Maschine recht steil nach oben zog und der Krach in diesem Kasten war noch viel schlimmer als in der kleinen Maschine.

Es war das erste Mal, dass ich in einem solchen Düsenbomber flog, die Tu 104 ist eine Maschine mit zwei unmittelbar am Rupf in den Tragflächen angebrachte Strahltriebwerken.

Ihre Reisegeschwindigkeit ist 850 km in der Stunde und als der Fahrtmesser in einer Höhe von 10.000 m die Geschwindigkeit von 800 km anzeigte, wurde es recht kalt im Inneren, was eine russische Fehlkonstruktion sein muss, denn einmal war es heiß, kaum zum aushalten, und dann wieder fürchterlich kalt.

Die Zeit wurde langweilig, ich machte einen Spaziergang durch die Maschine, vor bis ins Cockpit, wo ich nach längerem Verhandeln mit der Stewardess ein paar Minuten verbringen konnte, danach ging es die ganz Länge durch nach hinten, wo Waschraum und WC eingebaut sind.

Wir flogen und flogen, ich beobachtete den Sternenhimmel und stellte fest, dass die Richtung in der wir uns bewegten, niemals Nordwest sein kann, denn das ist die Richtung Taschkent-Moskau.

Auch die Zeit war schon überschritten, denn ungefähr 3 ½ Stunden nach dem Start hätten wir kurz vor Moskau sein müssen.

Nach einer weiteren halben Stunde wurde über die Sprechanlage bekannt gegeben, dass die Maschine zur Landung ansetzt, die Passagiere möchten sich anschnallen und das Rauchen einstellen.

Wir landeten, es war alle klar, herrlich waren die Lichter der Landebahn zu sehen, ebenso ein Lichtermeer von einer Stadt, doch sonst war im weiteren Umkreis alles dunkel und ich dachte, der Zeit nach, kurz vor Mitternacht, dass Moskau schläft.

Kaum waren wir aus der Maschine, wurde mir klar, warum die Richtung nicht stimmte, denn wir waren nicht in Moskau, sondern 2000 km östlich hinter dem Ural in Swedlowsk gelandet.

Nachdem wir alle geschlossen in einen Transitraum geführt worden waren, wurde bekannt gegeben, dass Moskau z.Zeit sehr schlechtes Wetter hat und keine Maschine dort landen kann.

Es war Januar und die Temperatur so richtig russisch, Swerdlowsk hatte an jenem Morgen 3.00 Uhr Ortszeit wie wir ankamen 34 Grad unter null, das Flughafengebäude jedoch war gut geheizt, denn rund 2000 Personen waren darin untergebracht, weil alle Maschinen, die vom Osten kamen, in Swerdlowsk als letzte Großflughafen vor Moskau landen mussten.

Ich werde nie vergessen, wie oft aufgerufen wurde „Pomimanje" die Passagiere der Maschine aus Wladiwostok oder Taschkent möchten sich zum Einsteigen bereithalten, doch immer wieder wurde der Start abgesagt.

Einige Maschinen waren sogar schon gestartet und kamen nach 10 Minuten wieder zurück.

Der erste Tag verging, die Verpflegung so vieler Menschen machte recht viele Umstände aber die Kost war gut. Nur die Nacht wollte kaum umgehen, denn alles schlief auf Bänken und Tischen. Überall waren Menschen wie im Krieg in den Bahnhof-Wartesälen.

Die Tschechen, die mit mir zusammen waren, getrauten sich auch nichts zu sagen, aber ich beschwert mich und sagte einer leitenden Person, warum sie kein Betten hier haben. Sie sollen mich zur Stadt lassen in irgendein Hotel. Dann bekamen die Tschechen Mut und schimpften ebenso.

Nach einer Stunde kam eine Dolmetscherin der Aeroflot und begleitete mich und 4 Tschechen in einem Fahrzeug nach der rund 10 km entfernten Stadt in eine Unterbringung, denn ein Hotel hat Swerdlowsk noch nicht aufzuweisen.

Wir hatten alle nur Transitviasa und mussten den Pass abgeben, wurden also sozusagen bewacht, deshalb lud ich die Dolmetscherin ein bei uns zu übernachten, was sie jedoch dankend ablehnte.

Das Essen war echt russisch, aber sehr gut in dem Gasthaus auch Wodka konnte man kaufen nur die Annäherung oder Unterhaltung mit Russen war von vornherein unterbunden worden

So vergingen 2 weitere Tage, bis der Flug nach Moskau weiterging

Swerdlowsk adieu!

Ich glaubte nicht mehr an einen Start, denn es wurde schon Dämmerung, doch die Überraschung war viel grösser, als es hieß einsteigen.

Dieselbe Maschine, ich hatte mir die Aussennnummer aufgeschrieben, dieselben Passagiere nur die Besatzung glaubte ich, es seien andere Leute.

Recht schnell hat man die Gesichter der Passagiere eingeprägt, die einen ängstlich, die anderen ganz ohne Beteiligung für das um sie herum. Wieder andere, dauernd fragend, ist alles gut und in Ordnung, auch solche die mit offenen Augen schlafen, immer darauf bedacht, den Moment nicht zu verschlafen, wenn der Kahn abstürzt

Wir waren jedenfalls gestartet noch bei Tageslicht und erst später ich daran, warum es nicht gleich dunkel wurde, wir flogen mit der Zeit genau nach Westen, bei 800 km pro Stunde, ist das fast die Hälfte der Erdoberflächendrehung.

Recht gerne lassen die Russen ihre Maschinen bei Nacht fliegen, damit man nichts von ihren paradiesischen Landschaften sehen soll. Bis zum Ural war es noch hell und ich konnte Berge und Wald beim Überfliegen erkennen, später konnte ich dann noch Zeit und Richtung ferner am Lichtermeer die Städte Kasan und Gorki erkennen.

Kurz nachdem waren wir auch schon nahe Moskau und landetet nur 1 Stunde später als die Startzeit.

Die russischen Passagieren verliesen alle den Flugplatz, doch wir 5 Transitreisenden mussten in einem eiskalten Raum 2 Stunden warten, bis wir Bescheid bekamen, dass wir wieder in dasselbe Flugzeug einsteigen sollen und nach einem anderen Flugplatz befördert werden der auf internationalen eingestellt ist.

Das schlimme hierbei war, dass man alles Gepäck schon ausgeladen hatte und jeder von uns musste nun seine Gepäckstücke aus einem großen Haufen Koffer heraussuchen.

Dann wurden diese von einem Beamten mit dem Beleg, den ja jeder Reisende hat, verglichen,

Gepäckträger gibt es nicht in Russland, also schnappt jeder seine Koffer und schleppt diese zum Flugzeug, hat man nun 3-4 Gepäckstücke, macht das ganze keine große Freude.

Wir waren nun mit 5 Passagieren an Bord der Tu 104 mit fast 100 Plätzen und wurden in 500 m Höhe Lichtermeer Moskau von Nuhana nach den rund 80 km entfernten Scheremitze geflogen.

Eigentlich war dies ein herrliches Erlebnis doch als wir in Scheremitze um 22.00 Uhr Ortszeit landeten, ging dieselbe Kofferschlepperei wieder von vorne los. Dor musste alles in den Keller, wo der Aufbewahrungsraum war. Nach längerem Warten im Transitrau, worin eine Dame alle Neuankommenden registriert. Sie macht das recht spannend, mit viel Telefongesprächen unterbrechend, bekamen wir im Restaurant des Flughafengebäudes etwas zu essen.

Inzwischen war es Mitternacht geworden und ein Autobus brachte uns danach 30 km weit in das Hotel Ostankino zur Übernachtung. Wieder gab es Wartezeit, Registrierung und Aufnahme im Hotel und jeder war froh, als er so gegen 2.00 Uhr in ein Bett kam.

Die Zimmer waren groß und geräumig, überall Lautsprecher und Telefon, wodurch jedermann in seiner Muttersprache über die Zeit von Frühstückseinnahme, sowie Abfahrt zum Flugplatz unterrichtet wird.

Am anderen Morgen mache ich einen Rundgang das Hotel, ein Riesenbein 5 Stockwerke mit 1 m dicken Wänden, mindestens 1.000 Zimmer im Oval gebaut.

Dieser Bau birgt alles was ein Reisender braucht, einen Postraum, Wechselstube, Einkaufsgeschäft, Schnellimbiss usw.

Nach dem Frühstück hatte ich mich über die Abflugzeit nach Berlin erkundigt und stellte mit Befriedigung fest, dass am selben Tag keine Maschine nach Berlin flog, als auf, in die Stadt.

Man sollte wohl das Hotel nicht verlassen, aber ich kannte schon den Hinterausgang, und mit einem Taxi fuhr ich dann 3 Stunden durch Moskau kreuz und quer.

Die Taxifahrer sind nicht so stolz, sie nehmen gerne ein Trinkgeld und fahren jeden auch ohne Pass oder Visa überall hin.

Ich besichtigte den Kreml, wovon so viel erzählt wurde, ging nach ½ Stunde anstehen ins Mausoleum am roten Platz um den echten oder falschen Lenin sowie Stalin im Sarkophag zu bewundern.

Danach zur Universität dem Riesenbau, worin nach russischen Angaben mehr Leute studieren, als im ganzen westlichen Europa.

Weiter fuhr ich durch alte und neue Viertel von Moskau um einen Begriff der wichtigsten Sehenswürdigkeiten zu bekommen, die ich auf meiner Rückreise nach Afghanistan intensiver ansehen wollte.

Der Taxifahrer brachte mich zurück ins Hotel, wo ich nicht vermisst wurde, denn erst anderntags ging der Flug weiter nach Ostberlin.

Den Abend verbrachte ich im Hotelrestaurant, wo ab 20.00 Uhr eine Studentenkapelle Tanzmusik spielte. Es wurde recht viel Deutsch gesprochen denn in Moskau waren zu jener Zeit viele Ostdeutsche und auch Chinesen.

Mit mir am Tisch saßen zwei Russen, und drei Ostdeutsche, denen gegenüber ich sehr vorsichtig mit meinen Äußerungen war, denn als sie von mir erfahren hatten, dass ich Westdeutscher bin, kam das Gespräch auf Politik.

In solchen Dingen sind die Ostdeutschen recht gut belehrt z.T. sogar direkt geschult.

Die beiden Russen, es waren Arbeiter, die in Sibirien 2-3 Jahre unter Vertrag stehen und jetzt auf Urlaub in Moskau waren, hatten Wodka bestellt. Ich musste natürlich mittrinken und wieder die die berühmte 100 gr. Menge, das haut doch den stärksten Mann um, zumal das Zeug noch wie Spirituose schmeckt.

Die Kapelle hatte schon ihre Instrumente eingepackt, doch das Volk wollte Musik hören also spielte man auf einem alten Grammophon noch ältere Schallplatten, darunter viel Musik aus Österreich.

Unser Tischgespräch wurde zunehmend lauter und kurz nach 24.00 Uhr klopfte mir jemand auf die Schulter und forderte mich auf, die Rund zu verlassen, was mir zuerst komisch vorkam.

Als ich jedoch merkte, dass die beiden Russen am Tisch mit den Ostdeutschen , die ja auch russisch verstanden, das gehört heutzutage zum guten Ton in der DDR, Streit anfingen, verstand ich die Aufforderung des Aufpassers, den es in allen Hotels in Russland gibt, und ging auf mein Zimmer.

Das war der Abschiedsabend in Moskau über Bonn geschimpft, wurde obwohl es mir selbst z.T. recht wahr vorkam. Am anderen Morgen holte der Bus die Passagiere nach Berlin

vom Hotel ab zum Flugplatz Scheremitze, die Fahrt ging durch Industrie und Wohnviertel, typisch Grossblockfertigbauten.

Man sah auch sogenannte Hausmontage, mit vorgefertigten Bauteilen, trotz 29 Grad Kälte.

Vorbei an der Grossdruckerei Istnestia an vielen Basiliken, die entweder mit einem Baugerüst umgeben oder halb zerfallen waren.

Nach 40 Minuten Busfahrt war der Flugplatz, der mitten im Wald liegt erreicht und nun begann die Zollabfertigung, denn die Maschine fliegt Moskau-Berlin im Nonstop.

Die bei der Einreise nach Russland ausgefüllte Zolldeklaration geht mit den Begleitpapieren mit und nun stellte man jedem einzelnen die Frage:

„Haben sie noch Rubel, wenn ja, dann kaufen sie irgendetwas Schmuck oder Andenken in unseren Auslagen, denn wir können keine Rubel in andere Währungen zurücktauschen. Auch dürfen die Reisenden keine Rubel mit ausführen".

Wieder der russische Profisin, Dollar oder Pfund alles nehmen sie von den Touristen, die ins Land kommen, aber Rubel in Paris oder Delhi nimmt niemand.

Nun, ich hatte noch Rubel genug in der Tasche, doch ich wusste, dass ich nach 1 Monat wieder in Moskau sein werde, dann brauche ich Zahlungsmittel. Die Rubel hatte ich in Kabul auf dem Schwarzmarkt sehr billig eingehandelt, also ließ ich die Kontrolle über mich ergehen, durch welche jeder musste, ehe man zum Flugzeug geleitet wurde

Nun ging es in Maschine, diesmal ein Turboprop vom Typ IL-18 (Illuschin) mit rund 70-80 Plätzen. Die Maschine war nur schwach besetzt, ungefähr 20 Personen, der Start verlief einwandfrei. Unter uns war alles weiß, überall Schnee, nur die Wälder waren als dunkle Flächen zu sehen und ich erinnerte mich an die Kriegsjahre, wo ich sehr oft dieselben Bilder und über demselben Gebiet zu sehen bekam.

Ganz genau konnte ich die Städte Smolensk, Orscha, Minsh und Warschau ausmachen und als die Maschine infolge von starken Windböen geschüttelt wurde, dass sich jeder festschnallen musste, um nicht dauernd vom Sitz hochgeschleudert zu werden, kam ich mir vollends genauso vor, wie in einer Kampfmaschine, wo man auch recht oft geschüttelt wurde

Ich möchte jedoch den russischen Ingenieuren zur gelungenen Konstruktion dieser IL-18 ein Lob aussprechen, denn sie ist wirklich die z.Z. beste russische Verkehrsmaschine, komfortabel und fliegerisch.

Wir kamen über deutsches Gebiet und um etwas bessere Aussicht zu haben, setzte ich mich in den vorderen Teil der Maschine, der eigentlich als Erste Klasse gedacht ist, sich jedoch in nichts vom anderen Teil unterscheidet.

Es war ja alles leer und hatte Fensterplätze genug. Bald folgte mir ein weiterer Passagier, mit dem ich mich dann unterhielt. Er blickte sich jedoch zuerst nach allen Seiten um, ob das auch niemand besonders registriert. Wie sich im Laufe unseres Gespräches ergab, war dieser Herr aus Dresden und in der Schmuck- und Spielwaren Industrie tätig. Er war in Moskau auf Geschäftsreise, wollte auch meine Tätigkeit wissen, worüber ich gerne Auskunft gab und er sich immer mehr wunderte, dass uns alle Länder zu bereisen freisteht, er hingegen höchstens mal nach Prag oder Moskau kommt.

Zuletzt meine er dann aber, wie bei uns im Westen alles sagen darf und alles nützt nichts, womit dieser Mann ja nicht unrecht hat, denn im Westen hört es die Polizei auch nicht gerne, wenn man zu einem Schutzmann „Staatsfaulenzer" sagen würde. Wir waren schon über Berlin als wir immer noch über besser machen redeten, doch dann faszinierte der herrliche Blick aus der Luft jeden so sehr, dass man mit seinen eigenen Gedanken zufrieden war.

Kurz vor Mittag landeten wir in Berlin-Schönefeld und auf keinem mir bekannten Flugplatz war das Polizeiaufgebot grösser, als hier, welches die Passagiere von der Maschine zum Flugplatzgebäude geleiteten.

Ich versuche die sturen Minen dieser Grünjacken mit einem Lächeln etwas zu erhellen, was mir allerdings nicht gelang.

Vielleicht weil ich keine Stöckelschuhe und keinen Pelzmantel trug, aber nein auch die Damen mussten ihr Gepäck selbst schleppen, denn Ostberlin ist nicht nur politisch, sondern auch ideologisch an Russland fest angelehnt.

Das war ein schlechter Eindruck, den ich von der DDR zur Begrüßung bekam.

Die Überraschung, die man bei einer Reise in oder durch die DDR erleben kann, sind vielseitiger Natur. Wer glaubt schon als Deutscher, der durch Deutschland reist, dass er für bestimmte Landstriche ein Visa benötigt. Hier geht die sture Politik des Ostens wirklich über Leichen und Bonn hat bis jetzt noch kein Gegenmittel gefunden, trotz Hallstein Doktrin.

Aller Ausländer, also nicht Ostdeutsche mussten in einen Transitraum, was jeder versteht, dass aber bewaffnete Polizisten an den Türen standen, das war unverständlich. Nach langem Fragen und kontrollieren, wo kommen sie her, wo wollen sie hin, wurde mir klargemacht, dass ich zur Durchreise für die DDR ein Visa benötige.

Nun machte ich mich schon auf eine Wartezeit von 24 Stunden gefasst, doch zu meinem größten Erstaunen, wurde mir das Visa innerhalb einer Stunde gegen gute Dollars mit dem Wechselkurs 1:5 4 Ostmark ausgestellt.

Wieder der gleiche Profitsinn wie in Moskau und so etwas nennt sich Staat, der offiziell Wechselkurs von Dollar zu Ostmark wird hierdurch praktisch unterbunden, doch darf man die Ostmark auch nicht einführen.

Man will ja in Ostberlin von Bonn nicht viel wissen, aber die Ostmark gleicht man der Westmark 1:1 an, die Kaufkraft der Ostmark hingegen ist im Ausland gleich null.

Nun gut, gegen 5 Dollar hatte ich das Visa bekommen und konnte somit aus der DDR-Zone

In den DDR-Sektor Berlin reisen. Mit einem Bus der Lufthansa Ost gegen eine verhältnismäßig niedrige Gebühr von 2 Ostmark ging die Fahrt rund 20 km durch etliche Sperren und Kontrollen.

Jedes Mal Schlagbäume über den Straßen, der Bus hielt an und Polizei stieg ein, die dann jeweils bis zum nächsten Schlagbaum mitfuhr und unterdessen die Fahrgäste kontrollierte.

Immer wieder dieselbe Frage, wo kommen sie her, wo wollen sie hin? Auf die ich jedes Mal antwortete, dass dies ihn doch nichts angehe. Hatte man den Reisepass gezeigt und das Visa war in Ordnung, dann blätterten diese Kontrolleure den ganzen Pass durch und man glaubte einen Analphabeten vor sich zu haben, solange ging es bis den Pass zurückgereicht wurde.

Endlich war ich mitten im Berlin Pankow mit seiner Stalinallee, zwar ohne Bäume, dafür mehr Marmor an den Häuserwänden aber nur von vorne. Die Hinterseite sieht anders aus, man könnte glauben, man sei in Moskau, Leningrad oder Belgrad.

Ich nahm ein Taxi und fuhr nach Westberlin, die Kontrolle am Brandenburger Tor war zu jener Zeit gering, es gab auch noch keine Mauer, alles war recht einfach.

Bis Bahnhof Zoo brachte mich das Taxi und das konnte man in allen möglichen Währungen bezahle.

Bei einem Bekannten verbrachte ich den 3 Tag in Westberlin, was eigentlich viel zu kurz war, um alles zu sehen, denn Berlin hat wirklich recht viel zu bieten für jeden Geschmack.

Hiernach begann dann das letzte interessante Stück meiner Heimreise, die Fahrt im Interzonenzug durch die DDR, über Leipzig nach Frankfurt. Abfahrt in Berlin-West Bahnhof Zoo alles ist wie im Westen, man verabschiedet sich, grüßt, winkt und geht nach diesen Anstrengungen in den Speisewagen, doch nach wenigen Kilometern kommt der Kontrollpunkt vom Sektor in die Zone.

Der Zug hält an, alles Reisenden werden über Lautsprecher gebeten ihre Plätze einzunehmen, Speisewagen wird und bleibt geschlossen bis man die DDR nach 10 Stunden Fahrt verlässt.

Wie üblich steigen Kontrolleure ein gehen jeden Wagen planmäßig und peinlich genau durch, diese Fragen nicht nur nach dem woher und wohin, sondern auch danach ob man Geld, speziell Ostmark besitzt, wenn ja, und man kann keine offizielle Eintauschbescheinigung vorlegen, ist man sein Ostgeld los.

Die armen Schlucker leben ja nicht alleine von der Ideologie, sie brauchen auch das worüber so schrecklich geschimpft „Materialismus"

Es war wohl Nacht als diese Kontrollstelle passiert wurde, trotzdem konnte ich sehen, dass jeder Eisenbahner ob Lokomotivführer oder Weichensteller eine Pistole am Bauch trug.

Ein Bild wie im Krieg, aber überall Plakate von den Ostblockstaaten mit dem Aufdruck „Länder des Friedens"

Endlich nach einer Stunde Aufenthalt ging die Fahrt weiter, doch recht oft hielt dieser internationale Zug auf offener Strecke an, man merkte, dass es auf ein Nebengleis ging und erst nach längeren Überlegungen stellte ich fest, dass die Hauptstrecke nur eingleisig war und deshalb überall Ausweichgleise waren.

Die zweite Spur hatten die Russen als Reparationslieferung 1945-1948 abgebaut und nach Sibirien geschafft.

Leipzig war erreicht, ich wollte auf dem Bahnstein ein wenig die Füße vertreten, doch kaum hatte ich die Wagentüre geöffnet, wurde ich von einem Volkspolizisten mit aufgepflanztem Seitengewehr ganz unsanft zurückgeschoben.

Auf meine Frage „warum" gab's nur die Antwort „Befehl", man konnte es sich ja denken, niemand soll die Wahrheit sehen, der das Land bereist u die Propaganda Lügen dieser Arbeiter und Bauen Wunderlandes nicht zu gefährden.

Nach kurzem Aufenthalt in Leipzig, ohne Bahn-hofsbummel einiger Schaulustiger, ging die Fahrt weiter, vorbei am Leipziger Industriege-biet nach Westen.

Wobei man überall die erleuchteten Buchstaben VEB vieler Fabriken sehen konnte, VEB das klingt so schön Volkseigener Betrieb,

Dieser internationale Zug fährt keinen Reisere-kord, denn von Berlin bis zur Zonengrenze rund 400 km braucht man fast 10 Stunden, das war vor 100 Jahren recht schnell, doch heute überholt.

An der Grenzstation Wartha kurz vor Bebra, wieder Kontrolle, dieses Mal recht genau, Rei-sende, welche ihr Gepäck aufgegeben hatten wurden in den Gepäckwagen beordert, der am Ende des Zuges war. Dorthin zu kommen war nicht gerade einfach, wenn man in den vorderen Wagons einen Platz hatte,

Denn aussteigen durfte man auch auf diesem Bahnhof nicht, also durch die Wagen und immer wieder bitteschön, Dankeschön um vorbei zu kommen.

Die Gänge standen auch voller Menschen. Auf den Bahnsteigen hingen überall Plakate mit Hetzparolen gegen den Westen und als der Zug abfuhr, hörte man durch den Lautsprecher die Worte „Reisende, sie verlassen nun die DDR, ein Land des Friedens, wir wünschen ihnen eine angenehme Weiterreise".

Letzteres brauchten die Ostzonen Intriganten nicht zu wünschen, mit denn mit der Überfahrt

Über die mit viel Stacheldraht gesicherte Zonengrenze, wurde auch der Speisewagen geöffnet und man alles gegen gute Westmark erstehen.

Ostgeld wollte niemand mehr und es fragte auch kein Mensch mehr wie viel Geld man in der Tasche trug.

Als die Zollbeamten der Bundesrepublik durch die Wagons gingen und recht höflich nach Reisegenehmigung Pass etc. fragten, war keinerlei Befremden bei den Reisenden zu verspüren. Noch wenige Stunden und meine 8.000 km lange Reise war zu Ende, als ich in Lautenbach glücklich eintraf.

Doch schon 2 Monate danach begab ich mich auf die Rückreise nach Kabul wieder über Berlin-Moskau.

Nun wusste ich die Verhaltensweise für Reisende, die nach Russland wollen du es fiel mir vieles leichter. Vom Interzonenzug hatte ich allerdings genug, deshalb nahm ich von Frankfurt ein Flugzeug und nach einer Stunde Flug ist man schon in Berlin.

Wenn man vom Westen nach dem Osten will, ist die Kontrolle nicht so schlimm, ich empfand es jedenfalls so. Zwar hatte ich nun ein Visa für die DDR, ebenso Russland und ohne lange Wartezeit flog die Maschine JL-18 der deutschen Lufthansa Ost von Schönefeld nach Moskau ab.

Ich war der einzige Zivilist unter 75 Personen, alles Offiziere und Anwärter der Volksarmee, die nach Moskau zur Schulung gingen.

Wenn man nun so 2-3 Stunden auf demselben Platz sitzt, versucht man irgendetwas mit dem Sitznachbar zu reden. Das versuchte ich, er sah mich jedoch nur an, als ich ihn ansprach und er sagte kein Wort!

Ein zweites Mal versuchte ich ins Gespräch mit ihm zu kommen auf Französisch, vielleicht versteht er kein Deutsch, dachte ich, auch diese halft nichts, worauf ich ihn in persischer Sprache richtig ausschimpfte, weil ich wusste, das versteht er sicherlich nicht.

Er glaubte jedoch, da bedeutet dasselbe wie die Fragen zuvor und sagte zu mir im Berliner Jargon „Verstehen se, denn keen russisch"?

Ich war platt und musste lachen, doch als ich ihm sagte, nee russisch nicht aber gut Deutsch, war unser Unterhaltung beendet. Später merkte ich, dass jeder einzelne von einigen Aufpassern, die mitflogen genau beobachtet wurde und so kam ich zu dem Schluss, dass die Leute z.Z. schon reden würden, aber sie dürfen nicht, denn schließlich waren alle Militärs und jeder sieht einen Gegner im Kameraden, böse Aussichten.

Ich war froh als wir in Moskau-Scheremitze landeten, ich wusste genau, wo die einzelnen Anmeldungen vorgenommen werden mussten und somit war ich überall schnell fertig.

Ebenso im Hotel, es war dasselbe wie vor 2 Monaten Hotel Ostankino.

Drei Stunden nach der Landung war ich schon auf einem Stadtbummel der sich bis Mitternacht ausdehnte, dann geht man gern zurück ins Hotel, denn Moskau ist nach 22.00 Uhr tot, es gibt kein Nachtleben wie in einer westlichen Stadt, Paris, Hamburg usw. Anderntags ging die Reise recht früh weiter nach Taschkent und ich freute mich schon am zweiten Tag mittags in Taschkent zu sein, wo ich sofort Anschluss nach Kabul hatte.

Kurzer Aufenthalt, dann Einstieg in die Kabuler Maschine JL-14 die Piloten waren dieselben

Männer wie auf meiner Heimreise, ebenso die recht mollige Stewardess.

In Taschkent traf ich 2 Tschechen, die ebenfalls nach Kabul flogen. Sie waren recht dankbar über meine Hilfe bei Zollabfertigung und später bei der Ankunft in Kabul, wo ich mich auskannte.

Meine Freude über die flotte Reise mit guten Anschlüssen wurde leider gedämpft, als ich in der Ferne ein großes Wolkenmeer zu sehen war.

Nach einer Stunde Flug waren wir mitten in der Suppe drin die Piloten getrauten sich nicht über das Gebirge ohne Erdsicht, also drehten sie um und flogen zurück Richtung Taschkent.

Das war weniger schön, doch auch bei den Russen gibt es noch höhere Gewalt.

Der Zeit nach hätten wir schon längst in Taschkent landen müssen und ich merkte auch, wie die Piloten suchten, doch da fand sich ein Loch in der Wolkendecke und bald hatten wir Erdsicht. Aber nur bis 400 m Höhe und das war nicht ungefährlich.

Die Piloten hatten es geschafft, sie waren auch froh, wir landeten.

Doch von oben kam mir schon alles fremd vor und als die Maschine zum Flughafengebäude rollte, sah ich wo wir sind, nicht in Taschkent, sondern in Alma-Ata.

Nun wusste ich, dass es noch mindesten 2 Tage geht, bis ich nach Kabul komme, kann nur eine große Maschine fliegen, welche über das Wetter und somit auch über die 7000 Berge des Karakorums vom Hindukusch aufsteigen kann.

Ich staunte über die schnelle Abfertigung am Flugplatz, 14 Personen waren wir ohne Besatzung und schon nach einer Stunde wurden wir in ein Hotel gebracht, das ich Hotel Kuhstall taufte.

Das einzige gute das es dort gab war das Essen. Scheinbar komme recht selten Fremde vom Westen in diese Stadt, denn in kurzer Zeit waren wir umringt von Schaulustigen, so schnell hatte es sich herumgesprochen, dass Fremde eingetroffen sind.

Da Hotel wurde vielleicht vor 10 Jahren gebaut, Zimmer mit Bad und Toilette, Eisenbetten mit Musik, Fenster z.T. ohne Scheiben, aber gute Teppiche am Boden.

Im Bad lief kein Wasser, die Hähne fehlten, das WC-Becken war bis zum Rand vollverkalkt, ein Glück, dass die Türe sich schließen ließ.

Um 22.00 Uhr ging das Licht aus, solange hatten wir uns im Speiseraum aufgehalten.

Ich war froh über meine Rubel, somit konnte ich den Tschechen auch eine Flasche Wein bezahlen, die Russen hatten ja Geld in der Tasche, zumal es in ihrem eigenen Land war.

Eine Unterhaltung mit den Neugierigen war nur für die Russen möglich, denn dieser Dialekt, das in Alma-Ata gesprochen wird, versteht selbst ein Westrusse schlecht, geschweige denn ein Ausländer.

Ich wollte ja gerne abhauen in die Stadt, aber bei so wenig Personen fällt das schnell auf und deshalb begnügte ich mich damit anderntags beim Start die Stadt Alma-Ata aus der Luft zu betrachten.

Wie ich vermutete flog die Maschine nach Taschkent, dort stiegen noch einige Personen zu und nach Betanken der Maschine ging es sofort weiter über Thermez, mit kurzer Landung, Zollabfertigung und letztem Wodka ins Land der Söhne Allahs nach Kabul.

Diese Mal klappte der Hindukusch-Überflug prima, die schneebedeckten Berge strahlten im hellen Sonnenschein, nur etwas Wind, der dort fast immer weht, schaukelte uns in gleichmäßigen Rhythmen. Kabul das Ziel der Reise war erreicht, wir waren froh, gut angekommen zu sein, aber nicht nur wir Ankommende waren froh, sondern auch andere Reisende, die tags zuvor schon in Kabul zwecks Abreise das Flugzeug von Taschkent erwarteten.

Es geht immer recht lange bis die Russen das Fehlen einer Maschine durch melden und hierdurch entstehen gewöhnlich die schlimmsten Parolen, so z.B. hatte man unsere Maschine, mit der wir in Alma-Atu wegen Schlechtwetter landen mussten, in Kabul schon als abgestürzt betrachtet, was durchaus im Bereich der Möglichkeiten liegt.

Bei den Russen ist immer alles so geheim, stürzt wirklich eine Maschine innerhalb der russischen Reichsgrenzen ab und es waren keine Ausländer an Bord.

So wird dies niemals die ausländische Presse erfahren, nur um den sagenhaften Sicherheitsrekord der Aeroflot nicht zu schmälern. Wer mit den Russen fliegt geht verschiedene Risiken ein, die im Vergleich zum niedrigen Preis nicht alles aufwiegen. Bedienung und Betreuung der Passagiere an Bord und im Hotel ist auf gut deutsch mehr als schlecht, Komfort und Entgegenkommen steht nur in der Werbezeitung und die Aussicht, gut ans Ziel zu kommen, liegt nur zu 50% in Händen der Menschen.

Wieder einmal hatte ich 8000 km gut überflogen und wenn man wieder auf dem Boden steht, ist alles vergessen. Nun waren andere Kämpfe

Auszufechten, nämlich der Zoll in Kabul, man darf nicht alles zollfrei einführen, doch bei meiner Ankunft war gerade die Fastenzeit der Moslems und auf Fragen über den Inhalt des Koffers genügte das Wort „Guschte-Chuh" d.h. „Schweinefleisch".

Zumal die Moslems alles Schweinerne hassen und dazu in der Fastenzeit, erübrigte sich eine genauere Kontrolle der Gepäckstücke von mir und von den 2 Tschechen, denen ich behilflich war.

Hinzu kommt natürlich noch, dass mich dieser Zollbeamte kannte, meine Sprachkenntnisse seiner Muttersprache verrieten ihm genug.

Somit war ich wieder für einige Jahre als freiwilliger Helfer in Afghanistan recht willkommen geheißen, um deutsche Interessen zu vertreten.

Ich war wieder beim Königlichen afghanischen Arbeitsministerium für weitere 2 Jahre unter Vertrag. Einige meiner Kollegen waren kurz nach mir ebenfalls vertraglich zu Ende und reisten nach Deutschland zurück.

Von nun an waren wir nur noch drei Deutsche beim Arbeitsministerium, dafür wuchs die Zahl der Angestellten Russen auf 10 Mann.

Zwischen Russland und Afghanistan wurde ein Vertrag über Kredithilfe mit langjähriger Tilgung abgeschlossen und hierdurch bezog das Arbeitsministerium immer mehr russische Fahrzeuge und Baumaschinen.

Trotz allen Warnungen von uns, dass die russischen Erzeugnisse wie Fahrzeuge und Maschinen weit unter der Qualität der Erzeugnisse gleicher Art, der westlichen Ländern liegen, bezogen die Afghanen Waren aus Russland für mehr als 25.000.000 Dollar innerhalb kurzer Zeit.

Alle Waren wurden unter russischer Kontrolle in Verbindung mit Spezialisten bis zum Einsatz der Maschinen geliefert. Natürlich berechnet man für diese Spezialisten auch ein Gehalt, was von der Gesamtsumme gleich abgezogen wird.

Der russische Profitgeist zeigte sich auch hier direkt beim Staat selbst, denn für einen russischen Spezialisten müssen die Afghanen dasselbe bezahlen, wie für einen Mann aus Deutschland oder Amerika, nur mit dem Unterschied, dass von russischer Seite die Abrechnung über eine russische Staatsdienststelle geht und der russische Spezialist von dort sein Gehalt bekommt, das nur 1/10 von dem ist, was die Afghanen bezahlen

Wir Deutsche oder sonstigen Ausländer vom Westen haben mit dem afghanischen Staat Verträge auf Dollarbasis oder in englischen Pfund und können frei über dieses verfügen. Wir müssen jedoch die von Afghanistan angesetzte übliche Landessteuer hiervon abtreten, das alles macht bei den Russen eine eigens hierfür eingerichtete Dienststelle, denn in ganz Afghanistan sind jetzt schon mindestens 1000-1200 russische Ingenieure und Spezialisten im Einsatz.

Je nach Familienstand bekommen die Russen in ihrem Heimatort zusätzlich 75-125 Rubel als Ausgleich für ihre Auslandstätigkeit und außerdem je nach Dauer als Auslandsaufenthalt einen Orden mit dem Emblem des betr. vom Staat.

Das war recht viel Geld, wenn der Rubel in seiner Kaufkraft dem Dollar gleich wäre, aber das ist noch lange nicht der Fall.

Für uns Deutsche ist es gleich ob wir amerikanische, russische oder deutsche Maschinen betreuen, doch haben wir hierdurch die Möglichkeit die Afghanen immer wieder darauf hinweisen zu können, wie oft eine russische Maschine im Vergleich zu anderen repariert werden muss. Nicht nur die Afghanen bekomm da zu hören, sondern auch die russischen Spezialisten.

Für Afghanistan ist in erster Linie der Preis jeglicher Ware das Wichtigste, die Qualität ist Nebensache und zumal Russland alle Welt Marktpreise unterbietet kauft man eben dort, hinzukommt, dass immer wieder führende Leute wie Staatssekretäre Minister etc. Nach Russland zu Besuchen eingeladen werden, welche mit Präsenten (Bakschisch) überhäuft.

Und somit werden neue Verträge und Lieferungen angebahnt, Grundstücke machen die Russen, keine eigenen Neuentwicklungen, sondern kopieren alles. Maschinen, Traktoren, Bagger, Generatoren, Wasserpumpen kurz alles, was sie während des Krieges von Amerika an technischer Hilfe bekommen haben und ebenso was sie nach dem Krieg in Deutschland erbeutet haben.

So kommt es recht oft vor, dass Russen, die ins Ausland kommen, Maschinen amerikanischer Herkunft sehen und glauben nun, die Amerikaner oder die Deutschen bauen ihnen alles nach.

Ich möchte nur einige Beispiele der genauen Kopierung von Russland hier aufführen: Raupenschlepper Carterpillar, Kettenlaufwerk Bagger Nordland, Straßengraeder Gallion GMC Achs-Allradfahrzeug GMC-2 Takt Diesel Motor 4+6 Zyl. Internationala-Harvester Lastwagen, Deutz Motor der MAH Baureihe, ebenso auf dem Elektro-,Gebiet alles Nachbauten.

AU das können natürlich die Afghanen nicht wissen, weil sie außer den freundschaftlichen Reden und Versprechungen von Russland nichts wissen und kennen.

Wir Europäer wissen ganz genau, dass jeder Russe auch neben der Berufstätigkeit einen politischen Zweck erfüllt, und außerdem bei irgendwelchen Zwischenplänen auch recht gut mit dem Gewehr umgehen kann.

Die Afghanen haben bis heute diese Gefahr noch nicht erkannt, einmal weil sie recht stolz auf ihre Soldaten sind, die bis jetzt noch keinen Weltkrieg verloren haben, und nach afghanischer Ansicht auch in Zukunft nicht zu schlagen sind. Und zum anderen, weil die Russen durch die Anwesenheit der Amerikaner in Afghanistan das Tempo ihrer Wühlarbeit sehr verlangsamen mussten.

Für uns ist laut Vertrag jegliche Einmischung in politische Angelegenheiten der Afghanen untersagt, aber wenn man täglich mit Afghanen und Russen zusammenarbeitet, kommt es doch ab und zu vor, dass auch politische Gründe bei verschiedenen Arbeiten mitsprechen.

Nicht immer freute ich mich, wenn ich auf eine Außenbaustelle irgendwo im Land beordert wurde, doch nachdem ich nun fast ½ Jahr täglich mit den Russen Krach hatte, kam es mir sehr gelegen, als ich zum Straßenneubau nach dem Osten des Landes im Einsatz musste.

Ein Abschnitt welcher einer amerikanischen Baufirma in Verbindung mit dem afghanischen Arbeitsministerium ausgeführt wurde.

Wie vor jeder Reise, egal ins Ausland oder innerhalb der afghanischen Landegrenzen hatte ich auch jetzt bei meiner bevorstehenden Reise recht viel zu erledigen und zu besorgen.

Man braucht Lebensmittel, etwas alkoholisches Getränk ebenso darf man die Hausapotheke nicht vergessen, denn manchmal kann es Monate gehen, bis man wieder mal nach Kabul zurück-kommt.

Schon vor langer Zeit hatte ich mir eine Kiste zurechtgezimmert, die speziell für Außenbaustellen Aufenthalte gebaut war.

Eine solche Kiste muss einmal recht stabil sein um als Tisch zu dienen, und auch vollkommen dicht, denn wenn der Sandsturm kommt, ist alles voller Dreck, falls die Ritzten nicht dich sind.

Ein Sandsturm ist sehr schlimm, überhaupt für Motofahrzeuge und wer und wer nicht anhält und den Motor abstellt, der wird es bald danach merken, dass der Motor gelitten hat.

Normal wird bei Sandsturm jedes Fahrzeug zum Halten gezwungen, zumal es richtig neblig und düster wird sodass man kaum die Straße mehr sehen kann.

An einem afghanischen Montag, Schambe genannt, fuhr ich mit einigen Afghanen und einem amerikanischen Monteur von Kabul zu dieser Baustelle, wo ich fast 1 Jahr zuvor zugebracht habe, rund 200 km von Kabul nach Osten, war die Baustelle wo viele Soldaten-Arbeitseinheiten in Verbindung mit zivilen Arbeitskräften im Einsatz waren.

Die einzige Durchgangsstraße von Kabul nach Peshamar in Pakistan, welche durch den berühmten Khyberpass führt, sollte geteert werden. Die Trasse dieser Straße bestand schon lange als Sand und Steinweg und sie wurde schon viele Jahre von unzähligen Kamelkarawannen der ziehenden Nomaden festgetreten. Lediglich Brücken mussten erneuert und die Straße verbreitet werden.

Mit neuen amerikanischen Baumaschinen machte die Arbeit Spaß und gute Fortschritte, bald waren die ersten 10 km mit einer Teerdecke versehen, die zuerst als Probestrecke gelten sollte.

Die Temperaturen in dieser Gegend steigen in den Sommermonaten bis 45 Grad im Schatten und in der Sonne direkt auf der Erde kann man 80 Grad und mehr messen. Deshalb musste eine besondere Mischung von Teer und Brechkies angewendet werden, damit die Straßendecke auch bei Hitze festblieb.

Für die Amerikaner war das kein Problem, denn sie haben in ihrem großen Land dieselben klimatischen Bedingungen, wie hier und deshalb gute Erfahrungen auf dem Gebiet des Straßenbaues. Ich wohnte in einem größeren Ort mit einem Ös-

terreicher zusammen, welcher als Betonfach-
mann für Brückenbauten auf derselben Baustelle
tätig war.

Dieser Ort mit rund 10.000 Einwohnern war ehemals Winterresidenz afghanischer Könige, zuletzt unter König Aman Ullah.

Das ausgebrannte Schloss, von dem nur noch die
Außenmauern stehen und der umliegende Park,
mit Schwimmbecken, dienten dem Arbeitsministerium als Bauhof für Geräte und Maschinen.
Der Park, der auch viele Obstbäume hatte, wie
z.B. Mandel, Feigen, Orangen und Granatapfel-
bäumen war bestimmt in früherer Zeit sehr er-
tragsreich, doch jetzt unter der Regierung von
König Zahir Shah vollkommen verwahrlost.

Das Schloss, welches beim Sturz des Königs
Aman Ullah 1929 angezündet wurde, lag noch
genauso in Schutt und Asche, wie zu jener Zeit,
und nur die vielen Zedern und Maulbeerbäume
sowie Oleandersträuche liesen für den Unwis-
senden diese Stätte überhaupt nicht erkennen.

Obwohl die Straße unmittelbar daran vorbei-
führt. So manches in diesem Ort lies noch seinen
ehemaligen technischen Hochstand erkennen, es
gab elektrisches Licht, wenn auch nur bis 22.00
Uhr und viel zu niedrige Stromspannung.

So war man doch froh darüber, denn die Benzin-
lampe macht recht heiß und zieht sehr viel Ungeziefer an. Diese Stromquelle vom Ort bekam
ich später öfter zu sehen als mir lieb war, denn
einige mal habe ich Reparaturen am An-
triebsmotor durchgeführt.

Im ganzen Ort war ein wildes Netz von Kabel
und Drähten von Haus zu Haus über Bäume und
Stangen gezogen, die alle in dieser Lehmhütte
zusammenkamen, worin der Generator stand.

Ein Bild zum Staunen. Auch das riesengroße
Garten- oder Freigefängnis erinnerte noch an die
Aman Ullah Zeit.

Darin waren Gefangene, welche mit Ketten an
Bäume oder große Steine angebunden waren,
das Ganze von einer hohen Lehmmauer umgeben und schwer bewacht.

Auch eine Zuckerfabrik war von jener Zeit erhalten, doch ihre Rendite ist zweifelhaft, denn ohne
ausländische Spezialisten ging die Fabrik nicht
und die Bauern mussten ihr Zuckerrohr entweder den Kühen füttern, oder das Zeug über die
nahegelegene Grenze nach Pakistan Schmuggel.

Meistens haben diese Arbeiten die Nomaden mit
ihren Kamelherden übernommen. Sehr oft haben
wir diese unzählbaren Karawanen beobachtet,

wie sie auf Schleichwegen durch das Gebirge zogen, aber nicht nur wir sahen sie, auch die Grenzwächter, mussten sie sehen, doch es soll Menschen geben, die kurzsichtig sind und nicht einmal den Wert des Geldscheines ablesen können, der ihnen zugesteckt wurde.

Abends saßen wir oft mit den amerikanischen Angestellten zusammen schon, weil diese Leute etwas Alkoholisches im Haus hatten.

Die Amis hatten es ja recht gemütlich, schöne Häuser mit Temperaturmaschinen, welche die Zimmer angenehm kühlten.

Die Siedlung hatte eine eigene Stromversorgung, einen Tiefbrunnen und einen Kinoraum und das alles für 8-10 Mann.

Jeder einzelne hatte einen Dienstwagen, womit er überall hinfahren konnte.

So kam es, dass ich auch bei jeder Gelegenheit mit nach Kabul fuhr, denn die Zeit wurde über die Sonntage doch recht lang, wenn man alle Sehenswürdigkeiten nicht mehrere male betrachten wollte.

Im Allgemeinen habe ich festgestellt, dass ein Amerikaner nicht im Zelt schläft, oder so einfach lebt wie wir Deutsche das tun, bevor nicht ein

Haus oder Auto gestellt wird, geht der Amerikaner nicht auf Baustellen.

Einerseits sieht das überheblich aus, aber nicht verkehrt, leider haben wir Deutsche keinen Staat hinter uns, der so etwas auch für Nichtakademiker akzeptieren würde.

Die Zeit verging auch ohne Aircondition im Haus und das Bachwasser, die wir vor Durst tranken, schmeckte genau so gut wie dem Amerikaner sein Tiefbrunnenwasser.

Doch der Unterschied zwischen Yankees und German Boys blieb bestehen, denn gleichberechtigt haben uns die Amerikaner nie betrachtet.

Das Geheimnis um König Aman Ullah wurde immer grösser und wenn man irgendwelche Afghanen fragte, warum eigentlich dieser König aus dem Land gejagt wurde, wäre er nicht geflohen, dann hätte man ihn bestimmt umgebracht, so höre man verschiedene Versionen.

Die einen sagen dieser König war ein rachsüchtiger Herrscher, der viele Menschen einsperren lies, andere behaupteten, er war ungläubig.

Ungläubig nennen die Moslems jeden, der alles ist und trinkt, was die Natur bietet und was menschlicher Geist verbessert hat und eine Trennung zwischen weltlicher und religiöser Ansicht gibt es bis jetzt in Moslemländern nicht.

Jedenfalls war dieser König Aman Ullah en sehr modern und fortschrittlich denkender Mensch und ich möchte behaupten, dass aus der Intellektuellen Schicht von Afghanistan kein größerer als es bis jetzt hervorkam.

Zu seiner Regierungszeit baute er Straßen, Krankenhäuser, Schulen, Bewässerungsanlagen, Trinkwasseranlagen, natürlich auch Schlösser mit großen Gärten und das tollste was seinen Sturz beschleunigt haben soll, eine Eisenbahn.

Zu jener Zeit während er in Afghanistan regierte, war Amerika und auch ein Teil Europas schon auf einem technischen Hochstand angelangt, hingegen in Afghanistan wussten die Menschen noch nicht einmal, dass die Erde rund ist und glaubten Allah hilft jedem, den Reichen und den Armen und auch den Faulen.

Dies alles wollte König Aman Ullah ändern, doch er stieß auf den Widerstand der auserwählten Söhne Allahs, die Hohepriester der Religion.

Hierzulande Mullah genannt, welche mit viel List das Volk verdummten und ihre Stellung gefährdet sahen. Sie hetzten mit ihren frivolen Reden das Volk gegen den König auf, den man allerdings den Fehler der Bigamie auch nachsagen muss, denn nicht nur der König darf mehr als eine Frau haben, sondern jedermann, der in der Lage ist, mehrere Frauen zu verhalten.

Natürlich auch die Hohepriester, welche hierin keinen Vorstoß gegen die Natur sehen, ihr großer Prophet der großer Mohammad hatte ja auch mehrere Frauen.

Ich möchte nicht Richter spielen über religiöse Anschauungen, aber jedem Geistlichen, der sich Christ nennt, kann ich nur raten, in Moslemlänger zu gehen und dort zu versuchen missionarische Tätigkeit auszuüben, er wird zum Märtyrer, schneller als er denkt.

Denn ein Moslem glaubt sogar von Allah noch einen besonderen Dank zu bekommen, wenn er einen Menschen umbringt bloß, weil derjenige Schweinefleisch isst, oder seiner Drittfrau einen feurigen Blick zugeworfen hat, d.h. wenn er sie je zu Gesicht bekommt.

Diese besagte Eisenbahn war in ihrer gesamten Streckenlänge rund 7 km vom königlichen Regierungssitz in schnurgerader Richtung zur Stadt Kabul.

An einer Alleestraße mit 4 Baumreihen entlanglaufend, war diese Eisenbahnstrecke zu jener Zeit sehr vorausschauend angelegt, eine Seite Eisenbahn, dann Baumreihe, danach Fußgängerweg, wieder Baumreihe. Nun kam die Fahrstraße, damals schon 10 m breit, dann Baumreihe, Radfahrweg wieder Baumreihe und daneben Kamel und Eselweg.

Raum und Platznot gab es und gibt es auch heute noch nicht in Afghanistan, denn die rund 20 Millionen Einwohner haben in dem über 500.000 Quadratkilometer großen Bergland noch genügend Platz. Natürlich sammelt sich die Menschheit speziell in einem Bergland wie Afghanistan an bestimmten lebensbedingt geeigneten guten Plätzen, besonders schnell an und dort kann man auch heute schon genau wie in Europa, Baulandpreise in schwindelnder Höhe verlangen oder bezahlen.

Diese Annahme von 20.000.000 Einwohnern ist bedingt, denn eine genaue Zählung aller Einwohner ist bis heute in einem Land wie Afghanistan, das neben Mekka noch die strengsten Moslamsitten hat, nicht möglich.

Weder der eigenen Landesregierung noch ausländischen Spezialisten der UNO ist eine Zählung bei jetzt gelungen, man kann nur schätzen und das macht man folgendermaßen.

Ein Flugzeug darf über ein Dorf oder Haus hinwegfliegen, weil man diesen Vogel einmal nichts tun kann und weil man nicht weiß, was dieses von (Nafare Sheidan) Teufelsmenschen erdachtes und erbautes Gefährt, das oben macht.

Man wünscht wohl tausendmal der Vogel möchte runterfallen, doch das tut er nicht, sondern er fotografiert Dörfer und Landstriche.

Nun wertet man diese Bilder aus, und anhand der Anzahl von Häuser und Hütten rechnet man dann die ungefähre Bevölkerung aus.

Man weiß ja heute ganz genau, wieviel Lebewesen menschlicher Art neben Kuh, Schaf, Ziege, Läuse und Wanzen in einer aus Lehm gefertigter Hütte Platz haben.

Ein Fremder und sei er auch im Staatsdienst mit staatlichem Auftrag kann niemals in eine solche Hütte eindringen, jetzt noch bestehende, spez. religiöse Gesetze, erlaubt dem Eigentümer sich mit allen Mitteln und sei es mit einem modernen Gewehr ebenfalls von ungläubigen gebaut, sich dagegen zu wehren.

All diese Dinge hat ein Mann wie König Aman Ullah schon recht früh zu stören erkannt und sie wurden ihm zum Verhängnis.

Mit der Eisenbahn ging es los. Als dieses feuerspeiende Gespenst vom Regierungssitz nach dem stadtberg auf ebener Bahn mit rasender Geschwindigkeit von 20 km die Stunde dahinrollte, passierte es.

Die Menschenmenge, teils aus Neugier, teils aufgestachelte, brachte den europäischen Begriff Kleinbahnzug zum Halten und fiel über die Menschen, welche das Gefährt bedienten oder nur mitfuhren her.

Man machte nicht bei den Leichenhalt, sondern man ries auch die Schienen raus und stritt sich danach noch lange um ein Stück davon, was man so gut für gewerbliche Zwecke verwenden konnte. Allerding kam diese Einsicht nicht von den Mullahs und vor allem viel zu spät, denn hiergegen hätte auch Aman Ullah nicht einzuweben gehabt.

Natürlich gab nicht alleine der Bau dieser Eisenbahn das ja nur ein Versuch sein sollte, den Ausschlag König Aman Ullah zu stürzen. Man hat bis heute noch keine Eisenbahn in Afghanistan gebaut, das zwar heutzutage keine technische Schwierigkeit mehr ist, sondern ganz allein der Rentabilität wegen.

Die einzigen die sich freuen würden, wären die Russen, denn in Russland selbst ist die Bahn das bis jetzt zuverlässigste Verkehrsmittel. Ihre Autos und Lastwagen sind technisch um 50 Jahre hinten dran und gehen nur auf gut Glück.

König Aman Ullah wollte auch zu seiner Regierungszeit den Frauen eine bessere Lebensweise ermöglichen, indem er den Vollschleier abschaffen wollte, das war natürlich für viele Bigamisten etwas Ungewolltes. Schließlich konnte dann die Erstfrau die etwas besser versorgt wird, von der Drittfrau mal gesehen werden und Kleidung sowie Aussehen bring ja bekannterweise bei den Frauen viel Ärgernisse, da in einem wilden Haremsstreit enden könnte.

Als zweites verbarg dieser Vollschleier auch viel Armut, sei es schlechte Kleidung oder ein vernarbtes Gesicht. Dieser Vollschleier hierzulande „Schaftrie" genannt, ist ein ärmelloser Umhang mit aufgesetztem Kopfteil, der über das Gesicht ein Gitter aufweist, wie man es in Europa den Pferden und Kühen als Fliegenschutz über die Ohren streifte.

Der Umhang reicht bis zu den Knöcheln und man kann alles darunter verbergen, das Kleid oder auch die Diebesware.

Zu fürchten braucht sich niemand, der eine Schaftrie trägt, Frauen sind tabu und wehe dem, der einer Frau auf offener Straße den Schleier lüften wollte, er hätte schneller als die amerikanische Atombereitschaft sämtliche Muselmannen vom Pamir bis Mekka gegen sich.

In der ersten Zeit meines Aufenthaltes in Afghanistan habe ich mir immer feurig schöne Frauen unter solchen Schleiern vorgestellt und wenn man einer begegnete, sah man nur das glitzern oder leuchten der Augen durch das Fliegengitter.

Mir ging es dann genauso wie dem, der die Katze im Sack kauft. Die Afghanen natürlich die eine Frau kaufen, haben schon einen sachkundigen Blick für das auserwählte Stück, manche schätzen an ihrem Gang das Alter und schließlich wird so ein Handel nicht wie Liebe auf den ersten Blick abgeschlossen.

An der Stimme der Verschleierte kann man auch ihr Alter schätzen, doch darf man sich nicht von der Fülle, der ihr geläufigen Schimpfwärter verleiten lassen, denn schimpfen können auch schon die Jüngsten.

Mein Kollege und ich waren nach Hause unterwegs an einem Basar hielten wir an um etwas Obst zu kaufen, das Fahrzeug ein russischer Opel, Marke Moskowitisch, original Nachbau der Opel Vorkriegstypen mit 4 Türen, woran es noch richtige Türklinken gab und die Klinken der vorderen Türen mit dem offenen Ende in Fahrtrichtung zeigten.

Als wir anfuhren kamen einige Frauen in der Käseglocke wie wir spaßig diese Schafries nannten, vorbei, wovon eine mit dem Schleier an der rechten Türklinke hängenblieb und durch die Bewegung des Fahrzeuges zu Fall kam.

Mein Kollege am Steuer hatte es zum Glück auch gesehen und konnte das Fahrzeug sofort zum stehen bringen, sodass dieser Käseglocke nichts passierte, aber was nun kam verblüffte uns alle. Eine Schimpfkannone aus einem wie wir immer glaubten Schmollmündchen und natürlich unser Auto sofort umringt vielen Neugierigen.

Als ich dem Wesen auf die Beine helfen wollte (im Schleier verwickelt) glaubte man ich hätte böse Absichten und die Menge hätte mich am liebsten gleich ihrem Allah geopfert, doch glücklicherweise kam die Tante wieder selbst auf die Beine.

Nicht nur die hingefallene, sondern auch ihre Begleiterinnen beschimpften uns anschließend mit Ausdrücken, die ich hier liebe nicht zitieren möchte.

Dieser Vorfall  gab mir und meinem Kollegen eine Vorstellung, was sich alles unter dem Schleier verbergen kann, und ähnlich wird es König Aman Ullah ergangen sein, als er bei einem besonderen Anlass sein Minister, Mitarbeiter und Offiziere samt ihren Frauen zu einer Party einlud, wobei er diesen Geladenen zur Pflicht achte, dass die Frauen ohne Schleier erscheinen sollten.

Aman Ullah mag dies nur als Probe angesehen haben um festzustellen, wie treu seine Mitarbeiter sind und wie weit sie Schrittmacherdienste für seine Ideen leisen, sie hatten ihn schwer enttäuscht, denn nur die engsten Verbundenen folgten seinem Ruf. Somit wurde einem König deutlich genug gezeigt, wie wenig Bedeutung einem Versprechen, zumal es von einem Untertanen abgegeben wird, zugemessen werden kann.

Es ist in asiatischen Ländern Sitte, dass der Diener seinem Herrn oder auch ein Angestellter seinem Vorgesetzten beide Hände sichtbar vor den Körper zeigt, wenn er etwas reicht. Die Vermutung, der Betreffende könnte in einer Hand hinter dem Rücken einen Dolch tragen, ist somit ausgeschlossen.

Genauso an einen Freund, Bekannten oder Untergegebenen, der Entgegennehmende die Glaubwürdigkeit seiner Bereitschaft mit Worten bekräftigt, wie etwa: Bei meinen Augen oder bei meiner Hand".

Das heißt, wenn ich das Versprochene nicht ausführe, kannst du mir die Hand abhacken oder die Augen ausstechen, doch auch hier haben die Menschen von jedem nur zwei und das würde nie reichen, bei den vielen Lügen, die jeder auf sich nimmt.

Lügen ist für den Asiaten nichts schlechtes das gehört zu guten Ton und zum Handel sowie beim Rechtsanwalt die umgekehrte Ansicht der Anklage.

Alle diese Dinge halfen mit dem Sturz des Königs Aman Ullah zu beschleunigen, obwohl nichts dadurch erreicht wurde, denn heute 20 Jahre danach sind es dieselben Probleme, die Regierung und Staat vor unlösbare Aufgaben stellen und ähnliches wie ehemals herauf beschwörten.

Doch Rundfunk und Zeitung helfen mit, manche Dinge schneller zu ändern, weil heute doch schon vieles vom Ausland übernommen wird.

So kam es zu jenen kritischen Tagen, die den König Aman Ullah veranlassten, sein Land zu verlassen und die weitere Entwicklung Afghanistans aus dem Exil zu betrachten.

Man redete ihm nach, dass er viel Geld mit ins Ausland genommen hätte, doch das nur zu Recht, denn welcher König würde das nicht tun.

Im Alter von 85 Jahren starb König Aman Ullah im Exil in Italien 31 Jahre nach seiner Flucht

Trotz dieser langen Zeit hatte er noch viele Anhänger in seinem Heimatland, welche den z.Z. regierenden König Zahir-Shah darum baten Aman Ullah in heimatlicher Erde zu beerdigen.

Die Gegner Aman Ullahs hingegen sahen das gar nicht gern, doch der König Zahir-Shah konnte diese Leute beruhigen, mit dem sicheren Versprechen, dass Aman Ullah nun bestimmt keine Unruhe mehr stiften würde, wenn er im Sarg in seine Heimat zurückkehrt.

Somit wurden zwei Fliegen auf einmal geschlagen, die Anhänger Aman Ullahs waren zufrieden, dass dieser neben seinem Vater dem vorhergegangen König Habib Ullah Khan in diesem Djellalabad rund 200 km östlich Kabuls beerdigt wurde. Seine Gegner waren beruhigt zu wissen, dass er nicht mehr lebt.

Dies geschah zu der Zeit, als ich gerade in diesem Ort wohnte und als die Beerdigung stattfand, war das ganze Volk auf den Beinen.

Natürlich war ich auch mit dabei, um auch mal ein Staatsbegräbnis afghanisch zu erleben.

Der regierende König war selbst nicht zugegen, er schickte einen seiner Verwandten, welcher Minister war.

Zu jener Zeit waren viele Verwandte des Königs in hohen Staatsstellungen, denn automatisch hat man mehr Verwandt, wenn der Vater 4 Frauen hatte, wovon jede mindestens 10 Kinder zeugt und nach 2 Generationen weiß keiner mehr, welche Vatersfrau seine Mutter war,

also ist man mit sehr vielen verwandt.

 Der Leichnam von Aman Ullah wurde mit einem Militärflugzeug gebracht und als einige nahe Verwandte sich am offenen Grabe verabschiedet hatten, ließ man den Sarg in die Gruft.

Der Minister sprach ein paar passende Worte und anschließend betete der Hohe Priester am offenen Grab. Erst nachdem die Delegation der Regierung aus Kabul den Ort verlassen hatte, konnte das trauernde Volk an das Grab und sich von ihrem ehemaligen König verabschieden.

Es kamen recht viele Menschen die z.T. sehr weit angereist waren, natürlich nur Männer, eine Frau hat bei Beerdigungen oder bei gemeinschaftlichem Beten in der Moschee (Gotteshaus) nichts zu suchen. In Moslemländern ist beten Männersache, die können das überall tun, manchmal glaubte ich man will die Frau vor diesen Gebetsfreiübungen verschonen, doch zu Hause soll die Frau auch beten, nur sieht es ja dort niemand.

Eine Schaufel Erde als letzten Gruß an den Toten, kennen wir Europäer auch, aber hier hat man weder Schaufel noch Erde, sondern viel Sand, Lehm und Steine.

Deshalb legt man einen Stein ins Grab, oder Wasser, das hierzulande sehr lebenswichtig ist.

Als besonderes Zeichen der Verbundenheit reißt man ein Stück Stoff von seinem Hemd und schmückt damit den Holzstab, der über dem Grab liegt.

Wer natürlich noch deutlicher seine Zuneigung bekannt geben will, der bringt das Gehörn von einem Steinbock und legt es auf das Grab, das ist der Ausdruck der Stärke.

Leider ist es mir nicht gelungen, bei dieser Beerdigungszermonie zu fotografieren, das war nicht erlaubt und tut man es doch, können die (Trauernden) ganz wild werden, denn wenn man schon bei einer Beerdigung ist, kommt es auf eine Leiche mehr oder weniger nicht an.

Die Zeit verstrich, alle Wunden werden geheilt und heute ist schon längst alles vergessen, was ehemals so teuflisch und ungläubig war.

Der Sommer wurde sehr heiß, unsere Arbeit machte nur kleine Fortschritte, denn bei 45-46 Grad Celsius Mittagstemeperaturen war keine Arbeit mehr möglich, somit wurde nur früh von 4.00 – 11.00 Uhr gearbeitet, hiernach lag alles flach und jeder suchte Schatten.

Übers Wochenende fuhr ich wieder mal nach Kabul, denn dort ist die Temperatur auch im Sommer erträglich.

Eine solche Fahrt war immer interessant, es gab jedes Mal etwas Neues. So z, B. hielten wir unterwegs an und fischten in den Flussläufen, die im Sommer nur wenig Wasser führten,

Wenn es auch keine Forellen waren, Weißfische, die es dort gibt, schmecken auch ganz gut.

Auf halber Strecke liegt ein von deutschen Firmen erbautes Elektrizitäts-Kraftwerk mit einer schönen Siedlung, welche noch von einigen Deutschen, die als Einweiser für Afghanen im E-Werk fungierten, bewohnt wird.

Auch hier gab es Halt mit Begrüßungen von Bekannten und oft kam es vor, dass man zum Essen eingeladen wurde, was einem Junggesellen immer willkommen ist, denn nur wer schon sein Essen selbst gekocht hat, weiß auch wie gut es angebrannt oder versalzen schmeckt.

Einmal blieb ich bei Bekannten über Nacht und hatte dadurch ein tolles Erlebnis, das mich nicht mehr so schnell verleitet, angeblich müde zu sein.

Ich konnte einfach nicht einschlafen, weil einige Meter vor dem Fenster ein Afghane mit lauter Stimme das zählen lernte, so wie ich annahm. Immer wieder fing er bei eins an und kam so bis 15 oder auch mal 20 und das ging ungefähr so:

1-1-1-1-2-2-2-2-3-3-3-3 usw. aber recht laut.

Am anderen Morgen wurde mir alles klar, gegenüber dem Haus war eine Tankstelle mit Handpumpe und damit derjenige der pumpt, die Anzahl der Galonen nicht vergisst, weil keine Anzeige ging, hat er die Zahl immer laut vor sich hingesagt, wie man das zu zählende Stück in der Hand hält. Immer wieder konnte man auf Fahrten durch das Land etwas Neues erfahren.

Der Sommer ging vorbei, die Arbeiten an diesem Straßenstück waren bald abgeschlossen. Nachdem die große Hitze um war, und somit konnte ich wieder nach Kabul zurück in den Bauhof. Es waren noch einige Brücken über kleinere Bäche zu erstellen, doch das konnten die eingesetzten afghanischen Kräfte alleine machen, sie hatten es lange genug von uns gelernt.

Wasserläufe, die nur einige Wochen im Jahre während der Regenzeit oder Schneeschmelze etwas Wasser führen, wurden ganz einfach überbrückt.

Hierzu fertigten wir Betonträger 50x50 an und 5 m lang mit Eiseneinlagen zur Erlangung der Tragfähigkeit. An der betreffenden Wasserdurchläufen wurden zwei Lager fundamentiert, worauf diese vorgefertigten Teile eingesetzt wurden,

Bei Durchlasshöhen von 1-2 m war das keine schwierige Montage und bei kleineren Wassermengen bis 100 Sek./Ltr. legten wir einfach zusammengeschweißte Teerfässer ein, die sich dann im Laufe der Zeit festigten.

Wir wussten wohl, dass diese Art von Brücken und Wasserdurchlässen nicht allzu lange halten würde, die afghanische Regierung jedoch drängte immer mehr darauf, recht bald eine durchgehende Straße von Kabul nach Pakistan zu besitzen.

Das schlimmste und schlechteste Stück war immer noch in Arbeit, es beginnt 30 km östlich von Kabul und ist ein natürlicher Felsdurchbruch mit Steilwänden bis 1.000 m.

Die Straße war schon vorbereitet, musste jedoch an vielen Stellen noch verbreitert werden, indem man den Fels absprengte, andererseits musste die Straße nach außen abgesichert und z.T. mit 50 m hohen Betonstützmauern unterbaut werden.

Außerdem waren 4 Tunnel von 50-200 m gesprengt worden, die noch viel Arbeit bis zur Fertigstellung brachten.

Einige Steinschlafsicherungen sowie Geröllstützmauern waren das nächste Problem um den

Straßenbenützern das Gefühl der Sicherheit zu stärken.

Der Abschnitt durch diese sogenannte Teufelsschlucht (Tangigareuh) genannt, ist schon ein Meisterwerk deutscher Straßenbauer. In vielen Kurven führt die durchschnittliche 10 m breite Straße auf eine Länge von 20 km, durch ein Felsenteil, das mit einem großen Wasserlauf und 1000 m hohen Felswänden einen überwältigenden Anblick bietet

Der Auf oder Abstieg der Straße durch die Hölle, ist die Krönung, hierbei kann man beinahe senkrecht die Spitzkehren der Serpentinen übereinander finden Das tieferliegende und flachlaufende Straßenstück unterhalb diesem Geländebruch machte weniger Steinschlagsorgen.

Dafür gab es dort viel angeschwemmtes Geröll, das die Straße blockierte und das Hochwasser unterspülte einige mal die Stützmauer am Flussufer.

Die Berge sind alle unbewaldet, kein Baum, kein Strauch, nur kahler Fels oder vorgelagerte Geröllhügel, sogenannte Muren sind weit und breit zu sehen.

Wenn nun die Schneeschmelze und die Regenzeit einsetzt, führt das im Abfluss ungehemmte Wasser, sehr viel Sand und Steine mit sich.

Tiefe Risse werden eingespült, die sich bei stärkerem Bodenwiderstand mit Wasser füllen und wenn dann ein solches Kleinbecken mit ein paar tausend Kubikmeter Wasser plötzlich durchbricht, kommt eine Schuttmasse zu Tal, die eine ungeheure Schubkraft aufweist und alles überschüttet, was sich entgegenstellt.

Diese Naturkräfte sind jedes Jahr zu spüren und man versucht mit Gerölltunnel die gefährdeten Stellen der Straße abzusichern, nur weiß man nie an welcher Stelle ein andermal etwas ähnliches passieren kann.

Alle Gebirgsstraßen brauchen weit mehr Wartung und Unterhaltung, so auch in Afghanistan bei diesen extrem hohen Temperarturunterschieden.

Im Sommer wird der Fels richtig schwarz gebrannt, denn es gibt Sonnentemperaturen, die den Fels an seiner Oberfläche bis 60 Grad Celsius erwärmen und im Winter kann es bis 30 Grad Kälte geben mit 1-2 m Schnee.

Die Berge an diesen interessanten Straßenabschnitten in 30 km Entfernung vom Kabul sind durchschnittlich 2000-2500 m hoch, sehr zerklüftet und in vielen Gesteinsformen und Lagerungen.

Bald wird die Straße durchgehend fertig sein, die auch ein Zwischenglied der großen internationalen asiatischen Fernstraßen werden soll.

Wieder einmal ist es Winter geworden, die Außenarbeiten wurden eingestellt und die Arbeitseinheiten in südliche tiefere Lagen verlegt, ähnlich den Nomaden, die ja auch je nach Jahreszeit und Temperaturen den Standort wechseln.

Maschinenbedienungspersonal und Mechaniker wurden den Winter über jeweils im Großbauhof zur Überholung verschiedener Maschinen und Geräte eingesetzt, was hauptsächlich meine Aufgabe war.

Neben dieser Tätigkeit übte ich jedes Jahr noch das Amt des Weihnachtsmannes aus. Es waren auch Europäer mit Familie und Kindern hier und diese Kinder sollten nicht der Meinung sein, dass dem Nikolaus der Weg nach Afghanistan zu weit und zu steinig sei. Für eine Flasche Whisky, Cognac oder sonstige geistig wärmende Sachen tat der Nikolaus alles.

Denn er ist ja auch nur ein Mensch auf Fleisch und Blut. Das war jeweils eine schwierige Sache zu den einzelnen Familien hinzukommen, denn wenn die Afghanen so eine vermummte Gestalt zu sehen bekamen, glaubten sie, den Teufel in Person vor sich zu haben.

Die einen gingen durch die anderen, holten Hilfe und bald hatte man mehr als hundert Leute um sich geschart.

Um dem allem aus dem Weg zu gehen, wurde der Nikolaus jedes Jahr in den größten Superautos von Haus zu Haus gefahren, Mercedes, Chevrolet, waren grade gut genug für diesen hungrigen und durstigen Kinderschreck.

Auch heute noch wird dieses Brauchtum, genau wie Weihnachten wohl unter den meisten Deutschen, die in der weiten Welt verstreut sind, beibehalten.

Denn es bringt immer wieder die Heimat ins Haus und lässt manche Sorge vergessen. Weihnachten feiert man auch dort, wo es niemals Schnee gibt und keine Tannen wachsen, doch die Verbundenheit mit den Menschen zu Hause fühlt man auch ohne besondere Merkmale an diesen Tagen.

Kabul rüstete sich wieder einmal zu einem Staatsbesuch überall wurden beflaggt und geschmückt, seine Hoheit Shah in Shah von Gottes Gnaden Rezah Palewi aus dem Nachbarland Iran war zu einem Besuch angesagt.

Für kleinere Besucher, wie z.B. Finanzminister Erhardt aus der Bundesrepublik Deutschland, hatte man keine Straßen geziert, obwohl Herr Erhardt bei seinem Besuch mehr Bakschisch Afghanistan brachte, als je einen Herrscher aus Persien. Shah Palewi aus Teheran war eine ganze Woche in Kabul zu Gast, er brachte ein großes Gefolge mit, jedoch ohne Farah, denn unter Moslems hat die Frau nichts zu sagen oder zu bestimmen.

Das ist auch am Pfauenthron in Teheran der Fall, trotz den vielen Publikationen in Illustrierten, die ihren Lesern immer wieder das neueste aus aller Welt vorsetzten, wenn es auch nur neu aufgebauscht und anders betrachtet wurde.

Der hohe Gast wurde von König Zahir Shah durch sein Land begleitet, man ging zusammen zur Jagd und teilte alle Freuden miteinander.

Beide Staatsoberhäupter sind durch die Sprachgleicheit ihrer Völker sehr freundschaftlich und eng miteinander verbunden.

Hinzu kommt die Religionsgleichheit, die alle ihrer Anhänger zu Brüdern untereinander macht. Während seines Aufenthaltes in Afghanistan besuchte der Shah von Persien mit dem König von Afghanistan und einigen Ministern verschiedener staatliche Anstalten und Betriebe, unter anderem auch den Bauhof des Arbeitsministeriums.

In diesem Bauhof war ich schon einige Jahre angestellt und es wurde mir hierdurch die große Ehre zuteil, gleich von zwei Größen unserer Erdbevölkerung mit Handschlag begrüßt zu werden.

König Zahir Shah von Afghanistan hatte den Bauhof schon einige mal besucht, das war nichts Neues und wir Ausländer wurden ihm jedes Mal vorgestellt, aber gleich zwei auf einmal, das war doch überwältigend, zumal beide in Uniform erschienen.

Bei solchen hohen Besuchen ist es wie überall, alles ist aufgeregt und bange um die eigene Position, es könnte ja den hohen Herren irgendetwas nicht passen, das dann so ein kleiner Beamter ausfressen muss.

Das einzige Gute bei Besuchen solcher Art sind die schon Tage vorher beginnenden Aufträumarbeiten. Gerade hier in Afghanistan ist das besonders wichtig, denn Sauberkeit und Ordnung ist für den Asiaten ein unbekannter Begriff.

Als der Shah in Shah von Gottes Gnaden besser gesagt Allahs Gunst, von Kabul nach Teheran zurückreiste, waren wir zu seinem Abschied am Flugplatz und hierbei stellte ich fest, dass er wirklich diese Viscount 814 eine 4motorige Maschine, selbst steuerte.

Bis zu diesem Zeitpunkt hatte ich immer an Reklamebilder der iranischen Luftfahrtgesellschaft gezweifelt, darauf man den Shah recht oft am Steuer eines groß Flugzeuges sehen kann.

Ein Staatsmann muss ja nicht unbedingt fliegen können, aber ein alleiniger Herrscher, wie Reza Palewi, der unzählige Orden und Ehrenzeichen an seiner Uniform trägt, muss schon auf allen Gebieten bewandert sein, und wo das können nicht reicht, machts das Gold.


Der Winter ging vorbei und das Jahr ging zu Ende, wie ich schon schrieb endet hierzulande mit dem Winter auch das Jahr und zuvor am 20.März nach gregorianischer Zeitrechnung.

Bevor jedoch das Jahr zu Ende war, kam ein neuer Staatsbesuch und die Stadt wurde wieder beflaggt und geschmückt.

Dieses Mal war der Besuch kein großer Bruder, sondern ein sozialistischer Freund.

Seine Exzellenz Nikita Chruschtschow gab sich die Ehre in Afghanistan einen Abstecher zu machen.

Wir glaubten, ebenfalls wie früher beim Eisenhower Besuch, Herrn Chruschtschow auf dem Militärflugplatz 60 km nördlich von Kabul zu empfangen zu können, doch hatten wir ganz die russische Geheimnistuerei vergessen.

Es durfte niemand auf den Flugplatz, alles war abgesperrt als die Tu 114 begleitet von 6 Mig Düsenjäger der afghanischen Luftwaffe und mit Chrustschow und seinem Begleitpersonal dort landete.

Er wurde lediglich vom afghanischen König und dem diplomatischen Corps am Flugplatz abgeholt und anschließend ging die Fahrt im Königswagen nach Kabul.

Zu seiner Sicherheit wurde von afghanischer Seite sehr viel getan, ein riesiges Polizei und Militäraufgebot sicherte die Straßen, niemand durfte vom zweiten Stock oder vom Hausdach fotografieren. Nur am Straßenrand war erlaubt zu stehen und warten bis die Fahrzeugkolonne eintraf, Endlich war es soweit die Eskorte voraus mit deutschen BMWs und dann in kugelsicheren Cadillacs mit hochgedrehten Scheiben, ohne Dach sah man Chruschtschow neben dem afghanischen König vorbeifahren.

Chruschtschow winkte mit dem Hut in er Hand der nicht allzu begeisterten Volksmenge zu.

Wir erinnerten uns an den Eisenhower Besuch, es war kein Vergleich wie damals, das Volk Ice zujubelte gegenüber jetzt beim Chruschtschow Besuch.

Einige Tage verbrachte der russische Staatsmann in Afghanistan, er sprach vor Afghanen, und wurde von seinen Landsleuten in der Sowjetbotschaft stürmisch gefeiert.

Seine Reden und Versprechen gipfelten ins Unermessliche, was ja für die Welt nichts Neues war und in allen seinen Reden war wie immer ein kleines Maß von Hetze gegen den Westen.

Das Lob an die Afghanen war natürlich besonders groß, denn um die Gunst und Sympathie von Afghanistan zu gewinnen, musste auch eine Chrutschow alle Redekunst aufwenden.

Das war das letzte große Ereignis, das ich in Afghanistan vor meiner zweiten Heimreise nach Deutschland erlebt. Es begannen für mich wieder ein paar aufregende, ärgerliche Tage bis ich meine Ausreisevisa bekam und was genau so schwerlich war, das Visa für die UDSSR.

Ich kannte nun schon recht viele Afghanen, die in einflussreichen Stellungen waren, und durch deren Hilfe ich etwas leichter durch das Gewirr von Vorschriften hindurch kam, natürlich geht das nie ohne den berühmten Bakschisch.

Nach fast 6 Jahren Aufenthalt in Afghanistan hatten sich in meinem Junggesellen Haushalt allerhand Dinge angesammelt, die z.T. Erinnerungsstücke und auch Gebrauchsgegenstände waren.

Nun wusste ich noch nicht wie lange ich in Deutschland sein werde bis mein neuer Vertrag genehmigt wurde und deshalb fertigte ich eine große Kiste an, um meine persönlichen Dinge nach Hause zu schicken.

Lässt man solche Sachen einige Zeit alleine in Kabul zurück, dann findet man nach der Rückkehr meistens nicht mehr davon, denn im Land der Söhne Allahs gibt es auch ganz findige Diebe, die es speziell auf Ausländer abgesehen haben.

Die meiste Arbeit bei irgendwelchen großen Sendungen ins Ausland, ist hier in Afghanistan die Verzollung.

Jedermann, der einmal im Zoll etwas zu tun hatte, wird nur dorthin gehen, wenn er unbedingt muss.

Ohne Bacchisch geht es nie und die Wartezeiten sind nach landesüblicher Art auf Inschallah abgestimmt.

Die Neugier der Asiaten ist groß und wenn einer als Zollbeamter seine Neugier aus Berufsgründen stillen kann, ist das noch viel schlimmer.

Wer aber glaubt, dass er schneller fertig ist, weil er wirklich kein Zollgut im Koffer oder in der Kiste hat, wird bitte enttäuscht, denn dann muss man erst recht einen Bakschisch geben, sonst kommt die Verzollung am selben Tag nicht mehr zustande.

Hat man das alles erledigt und steht schon am Flugplatz kann es trotzdem nochmal vorkommen, dass das bereits verzollte Gepäck einer weiteren Kontrolle unterzogen wird.

Ich war recht froh, als die russische Maschine eine IL-14 endlich in Kabul ankam und der Abflug bald erfolgte.

Der neue Flugplatz in Kabul war gerade im Bau, damit auch große Maschinen landen können.

Bisher war es nur möglich, mit kleineren Flugzeugen und gutem Wetter bei Bodensicht am Tage zu landen. Nach gut verlaufenem Start mit halb besetzter Maschine war es ein herrlicher Flug über den Hindukusch, nach Taschkent, wo eine Übernachtung eingeplant war.

Das Hotel Taschkent ein typisch russischer Kolosalbau, nahm uns auf, gegenüber dem Theater, ein ebenso wuchtiger Betonklotz. Die einzigen Sehenswürdigkeiten in dieser unfreundlichen Stadt, der von Afghanistan nach Taschkent kommt, kann nicht enttäuscht sein.

Aber wer von Europa oder Amerika nach Taschkent kommt, ist völlig deprimiert. Die Straßen beidseitig von Wassergräben gesäumt, viele Bäume und viel Schmutz eine Straßenbahn, die in Europa schon längst ausgedient hätte.

Personenwagen sah man nur selten, fast ausschließlich Lastwagen von den Typen Sis und Goos, ferner Omnibusse.

Der Abend im Hotel Taschkent ging schnell vorbei, im Speisesaal spielte eine Kapelle mit Ballaleika und Cello Volksweisen und jeder aus der Masse konnte dazu tanzen, wobei man wirklich akrobatische Kosakentänzer, solo und ganze Gruppen zu sehen bekam.

Anderntags ging die Reise weiter, von Taschkent nach Moskau mit einer viermotorigen Maschine vom Typ IL-18.

Diese mal war es ein schöner Flug bei leichtbewölktem Himmel in rund 4-5000 m Höhe.

Eine Stunde nach dem Start in Taschkent überflogen wir die Osthälfte vom Aralsee, es war ein einmaliges Erlebnis, die herrlichen Farbstufungen von hellblau bis zum schönsten dunkelblau. Welche sich nach der zunehmenden Tiefe des Wassers vom Ufer herzeigen, zu sehen war.

Das Bild wechselte schnell, kaum war der Aralsee überflogen, zeigte sich dem Erdbeschauern eine öde Steppe von sehr großer Ausdehnung, wonach das grüne und fruchtbare Land im Ural und Wolgabächen folgte.

Nach 4 Stunden Flug landeten wir in Saratow an der Wolga.

Lediglich um zu tanken oder es war ein technischer Fehler an der Maschine, denn nach 1 Stunde Aufenthalt auf dem Flugplatz ging die Reise weiter. Nun konnte man das riesige und dreckige Wasser der Wolga besonders gut sehen, es ist schon ein wuchtiger Strom, der riesige Mengen Wasser führt und lange nicht so besungen wird, wie Rhein oder Donau.

Die Wolga Schiffer haben sicher andere Sorgen. Nach weiteren 2 Stunden ruhigem und schönem Flug waren wir über Moskau und nun freute ich mich besonders diese Stadt auch mal am Tag aus niedriger Höhe zu sehen.

Leider ging der Flug nicht direkt über das Zentrum der Stadt, doch sah man die einzelnen großen Gebäude wie Hotel Ukraine, Universität, das ungleichmäßige Fünfeck des Kremls.

Unmittelbar daneben sah man die Moskwa, ferner Straßen und Plätze, sehr gut.

Wir landeten in Scheremitze und ich war sehr erstaunt, als ich nach einer halben Stunde bereits schon in der Maschine nach Wien saß, wohin meine Reise ging. Man muss bei einer Reise durch Russland mit allen Überraschungen rechnen und braucht sich selbst nicht zu wundern, wenn man gar als Spion angesehen wird, was ja z.T. recht lange und ungewollte Aufenthalte im sowjetparadies mit sich bringen kann.

Es ist keinem Flugreisebüro bis heute möglich, die fahrplanmäßige Reise durch Russland lt. Flugplan voraus zu buchen, denn die Russen werfen doch alles um und ändern ab, deshalb ist es ratsam von vornherein sich keine Illusionen hinzugeben, - batom Karosch-

Natürlich war ich ganz besonders überrascht, dass ich ohne Zollabfertigung, die normalerweise in Moskau durchgeführt wird, innerhalb 30 Minuten schon in der Maschine, die nach Wien flog, Platz nehmen konnte.

Bald erfolgte der Start und ich freute mich recht schnell in Wien zu sein, doch wie schon gesagt, eine Reise durch Russland bringt viel Überraschungen.

So auch jetzt, denn nach 1 ½ Stunden landete die Maschine in Kiew in der Ukraine und nun begann eine Zollkontrolle wie ich sie noch nie erlebt hatte, Koffer, Handtasche, alles wurde durchgewühlt, ja sogar Leibesvisitation wollte man vornehmen, wogegen ich mich mit viel Gerede wehrte.

Später merkte ich erst, warum diese genaue Kontrolle, die Maschine landete auch in Budapest und alle Passagiere, welche nach Ungarn reisten, wurden ganz besonders genau kontrolliert. In Kiew war die Zollkontrolle beendet, der Flug ging weiter nach Budapest, wo ich am Spätnachmittag bei herrlichem Wetter ein schönes Luftbild von dieser Donaustadt vor der Landung zu sehen bekam.

Nur kurz war der Aufenthalt, es war kein Zustieg mehr zu sehen und schon startete der Vogel wieder Richtung Wien, wo wir kurz vor Einbruch der Dunkelheit in Wien-Schwechat landeten.

Man spürte sofort eine andere Atmosphäre und fühlte sich viel geehrter betrachtet. Der Empfang die freundliche Begrüßung nach österreichischer Art, stimmte jeden Reisenden fröhlich.

Es gab keine Kontrollen, man legte Reisepass und Flugschein vor, bekam das Gepäck ausgehändigt und jedermann konnte den Flughafen nach Gutdünken verlassen.

Ich fuhr mit dem Flughafenbus zur Stadt nahm ein Zimmer in einem Hotel und unternahm am selben Abend einen Stadtbummel durch verschiedene Kneipen, doch zuletzt landete ich in der Wiener Eisrevue und war nicht nur von den akrobatischen Leistungen der Eintänzerinnen, sondern auch von ihren hübschen Beinen und freundlichen Lächeln beeindruckt.

Anderntags sah ich mir Wien und einige seiner Sehenswürdigkeiten bei Tage an, dabei stellte ich fest, dass man einen ganzen Monat Zeit haben müsste, und ohne Langeweile in Wien die Zeit verbringen könnte.

Mit dem D-Zug über Salzburg-München fuhr ich der Heimat entgegen und freute mich, wieder in unserem schönen Schwarzwald zu sein und sei es auch in der Ferne noch so schön, der Schwarzwald kann sich mit allem Schönen messen.

Nach langen Verhandlungen und vielen Vorbereitungen, die sich über 6 Monate hinzogen, fuhr ich ein drittes mal nach Afghanistan um weiterhin den deutschen Einfluss bei der Ausbildung junger Afghanen auf Fahrzeug und Baumaschinen aller Art, geltend zu machen.

Die Vorbereitungen zu dieser Fahrt waren deshalb sehr langwierig, weil ich mit einem Fahrzeug auf dem Landweg von Deutschland nach Afghanistan wollte.

Einmal brauchte ich verschiedene Durchreise Visas bestimmter Länder, zum anderen internationale Fahrzeugpapier, Führerschein und Versicherung für asiatische Länder. Als nächstes musste ich ein Fahrzeug herrichten, mit dem man nicht nur auf guten Straßen, sondern auch Gelände z.T. Wasserstrecken fahren kann. Ich kannte einige Personen, welche diese Strecke zu jener Zeit schon befahren hatten und war gut beraten.

Als geeignetes Fahrzeug erschien mir der VW-Kombi geschlossen ohne Sitze und ohne Fenster, man kann recht viel Gepäck zuladen, sowie ein Bett darin unterbringen und hat noch genügend Platz für allerhand Kleinigkeiten, die man auf einer solchen Reise braucht.

Eine ganze Woche habe ich das Fahrzeug für meine Zweck umgebaut, die Unterseite wasserdicht gemacht, den Motor für Staubfahrten ausgebildet und im inneren viele Aufhänger und Befestigungsmöglichkeiten geschaffen.

Neben einer Schlafstätte im hinteren Teil des Wagens hatte ich verschiedene Kisten mit Werkzeugen und Ersatzteilen, ein Fahrrad, und andere Gebrauchsgegenstände, die ich für Bekannte nach Afghanistan mitnahm eingeladen.

Als weiteres hatte ich alle Dinge dabei, die man täglich braucht wie z.B. Waschwasser, Trinkwasser, Benzinkocher, Motorenöl, ein 100 Liter Fas für Benzinvorrat, Ersatzreifen und Schläuche, Schaufel, einige starke Bretter, natürlich auch Flickzeug nebst Luftpumpe.

Als ich alle Vorbereitungen getroffen und Reisegenehmigungen erhalten hatte, startete ich zu dieser großen Fahrt, die manche Überraschung und viel Erlebnisse für mich bereit hielt, denn 10.000 km alleine an einem Stück durch fremde Länder zu fahren, war auch für mich neu, doch manche Sehenswürdigkeit wog die Entbehrungen und Anstrengungen wieder auf.

Am 15.November 1963 startete ich um 13.00 Uhr von Lautenbach mit einem VW Kombi Baujahr 1959 den ich mit vielen Sonderheiten ausstatte zur großen Fahrt.

Am ersten Reisetag fuhr ich über die Autobahn Karlsruhe-Stuttgart-Ulm-München-Rosenheim. Dann Salzburg und weiter über Bad Ischl-Liezen-St.Georgen nach Klagenfurt, wo ich am 16. November früh um 3.00 Uhr eintraf.

Der Grenzübergang nach Österreich und die Abfertigung ging ohne Komplikationen, nur die Straßen durch die Osttauern waren nicht die besten, sodass ich schon zwischen Mitterndorf und Pürg auf einer ungeteerten Steilstrecke mit 20 % Steigung die erste Kraftprobe bestehen musste.

Nach Ankunft in Klagenfurt suchte ich einen günstigen Abstellplatz und legte mich im eigenen Hotel schlafen. Ich glaubte gerade erst eingeschlafen zu sein als ich durch Klopfen am Fahrzeug wach wurde, es war schon 8.00 Uhr früh, da stand eine Frau vor meinem Wagen und schimpfte über die Deutschen.

Sie zeigte alle Passanten, dass ich mit zwei Rädern auf ihrer Wiese stehe, auf der sowieso um diese Jahreszeit kein Gras mehr wuchs.

Ich lies die Frau reden und fuhr davon, doch werde ich diese freundliche Begrüßung im Österreich nie vergessen.

Der Tag sollte mir noch weitere ähnliche Beschimpfungen bescheren und zwar auf dem jugoslawischen Konsulat in Klagenfurt, wo ich mir das Reisevisa für Jugoslawien besorgen musste, weil die Bundesrepublik zu jener Zeit keine diplomatische Beziehung zu diesem Land pflegte. Um 9.00 Uhr wurde die Geschäftsstelle geöffnet, es waren schon mehr als 20 Personen anwesend.

Die Abfertigung ging sehr flott, doch ohne Schimpfen ging es nicht, denn als ich meinen Bundesdeutschen Pass vorlegte, wurde ich in echt jüdisch deutsch von einer Büroangestellten mit weniger schönen Worten angeredet, womit sie mir klarmachte, ich solle mein Visa in Wien auf der jugoslawischen Botschaft beantragen.

Ich verlangte daraufhin den Herrn Konsul zu sprechen, doch sein Vertreter beruhigte mich und versprach mir gegen Bezahlung das Visa zu erteilen. Nach einer Stunde Wartezeit und gegen gute Dollars bekam ich das Visa zur Durchreise auf die Dauer von 8 Tagen.

Das war der Anfang der Bakschisch Serie, die jeden Mitteleuropäer erstaunen lässt.

Nun musste ich mich wieder aufmachen, denn vor mir lag eine sehr schlechte und schwierige Wegstrecke und ich glaube sogar, dass es der schlechteste Pass in den Alpen ist, der Loibl-Pass von Klagenfurt nach Laibach. Ungeteert und 28-31 % Steigung bei einer Passhöhe von 1.368 m kann er manchen Autofahrer zur Verzweiflung bringen.

Hat man jedoch die Höhe erreicht, bietet sich ein herrlicher Blick auf die Karawanken, der alle Strapazen vergessen lässt. Seit langer Zeit baut man an einem Tunnel, der die Passhöhe unterführt und die Fahrt leichter gestaltet, doch sind die Arbeite noch nicht restlos fertig gestellt.

Die Abfahrt auf der Südseite des Passes ist sehr beschwerlich, denn die Straße ist von Geröll übersät und hat tiefe Wasserfurchen. Auf halber Höhe ist die jugoslawische Grenzstation, unmittelbar am Tunnel-Südeingang. Nach der unfreundlichen Behandlung auf dem jugoslawischen Konsulat in Klagenfurt glaubte ich, dass es an der Grenze genauso sei, doch zu meiner Überraschung waren die Posten sehr entgegenkommend und staunten über die große Reise, die ich vorhatte.

Ohne Kontrolle von Fahrzeug oder Koffern, konnte ich nach 10 Minuten auf der von der Grenzstation beginnenden neu angelegten Teerstraße weiterfahren und bald war Ljubjaiana (Laibach) erreicht.

Von Laibach fuhr ich auf der Autoput, das ist eine Beton-Autobahn einspurig mit Gegenverkehr.

Wer bei Regenwetter nachts auf dieser Autoput fährt, merkt erst, wie schlecht z.T. verschiedene Strecken sind. Einmal wird man von allen Fahrzeugen geblendet und zum anderen durch die vielen Wasserpfützen infolge Unebenheiten schlechter Beton, Löcher usw. unerhört stark angespritzt, dass die Scheibenwischer machtlos sind.

So erreichte ich Zagreb bei strömendem Regen, wo ich das erste mal Benzin nachtankte. Hierbei stellte ich fest, dass das Benzin bedeutend billiger ist, als in Deutschland, nämlich der Liter 100 Dinar, das sind 40 Pfennig.

Als ich alle Tanks gefüllt hatte, rollte ich weiter nach Belgrad, wo ich um Mitternacht ankam. Schon viele km zuvor sah ich das Lichtermeer dieser Donaustadt und bald überfuhr ich diesen Fluss um durch Belgrad weiter nach Süden zu kommen.

Es ist um die Mitternacht kein Kunststück eine Großstadt wie Belgrad zu durchfahren, der Verkehr war gering und ich konnte meine Aufmerksamkeit den Richtungsschildern widmen.

Bald lag die Stadt hinter mir und ich war auf der Strecke nach Nice. Nach einigen Kilometern schafte ich es, doch dann kam der Schlaf und bald war ein Ausweichplatz gefunden, wo ich außer mir noch andere Fahrzeuge, vor allem Lastwagen standen, sodass keine Gefahr eines Überfalls bestand.

Ich fürchtete mich zwar nicht, denn ich hatte auch eine gute Schnellfeuerwaffe bei mir, doch gibt so etwas immer Komplikationen, wenn man in fremden Ländern in eine Schießerei verwickelt wird.

Das war der zweite Reisetag und ich hatte somit die ersten 2000 km hinter mit. Das Fahrzeug hatte bis jetzt eine gute Leistung abgegeben, was ich auch auf Grund meiner intensiven Vorbereitungen von ihm erwartete.

Am anderen Morgen machte ich zuerst Fahrzeugpflege, Ölwechsel und Schmierdienst, daneben hatte ich schon das Teewasser auf dem Benzinkocher und nach Waschen, rasieren, Frühstück war ich schon wieder auf Achse auf der nach Süden führender Autoput, welche auf den neuen Strecken recht gut war.

Bald war ich in Nice, vorbei an Fördertürmen und Hochöfen, das jugoslawische Erzgebiet ist deutlich von der Autoput zu erkennen. Der VW schnurrte wie eine zufriedene Katze und ich ließ ihn dauernd auf Vollgas dahinziehen, solange es die Straßenverhältnisse erlaubten.

Nun kam Skopje, ich fuhr durch die Stadt, die kurz zuvor von einem schweren Erdbeben heimgesucht wurde und jetzt aussah, wie nach einem Bombenangriff. Fahrzeuge aus allen europäischen Staaten waren da zu sehen, welche der Bevölkerung Hilfe brachen und ich staunte über diese internationale Organisation, von denen man sonst nie etwas hört.

Nun ich hatte keine weitere Zeit zu vertrödeln und setzte die Fahrt fort, das Vardar Tal abwärts über Titor-Veles, das schon vollkommen einer orientalischen Stadt gleicht.

Die Autoput war nun zu Ende, denn der Bau dieser Straße durch das Vardar Tal mit seinen Steilhängen und Felswänden macht große Schwierigkeiten und erfordert viele Brücken Viadukte und Tunnel. In der Flussebene der Vardar verlief die Straße, die mehr Feldweg mich Löchern und Rinnen war.

Das Tal wurde breiter und ebener und nach wenigen Kilometern war ich in Gevgelija, an der griechischen Grenze.

Die Abfertigung auf jugoslawischer Seite ging schnell und reibungslos, hiernach fährt man auf sehr guter Straße durch ein 5 km breites Niemandsland und wird bald von einem Griechen, der in alter Nationaltracht mit Rock auf einem Podest in Straßennähe steht, begrüßt.

Jetzt kam die griechische Zollkontrolle, die sehr langwierig und genau durchgeführt wurde, man braucht zwar kein Visa nach Griechenland, doch lässt die Behandlung für Transitreisende manche Wünsche offen, so z.B. machte man mir zur Bedingung, innerhalb 48 Stunden das Land wieder zu verlassen und das war nicht leicht vorauszusagen. Denn gerade in Griechenland, das wohl sehr gute Straßen hat, ist die Verkehrsdisziplin so schlecht, dass eine Eselkarambolage etwas Alltägliches ist.

Nach einer Stunde Fahrt sah ich in der Ferne ein Lichtermeer und war bald mitten drin, Saloniki war erreicht und ich musste mich anstrengen, durch diesen Verkehr schadlos hindurch zu kommen, denn überholt wird wo Platz ist, links oder rechts. Aber wenn man sich knapp an den Vordermann hält, dann kann keiner dazwischen, so hielt ich es und war bald auf der Strecke nach Kavalla.

Ich fuhr meistens bis nach Mitternacht, um täglich 1000 km zu schaffen, denn ich wusste, dass ich später in der Türkei und Iran schlechte Straßen fahren muss, wo man nur noch 600-800 km am Tage schafft.

Also rollte ich in diese Nacht weiter über Kavalla-Xanthi-Komotini bis Alexandropolis, wo ich am Meeresstrand mein fahrbares Hotel parkte und mich vom Rauschen der See einschlummern lies, und dem vierten Reisetag näherkam.

Recht früh weckte mich die Sonne und der Blick auf das blaue Meer schenkte mir Freude und neuen Mut, die Reise fortzusetzten, was alsbald geschah, damit ich das letzte Stück von Griechenland, das Meric-Nehri-Tal hinter mich brachte. Als ich die griechische, türkische Grenze erreicht hatte, glaubte ich, auf dem falschen Weg zu sein, denn eine baufällige Hütte schien mir nicht das Zollhaus zu sein. Doch ich täuschte mich, gleich kamen zwei Mann durchsuchen den Wagen und jeder wollte ein Geschenk.

Der eine hatte es auf mein Fahrrad, das ich mitführte abgesehen, der andere wollte einen Anzug. Nach längeren Verhandlungen gab ich jedem 10 Drachmen, das sind rund 1,50 DM und ich konnte die Fahrt fortsetzen, die wiederum durch ein Niemandsland führt, ehe man an die türkische Zollstation kommt.

Von weitem sah man schon die vielen Minaretten, der Moscheen von Edirne, dem früheren Adrianopel. Von dem Übergang aus Griechenland in die Türkei war ich sehr erstaunt, denn vor der Einfahrt zum Zollgebäude standen drei große hölzerne Torbogen, mit der Aufschrift in Deutsch, Französisch, Englisch „Herzlich Willkommen in der Türkei" und vor jedem Torbogen ein Soldat mit aufgepflanztem Bajonett, der stillstand und jeden Ankömmling grüßte.

Auch die Türkei verlangte kein Visa, lediglich Fahrzeugpapiere und grüne Versicherungskarte, natürlich nur in Verbindung Carnet.

Die Abfertigung ging sehr schnell du als ich fragte, ob das Fahrzeug schon kontrolliert sei, antwortete mir der Grenzbeamte in gutem

Deutsch. Wir kontrollieren nicht. Nichts war mir lieber als das, denn in wenigen Sekunden war ich aus dem Zollhof raus und fuhr in die erste türkische Stadt Edirne ein.

Jetzt war ich bereits im Lande der Moslems und ab sofort gab es keine gute Salami oder Speck mehr, wie zuvor in Jugoslawien und Griechenland.

Also musste ich von nun an die mitgeführten Konserven angreifen, lediglich Brot, Obst und Tee gab es genug zu kaufen. Die Stecke von Edirne nach Istanbul rund 250 km war ungeteert aber sehr gut planiert, wodurch man ebenso gut und schnell fahren konnte. Lediglich wirbelte jedes Fahrzeug eine Staubwolke auf, dass selbst der beste Ölfilter nach einigen Fahrstunden gereinigt werden musste.

Die Einfahrt zur Stadt Istanbul ist eine herrliche Autobahn mit vier Fahrspuren, auf jeder Fahrbahn, vorauf ein reger Verkehr herrscht, der sich jedoch fliesend bewegt. Lediglich bei Eintritt in die Altstadt mit ihren engen Gassen und dem holprigen Kopfsteinpflaster mit sehr steilem Anstieg, drängt sich der Verkehr zu einem Gewühl zusammen, dass man alle Fahrkunst aufbieten muss, wieder heraus zu finden.

Jeder, der mit dem Fahrzeug über den Bosporus übersetzen will, muss einfach durch dieses Verkehrsgewühl hindurch, um an den Anlegeplatz der Fähre zu kommen, die immer überfüllt ist und sehr lange Wartezeiten vor dem Übersetzten bestehen. Mit viel Geschick habe ich mich zu der Anlegestelle hingefunden und konnte nun dem Treiben auf dem Bosporus zusehen, bis ich zur Überfahrt an der Reihe war.

Istanbul mit den vielen Moscheen auf europäischer Seite des Stadtteils Ushidar, auf der asiatischen Seite sind durch den 5 km breiten Bosporus getrennt und doch ist es eine Grenze zwischen zwei Erdteilen, deren Bewohner sich ganz verschieden zeigen

Im Hafen lagen ein paar große Frachtschiffe und weit draußen ist das sogenannte goldene Horn zu sehen. Ich bin sehr beeindruckt von all dem, was sich dem Auge zeigt, doch ich muss weiter, die Fähre legt schon an und bald liegt Europa hinter mir.

Obwohl der Übergang von Europa nach Asien innerhalb der politischen Grenzen der Türkei liegt, empfindet man den Bosporus als Trennungslinie, die mehr als nur zwei Länder voneinander trennt.

Der Einfluss von Europa sei es durch Tourismus oder Handel ist lange nicht mehr so groß und man wird als Fremder in solchen Gegenden vielmehr bestaunt, aber auch vielmehr bestohlen.

Ab Istanbul haben die Landfahrzeuge keinerlei unnötige, äußerlich ausgebaute Teile mehr wie z.B. Scheibenwischer, Radzierkappen, Ventilstaubkappen oder Kühler und Tankdeckel, soweit sie außen zugänglich angebracht sind, denn diese Dinge sind gesuchte Artikel, die jeder im Handumdrehen abmontieren kann und im nächsten Basar verkauft.

Mir war das nichts Neues, deshalb habe ich alle Teile schon vorher im Innern des Fahrzeuges verstaut, denn bereits auf der Fähre wo alles dichtgedrängt beisammen ist, gibt es die ersten Diebstähle. Die Überfahrt über den Bosporus ist ein Erlebnis, das man nicht leicht vergisst, wie man Istanbul mit seinen vielen Türmen und somit Europa entschwinden sieht. Neben mir stand ein Türke mit einem Opel Kapitän, der mit lauter netten Mädchen besetzt war, man kam ins Gespräch während der Überfahrt, die 14 Minuten dauert, und die Leute wollten wissen, wo ich hinfahre.

Als ich ihnen erklärte, dass ich nach Indien fahre, wo die Mädchen noch viel hübscher sind, als in der Türkei, wurde ich nicht nur ausgelacht, sondern von den Damen eingeladen, mit ihnen zu gehen, um beim Bauchtanz den Unterschied zwischen Türken und Inderin genauer feststellen zu können.

Ich hatte aber keine Lust mich ausnehmen zu lassen, denn es ist auch in Istanbul nicht anders, als in Paris oder Hamburg, wer nicht bezahlt der wird gekitzelt und sei es mit dem Messer.

Nach einer letzten Anstrengung für den VW und mich durch die engen steilen Gassen von Üshidar, dem asiatischen Stadtteil von Istanbul war ich auf der Strecke nach Ankara.

Es ist eine Betonstraße ähnlich der Autoput in Jugoslawien. Nur knapp kann man sich nicht mehr auf den Straßenrand verlassen, denn Löcher und Aufrisse sind nicht kenntlich gezeichnet und schnell hat man einen Fahrzeugschaden. Wenn man sich hinter einem Omnibus der türkischen Eisenbahn auf der Straße hält, hat man gute Aussichten schnell vorwärts zu kommen. Denn diese Burschen brummen mit 90-100 Sachen davon und halten nur an den sogenannten Autobusbahnhöfen, die mit Hotel, Gaststätte, Tankstelle, Werkstatt und Wechselstuben einem richtigen Bahnhof gleichen.

Über Izmit-Adapazari-Düzce kam ich am vierten Reisetag bis Bolu das Anfang der Westalpen der Türkei liegt.

Anderntags hatte ich schon sehr früh Ankara erreicht, die Autostraße führt hierbei über einen 1600 m hohen Pass und die Abfahrt nach Ankara lässt viele ihre Geschwindigkeiten und die damit verbundene Gefahr vergessen, denn ob Fußgänger, Eselskarre oder Kuhherde, alles treibt auf der Straße und nicht selten sieht man Lastwagen, Omnibusse und Kleinfahrzeuge über der Straßenböschung zerschmettert umher liegen.

Ich selbst hatte großes Glück als ich gerade noch mein Fahrzeug vor einer Viehherde zum Stehen brachte, die zwei Hirten über die Straße trieben.

Ankara ist eine europäisch anmutende Stadt mit modernen Hochhäusern, großen Hotels, die hauptsächlich von Amerikaner besetzt sind, denn in und um Ankara ist mehr amerikanisches als türkisches Militär anzutreffen.

Nach kurzer Rast und Besorgung des Visas für Syrien, machte ich mich auf die Südstraße in Richtung Adana, immer dieselbe Betonstraße z.T. sogar sehr gut und hätte mein Wagen mehr als 100 Stundenkilometer geschafft, wäre es noch schneller gegangen, denn nur kleine Hügel in der Landschaft ermöglichte den Straßenbau auf diesem Stück leichter als kurz vor Adana wo wiederum ein Pass, der auf fast 800 m Höhe die Straße zwischen den Bergriesen der Daglari Alpen hindurch führt.

Über Ceyhan-Iskenderun kam ich am fünften Reisetag bis kurz vor die syrische Grenze, wo ich nochmals Ölwechsel und Schmierdienst machte und 100 Liter von dem billigen Benzin in der Türkei tankte, der Liter für 32 Pfennig.

Nun hatte ich den Grenzübergang nach Syrien vor mir, der mit etwas Kopfzerbrechen machte, denn Kollegen hatten erzählt, dass es da immer Komplikationen gibt und ich machte mich auf alles gefasst. Die Türken waren kulant und liesen mich ohne Kontrolle genau wie am Eingang zur Türkei passieren und die Syrier, die scheinbar sehr wechselhaft sind, waren auch nicht schlechter, lediglich die Fahrzeugpapiere und das Visa wurden einer genaueren Kontrolle unterzogen.

Bei mir war alles in Ordnung somit konnte ich bald weiter und war schon in den frühen Morgenstunden in Aleppo.

Schon kurz nach Aleppo beginnt eine Salzwüste, wodurch die fast schnurgerade nicht enden wollende Straße führt. An vielen Stellen hat der Wind den Sand wie Schneebänke auf die Straße geweht und wenn man zu schnell fährt können diese Sandbänke gefährlich werden.

Alles was man auf guten Straßenkarten als Ortschaften dieser Strecke eingezeichnet findet, sind nur kleine Basare, Teehäuser und ein paar Lehmhütten. So komme ich nach fast 5 Stunden anstrengender Fahrt nach Deir-ez-Zor, das ist das Ende der guten Straße und zugleich ein sehr großer Karawanen Treffpunkt.Hier schneiden sich verschiedene Karawanenwege, es gibt große Basare, Teehäuser und man sieht überall Kamele lagern.Recht viel Volk treibt sich in den engen Gassen zwischen den Basaren herum, es riecht nach Kameldorn und Eselmist, aber auch andere Gerüche wie z.B. Kapap oder Hammelbraten kann man in die Nase bekommen. Auch Rauschgift und Wasserpfeife wird angeboten, denn hier ist es kein Verbrechen, wenn man das verkauft. Interpol traut sich nicht an solche Orte wo ungeschriebene Gesetze, die Messer sehr leicht sitzen und es niemals Mord, sondern nur Eigenverteidigung gibt.

Für mich hieß es nun in diesem Deir-ez-Zor nicht nur Kraftstoff tanken, sondern auch Trinkwasser und Waschwasser, denn das kommende Stück zeigte mir schon auf der Karte, dass es ein sehr trockenes und armes Gebiet ist.

Obwohl die Straße durch das Euphrat Tal führt, ist man recht weit von Wasserstellen entfernt und der Fluss selbst ist im Spätjahr nur ein kleines Rinnsal. Nach einem Basar Bummel im Karawannenknotenpunkt Detrez Zar des Vorderen Orients setzte ich die Reise fort und war bald danach an der syrisch iranischen Grenze.

Die Grenzabfertigung ging bei meiner Ausreise Syrien nicht so glatt, die Einreise wo man nur wenig kontrollierte.

An der Grenzstation Abu-Kemal drehte man mir das ganze Fahrzeug um, alle Kisten und Koffer musste ich aus dem Fahrzeug herausnehmen, hiernach kontrollierte ein Grenzbeamter den Fahrzeuginnenraum auf irgendwelche Verstecke.
Nach dem er nichts gefunden hatte, wusste ich, dass er trotz meiner Arbeit des Aus- und Einladens zusätzlich einen Bakschisch (Trinkgeld) verlangte, denn er hat großzügiger Weis meine Pistole übersehen und Waffen verlangen immer einer Anmeldung. Schließlich kannte ich die Mentalität dieser Leute und als ich ihm einen 2 Dollarschein zusteckte, sagte mir sein Blick, es sei alles gut. Bald fuhr ich durch den Grenzstreifen, der äußerst stark von Militär besetzt und bewacht war, und damit ich ja nicht fotografiere wurde mir ein Offizier der syrischen Armee als

Bewachung bis zu eigentlicher Grenzlinie mitgegeben.

Als dieser ausstieg und dem Wachsoldaten befahl, den Schlagbaum zu öffnen, kam ich nicht umhin, auch ihm ein Bakschisch zu geben, sonst hätte ich die Grenze nicht passieren können.

Wenn die Kerle auch noch so wild und unkultiviert sind, Geld kenne sie alle und auf Staatsgrenze pfeifen sie.

Nun hatte ich die zweite Grenzkontrolle nach kurzer Zeit vor mir, die Einreise den Irak, was mir lange schon bekannt war trat auch ein.

Als erstes wollte man mich wieder zurück schicken mit der Begründung, mein Visa stimmt nicht, doch nach vielen Beteuerungen meinerseits, dass ich ihre arabische Schriftzeichen nicht lesen kann und dass ich vor Gott so arm bin wie sie als Moslembrüder, lies man mich einreisen. Außerdem habe ich versprochen, das Land innerhalb 24 Stunden wieder zu verlassen, was für mich kein großes Risiko bedeutete.

Nach all diesem Palaver kam die Fahrzeugkontrolle, noch intensiver als auf syrischer Seite, denn man hat Zeit genug zumal sowieso nicht jeden Tag ein Grenzgänger passiert. Lang Ver-

handlungen waren erforderlich bis ich weiter-
konnte, man wollte wissen, was ich mit dem
Fahrrad will, das ich mitführte, man konnte einfach nicht verstehen, was ich mit den vielen
Schrauben, Ersatzteilen und Werkzeugen vorhatte, nur über das Schweinefleisch, das meiner
Ernährung diente, verlor man kein Wort.

Ob ich auch wirklich alleine bin, keine Frau im
Wagen versteckt habe, denn das ist ein begehrter
Artikel, jawohl Artikel, denn die frau gehandelt
wir eine Ware und dient nur als Mittel zum
Zweck?!

Ich möchte hiermit niemanden dem Leser verleiten, seine Frau zu verhandeln, obwohl es vielleicht außer mir noch manch einer gerne tun
würde, doch könnte ein Tausch oder Handel
auch zum eigenen Nachteil ausfallen.

Schließlich war es dann doch soweit, dass ich die
Fahrt fortsetzen konnte, doch zu allem Unglück
war ein Reifen platt und ich auch.

Das war nach fast 6000 km der erste Plattfuß, ein
Ersatzrad war bald montiert und dann ging es
weiter, hinein ins gelobte Land, wo heute weder
Milch noch Honig fließt, sondern recht viel Blut.
Nach ein paar Stunden Fahrt, auf einer durch
weiß gestrichene Ölfässer gezeichneter Wegstre-

cke bewährte sich meine Vorsorge der Reisevorbereitung. Wie so viele andere Fahrzeuge blieb auch ich im Sand stecken, doch ich hatte rund 20 lfd. Meter Brette bei mir, welche ich unter die Räder legte und somit jedes Mal ein paar Meter vorwärts kam.

Immer wieder anhalten, die Bretter hinten wegnehmen und in Spurbreite vor dem Fahrzeug anlegen, das war eine Arbeit von 1 Stunde.

Dann hatte ich ein Stück von 300 m Landstraße hinter mir.

An vielen Stellen überquert die Straße ausgetrocknete Flussbette, worin sich immer wieder viel Sand ansammelt und Fahrzeuge niedriger Bauart sitzen beim durchqueren mit dem Chassis auf, und wühlen sich dann fest. Groß-

Fahrzeuge, Geländewagen und Lastwagen haben es auch nicht viel leichter, denn ihr Gewicht sorgt für ähnliche Schwierigkeiten.

Es gibt Leute, die an solchen Stellen warten und sich freuen, wenn ein Fahrzeug im Sand festsitzt, doch sie helfen nur, wenn man sie dazu auffordert, und das ist das Zeichen, worauf diese warten, denn da muss zuerst bezahlt werden und wer fremd ist, kennt nicht die Sätze die angemessen sind. Folge dessen wird jeder gerupft.

Auch mich hat man beobachtet und gehofft, dass ich nicht mehr weiterkomme, doch die Schadenfreude derer wurde nicht belohnt, denn ein VW-Bus hat viel Bodenfreiheit und mit etwas Geschick des Fahrers kann man einiges mit ihm machen, nur wünschte man sich manchmal etwas mehr PS, speziell bei solchen Kraftproben.

Die Straße wurde wieder besser und rund 100 km vor Bagdad hat man sogar wider Asphalt wodurch eine Beschleunigung möglich ist.

Spät in der Nach am sechsten Reisetag erreichte ich Bagdad, wo ich unmittelbar neben einer Moschee mit meinem Hotel parkte.

Immer, wenn ich in irgendeiner Stadt im Orient anhielt, wurde ich mit meinem Fahrzeug bestaunt und bewundert. Obwohl heute schon viele Europäer mit dem Auto z.T. bunt bemalt und beschriftete, diese Stecke fahren, ist es immer wiedereine kleine Sensation, wenn ein Fremder anhält.

So erging es mir auch an jenem Morgen durch den monotonen Leiergesang eines Mullahs (Hohepriester), der vom Minarett der Moschee in aller Frühe die gläubigen Moslems zum Gebet rief, wach wurde.

Bald war mein Fahrzeug mit vielen Schaulustigen umringt und ich beeilte mich mit meiner
Morgenwäsche, um mich den neugierigen Blicken dieser Leute zu entziehen, indem ich mein
Fahrzeug in Gang brachte und die Reise fortsetzte.

Bagdad ist eine richtige orientalische Stadt mit
vielen Moscheen und Türmen.

Die Bewohner sind fast ausschließlich Moslems,
lediglich die vielen Ausländer der diplomatischen Vertretungen von Botschaften und Konsulaten sind andersdenkend.

Das vielbesagte Märchen aus 1001 Nacht konnte
ich nirgends finden, denn es gibt in Bagdad mehr
Armut als Reichtum obwohl der Irak kein armes
Land ist, jedoch ist sein Reichtum zu wenig verteilt.

Noch bevor der Stadtverkehr einsetzte war ich
auf der Strecke nach Karmansha zur iranischen
Grenze unterwegs.

Die Straße ist in Stadtnähe noch gut, sie führt
durch Sandwüste und Steppen später durch stei-
nige Hügellandschaft.

Nach 200 km ist man an der Grenze nach Iran.
Hier sind die Zollstationen von Iran nur wenige

Meter voneinander getrennt und die Abfertigung war wirklich flott, zumal am Eingangsstempel im Pass zu ersehen war, dass ich noch keine 24 Stunden im Land war.

Ich brauchte auch nicht mal zu warten, denn ich war an diesem Morgen der erste Grenzgänger, jedenfalls in legaler Hinsicht!

Für den Ian hatte ich mir das Visa schon in Deutschland von der Botschaft besorgt und es gab überhaupt keine Schwierigkeiten, zumal ich mit den Leuten in ihrer Muttersprache reden konnte, denn persisch wird auch in Afghanistan gesprochen.

Nachmittags hatte ich Kermanshah erreicht, wo ich recht billig tanken konnte, denn durch einen günstigen Wechselkurs von Dollar zur iranischen Währung (Rial) kostete der Liter Benzin 25 Pfennig.

Die Stadt Kermanschah liegt schon über 1000 m hoch und die Straße führt durch riesig Berge, alles baumlos mit Geröllhalden und auch fester Fels, nach dieser Stadt, die auf einer Hochebene liegt.

Nach Kermanschah kam eine Strecke, die wirklich für Fahrzeug und Fahrer eine Kraftprobe bedeutete, auf Stein und Schotterstraßen sogenanntes Waschbrett führt die Straße brückenlos um jeden Berg und in jedes Tal in unendlichen Windungen und Schleifen über den 2000 m hohen Kangavarpass nach Hamadan, das so viel bedeutet wie: Alle Zähne.

Und Zähne hat es genug, wenn man die Felsspitzen des Zagros Gebirge aus der Ferne betrachtet.

Immer wieder muss ich anhalten und den Ölfilter reinigen, denn der Staubanfall ist so groß, dass nach 2 Stunden Fahrt mehr Staub und Lehm im Filter ist, als Öl.

Dort wo man in der Ferne Staubwolken sieht, verläuft die Straße und wenn dann 5-8 Omnibusse entgegenkommen, sieht man eine Weile Garnichts mehr. Im Iran fahren anstelle von Eisenbahnzügen täglich einige hundert Omnibusse sehr viele deutsche Fabrikate wie Mercedes und Magirus und diese Busse hatten sich meistens in Kolonnen zusammengeschlossen.

Denn recht oft kommt es vor, dass einer hängen bleibt infolge Achsbruchs.

Gefahren wird nämlich nur im Vollgas auf geraden Strecken oder auch kurvenreichen Gebirgsstrecken, einmal kenne die Fahrer ihre Strecke gut du zum anderen weichen die nur nach der

Seite, wenn ein stärkeres Fahrzeug entgegenkommt.

Man blendet in solchen Ländern nicht ab, sondern um, wenn ein Scheinwerfer ausgeht, gehen dafür 2 andere an und mit solcher Lichtstärke, die jedes Hindernis schon weit voraus anzeigt.

Es ist natürlich kein Vergleich zu europäischer Fahrzeugdisziplin, jeder stellt sein Fahrzeug ab, ob mitten in der Straße oder auch etwas seitlich ohne Beleuchtung oder Warnung, meistens legt man 10 m vor oder hinter dem Fahrzeug ein paar Steine auf die Straße, welche das Hindernis anzeigen sollen.

Alle Fahrzeuge werden überladen, denn man fährt ohne Anhänger und somit kommen auf einen 6 Tonner mindestens 12 Tonnen und die großen Mercedes oder die amerikanischen Macs werden bis zu 30 Tonnen beladen. Das gibt natürlich unvorhergesehenen Fahrzeugschaden, der jeden Fahrzeugtyp und Herstellerfirma als schlecht bezeichnet.

Große Fahrzeuge sind bevorzugt, weil diese die größte Rentabilität aufweisen, russische Fahrzeuge ausgeschlossen, denn es wird auch in 100 Jahren immer noch ein Qualitätsunterschied zwischen russischen Waren und anderen Herstellern geben der immer zum Nachteil für die Russen sein wird.

Auf der ganzen Reise habe ich schon an den Fahrzeugen, die man auf den Straßen der einzelnen Länder sieht, die politische Einstellung dieser betr. Länder zu Russland feststellen können.

In Jugoslawien geht es los dort sieht man die ersten russischen Erzeugnisse der Fahrzeugindustrie, in Griechenland nur Fahrzeuge westlicher Herkunft, in der Türkei ebenso.

In Syrien und Irak sehr viel russische Fahrzeuge und im Iran das Grenzland zu Russland ist, will man weder von den Russen noch von ihren Erzeugnissen etwas wissen. In Teheran bauen die Iraner schon selbst ihre Fahrzeuge zusammen und die Omnibusaufbauten sind nach Landesart gemacht, nämlich die Sitze viel enger wie in Europa, sodass 70-100 Personen in einem Bus Platz haben und auf dem Dach des Fahrzeuges fällt jedem Fremden auf iranischen Straßen auf und bald gewöhnt man sich an das Neue.

Denn wer in solchen Ländern europäisch fahren will, kommt nicht weit, der Vordermann macht wegen einem schwachen nicht gleich Platz, da muss man schon eine überlaute Fanfare besitzen, um die Burschen aufzuwecken.

Es ist aber völlig gleich, ob man links oder rechts überholt, lediglich Platz muss vorhanden sein um vorbeizukommen. Vom Hamadan führt die Straße weiter durch große Berge über den Äveh-Gardaneh Pass nach Qazwin, wo man auf eine Teerstraße trifft, was nach langer Fahrt auf schlechten Straßen besonders Freude macht.

Die Strecke von 150 km nach Teheran ist in 2 Stunden zurückgelegt, schon bald sehe ich das Lichtermeer dieser Weltstadt, wo ich übernachten werde.

Es gibt viele einladende Teehäuser entlang der Straße, wo ich nach Strapazen des Tages etwas zu essen bekomme. In den Tee- und Gasthäusern dieser Weltstadt hat man schon Tische und Stühle was es natürlich in den Teehäusern im Land draußen noch nicht gibt, jedoch ist der Tee oder das Essen deshalb nicht besser.

Es ist ein typisch orientalisches Bild, das man beim Eintritt in ein solches Lokal zu sehen bekommt. In der Mitte ein Wasserbecken von 2+3 m aus Marmorfliesen, an den Wänden recht viele Bilder vom Shah und fromme Sprüche aus dem Koran der Bibel der Moslem.

Ein Grammophon das mit größter Lautstärke Geräusche erzeugt, dass sich als Musik anhören soll, in der Luft der Duft ach Kammelfleisch und

Wasserpfeife und um das Wasserbecken herum lagern meistens ein paar berauschte Gesellen, doch sind die nicht betrunken, denn Alkohol ist verboten, aber Opium kann man vom Staat erlaubte Mengen kaufen und öffentlich genießen, das berauscht ebenso wie Alkohol.

In einem solchen Lokal sitze ich bei Reis und Hammelbraten und verlor plötzlich den Appetit, aber nicht wegen dem Essen, das war ich gewohnt, nein wegen der Ermordung von Präsident Kennedy, als diese Meldung über den Rundfunk bekannt gemacht wurde.

Sofort machte ich mich auf, suchte eine Tankstelle lies alle Kanister füllen um wenigstens das Zielland Afghanistan zu erreichen, falls es aufgrund dieser Meldung zu einer Krise kommen sollte. So etwas kann jedem Menschen, der sich in einem fremden Land aufhält, Schwierigkeiten machen, doch nun hatte ich Benzin für 1500 km und sollte das nicht reichen um an mein Ziel zu kommen, so hatte ich ja noch mein Fahrrad bei mir. Das waren meine Gedanken in jenen Stunden, als die ganze Welt nach Amerika blickte, doch zum Glück traten meine Befürchtungen nicht ein und ich konnte am anderen Morgen beruhigt meine Fahrt fortsetzen.

In aller Frühe versuchte ich durch das schon recht dicke Verkehrsgewühl von Teheran hindurch zu kommen, was mir nach mehr als 1 Stunde gelang, bevor ich auf die Straße nach Meschhed kam,

In Teheran gibt es die wildesten, lautesten und undisziplinierten Autofahrer der ganzen Welt, das habe ich nicht nur gemerkt, sondern schon viele andere vor mir und ich war auf das aufmerksam gemacht worden.

Links überholen und gleich vor dem überholten Fahrzeug rechts einbiegen oder umgekehrt. Ampeln haben keinerlei Bedeutung, denn wer glaubt, wenn frei ist ungeschoren durchfahren zu können, wird sich wundern, von wieviel anderen Seiten Fahrzeuge auf ihn zukommen, die auch freie Fahrt haben. Ein Hup- und Sirenenkonzert, das ist der Verkehr in Teheran Tag und Nacht anhaltend. Ruhestörung gibt es nicht, nur wer still schlaffen will, soll sich die Ohren zustopfen, das sind aber die wenigstens, denn auch die Perser haben schon die Eigenschaft am Tage mit offenen Augen zu schlafen, ohne extra müde zu sein.

Diese Art Schlaf gehört in Asien zum täglichen Brot. Die Stadt Teheran ist in den letzten 50 Jahren um das doppelte an Ausmaß grösser geworden, man baute breite Straßen mit Baumreihen in der Mitte, sodass zwei Fahrbahnen entstanden und nur im alten Teil der Stadt, wo

Lehmhütten und modern Hochhäuser nebeneinanderstehen, gibt es noch enge Gassen oder Straßen, auf denen grade zwei Fahrzeuge aneinander vorbeikommen.

Mit Eisenbahn, einem großen Flugplatz und modernen Straßen hat Teheran alles, was eine Hauptstadt für Reisende und Touristen aller Schichten braucht.

Nur wenige Kilometer von Teheran ist die Teerstraße der Nord-Oststrecke beendet, wieder beginnt die sogenannte Waschbrettstraße, auf der man entweder unter 30 km/h oder über 70 km/h fahren muss, um die Schaukelbewegung des Fahrzeuges zu vermeiden. Trotz den vielen Behauptungen verschiedener Herstellerfirmen von Autostoßdämpfern gibt es bis heute noch kein solches Zubehör, das Belastungen wie z.B. tagelange Fahrt auf Waschbrettstraßen aushält. Die Stoßdämpfer werden auf diesen Strecken müde, doch das ist der geringste Schaden der entsteht und auf Komfort verzichtet man sowieso, weil der Sand und Staub der durch alle Ritzen und

Öffnungen eintritt noch vielmehr Schaden anrichtet und jedes Fahrzeug innerhalb kurzer Zeit innen und außen versaut.

Sehr gefährlich ist es auf Straßen, wo Roll oder Flusskies aufgeschüttet ist, denn da fliegen die faustgroßen runden Steine nach beiden vor den Reifen weg und bei entgegenkommenden Fahrzeugen klappert das auf der Vorderseite, wie wenn man an einem Gartenzaun entlang fährt. Die große Gefahr ist Steinschlag auf die Frontscheibe, was nicht selten vorkommt, aber auch hierfür hatte ich mit Ersatz vorgesorgt.

So rollte ich vergnügt dahin, beruhigt, dass das Fahrzeug immer mitmacht, der vertraute Klang des Motors gab ein beruhigendes Gefühl, die Landschaft war öde, leicht hügelig und baumlos.

Im Norden sah man den Demavand, mit seinen 5600 m, als höchsten Berg des Iran aus dem Alborz Gebirge hervorragen und im Süden der Straße begann die große Wüste Kavir, an deren Rand sich die Straße von Teheran nach Meschhed entlang zieht.

Über Simnon-Damghan-Sharud war ich bald mitten in der Steinwüste Miandasht, man kann sich eine größere Öde und Leere kaum vorstellen.

Kein Haus weit und breit, alles nur Sand und Steine. In Teheran hatte ich mir Trinkwasser besorgt, das mir unterwegs ausging und Bier hatte ich auch keines mehr, also wartete ich ab bis irgendein Fluss oder ein Dorf auftauchte.

Mein Durst wurde aber schneller gestillt als vorauszusehen, denn ich sah mitten in der Steppe Löcher, die aussahen, wie Bodentrichter und ich erinnerte mich sofort der asiatischen unterirdischen Bachläufe. Mit Büchse und einer 20 m langen Schnur hatte ich bald Trinkwasser genug heraufgeholt, dass man alle Flaschen neu auffüllen konnte.

Nie hätte ich gedacht, dass man 2-3 Liter Wasser pro Tag trinken kann ohne tags zuvor einen Vollrausch gehabt zu haben. Doch Wasser macht nirgends Grenzschwierigkeiten, man darf es in unbegrenzter Menge überall ein oder ausführen, das war der Haupt-Trink Grund

Schließlich kam ich ohne Plattfuß oder sonstigen Schäden nach Meschhed, wo ich mich in einem Teehaus zuerst nach der Weltsituation nach dem Kennedymord erkundigte.

Meschhed hat einige alte Moscheen, darunter eine ganz besonders heilige, in der ein Schwiegersohn des großen Religionslehrers Mohammed begraben liegt und die von keinem Fuß eines ungläubigen (Nichtmoslem) betreten werden darf.

Die einzige Entheiligung und Entwürdigung dieses Grabmals lässt man durch die vielen Tauben geschehen, welche in den Türmen und Nischen der Moscheen nisten und täglich einige Kilo sauberen Kot über das Heiligtum verstreuen.

Es ist dies nichts Sonderliches, denn wer nach Rom kommt und den Petersdom bewundert, wird dort dasselbe vorfinden, das weiß man sogar in Zentralasien.

Die Strecke von Teheran nach Meschhed sind 950 km alles nur schlechte Straßen, jedoch ganz wenige Störungen, sodass man einen guten Schnitt fahren kann. Ich hatte unterwegs die üblichen Wartungsarbeiten wieder vorgenommen und kam spät abends etwas angeschlagen in Meschhed an. Es begann nun die kritische Zeit in der ich glaubte, immer in Bewegung zu sein, die Anstrengungen machten sich bemerkbar, wenn ich nachts in meinem Wagen schlief, fühlte ich plötzlich, dass mein Fahrzeug davonlief und ich war nicht mehr fähig, richtig zu denken, dass ich die Handbremse zugemacht hatte und auch einen Gang einlegte, worauf ich einige Male von meinem Lager aufsprang, nach vorne stürmte. Ich hatte die Trennwand zwischen Fahr- und Laderaum im VW-Kombi weggemacht und die Bremse zuzog, obwohl alles in Ordnung war.

Auch tagsüber während der Fahrt musste ich mich immer mehr gegen den Schlaf wehren und das immer dann, wenn die Straße eben war und das Gelände öder und eintönig war. Bei schwierigen Strecken im Gebirge hatte ich viel mit der Steuerung und auch mit Schalten zu tun, das etwas körperliche Bewegung verschaffte, oft habe ich angehalten, machte Freiübungen und rannte ein paar Mal um das Fahrzeug herum, bis ich wieder fit war.

Die kommenden Strecken in Afghanistan brachten mich beinahe an den Rand der Verzweiflung, aber nicht wegen dem Schlaf, sondern wegen der Beschaffenheit der Straßen, die eher einem trockenen Flusslauf glichen. In Meschhed verbrachte ich die Nacht und bevor ich am nächsten Tag weiterfahren konnte, musste ich mich bei der Polizei melden, weil ich im Transit schon mehr als 48 Stunden im Land war, das ist im Iran etwas kompliziert.

Die Leute sind zwar stolz auf ihre Gesetze, wenn sie auch unpraktisch sind und wer die persischen Zahlen nicht lesen kann, läuft Gefahr, etwas falsch zu machen, was man von Seiten der Iraner nicht verstehen will und dafür ihren Stolz und Arroganz recht deutlich zu spüren bekommt.

Nach Erledigung der Meldepflicht machte ich mich auf den Weg zur iranisch-afghanischen Grenze, es ist keine Straße, die von Meschhed nach Herat führt, selbst der Name Weg wäre noch schmeichelhaft, sondern lediglich eine Spur und diese Spur führte wiederum durch eine 100 km lang Steppe.

Alles nur Sand und Staub. Das Gelände ist völlig eben, mit Kameldorn bewachsen, der jetzt allerdings völlig verdorrt und stachelig wie Dornen ist.

Es ist völlig egal, ob man 50 m links oder rechts dieser Spur fährt, alles ist harter fester Steppenboden, durchgezogen von ausgetrockneten Wasserläufen ohne Ufer, die nur einmal im Jahr während der Regenzeit Wasser führen.

Nach dieser endlosen Steppe sah ich in der Ferne eine Lehmburg, was sich als Militärstützpunkt herausstellte und kurz danach eine Siedlung wobei sich auch das Zollhaus befand.

Nun war es für mich leicht, die Zollformalitäten zu erledigen, denn hier spricht man schon dasselbe Dialekt von persisch, wie auf der afghanischen Seite. Hätte ich nicht meinen bundesdeutschen Reisepass vorgelegt, wäre niemand auf die Idee gekommen, mich als Ausländer zu behandeln.

Fahrzeug und Papiere waren kontrolliert, ich konnte die Reise fortsetzten und zu meinem größten Erstaunen hatte man durch das nun folgende 10 km breite Niemandsland eine Fahrstraße gezeichnet, die auf beiden Seiten von einem tiefen Graben begrenzt war, damit jeder Benutzer auf der Straße bleiben muss und hiermit automatisch im Zollhof landet.

Wäre das nicht der Fall könnte man einfach über die Steppe und somit unkontrolliert ins Land einfahren, denn der genaue Verlauf der Landesgrenze kennt man in solchen Gegenden nicht.

Nach ungefähr 5 km lag quer über der Straße ein Rundholz in der Stärke wie ein Baumstamm und ungefähr 100 m neben der Straße stand eine Lehmhütte, worin die Wachmannschaft der Grenze ihr Quartier hat.

Ich gab Signal, doch niemand kam, scheinbar war man gerade im Schlaf vertieft. Auch nach längerem Dauerton wurde ich nicht gehört wie ich ja schon sagte, ein schwaches Signalhorn nützt hierzulande nichts.

Erst als ich selbst zu der Hütte hinging und ein paar unschöne persische Ausdrücke von mir gab, kam Leben aus der Bude und mit einem kleinen Bakschisch wurde das Hindernis von der Straße beseitigt, sodass ich ins Land der findigen Söhne Allahs einreisen konnte.

Kurze Zeit danach landete ich im Zollhof der afghanischen Grenzstation Islam-Kala und wurde nach kurzer Begrüßung mit Tschai und Nokerl überschüttet.

Tschai also Tee ist das Nationalgetränk in Afghanistan und Nokerl sind Mandelkerne mit Zuckerguss, die man zum Tee serviert. Von den Zollbeamten dieser Grenzstation kannte ich einen Mann sehr gut, er stammte aus Kabul und war früher im dortigen Hauptzollamt beschäftigt.

So kam es, dass ich viel von Deutschland und von meiner Reise erzählen musste und dadurch ein paar Stunden Zeit verlor. Es ist aber immer wieder eine Freude zu erleben, wie man als Deutscher bestimmt Vorteile bei der Einreise nach Afghanistan genießt, d.h. nur wenn man nicht mit überheblichen Vorurteilen ankommt und sich als Europäer den Asiaten nicht überstellt fühlt.

Gewiss sind die Asiaten, ohne Ausnahme, technisch und wirtschaftlich noch weit zurück, doch wäre das nicht der Fall, hätten weder Europäer oder Amerikaner bis jetzt ihre Geschäfte dort machen können.

Denn jeder der bis jetzt kam, wollte nur etwas verdienen, selbst die Touristen oder Weltenbummler, wie sie sich schimpften, bereisten Afghanistan nur, um nach ihrer Rückkehr irgendwelche Berichte über dieses Land zu veröffentlichen, die nie der Wahrheit entsprachen.

Es ist doch verständlich, dass diejenigen Leute die 3 Wochen bis 3 Monate in einem Land verbringen und haben sie noch so eine gute Auffassungsgabe, nicht so viel darüber wissen können, als solche Leute, die 10 Jahre im Land arbeiten, die Sprache , sowie Sitten und Bräuche kennenlernten und in allen Teilen des Landes eine Zeitlang lebten.

Zu dieser Kategorie kann ich mich zählen, denn beim Straßenbau kommt man in viele Landesteile und 10 Jahre ist eine lange Zeit, speziell wenn man nicht die gewohnte Lebensweise wie in Europa führen kann. Kino oder Theater, Gasthaus und Sonntag, dies sind alles Dinge, die man vergessen muss, wenn man als Helfer in solchen Ländern ist.

Leider gibt es heute nur noch wenige Menschen die das Ich ein paar Jahre vergessen können. Helfer gibt es viele, doch das sind junge Burschen, die selbst noch vieles dazu lernen wollen.

Bei dem vom Staat geförderten Weltbummel mit ganz lukrativer Entlohnung, jedoch eine Hilfe für andere ist es nicht.

Besagter Zollbeamte an dieser Grenzstation machte nur die Einreisepapiere fertig und anschließend fuhr er mit mir bis Herat.

Diese Strecke von rund 120 km ist ein so schlechtes Stück, durch Hügel und kleine Berge, dass man bei bester Fahrkunst 2-4 Stunden für diese Strecke braucht.

Herat ist eine Hauptstadt mit großer Vergangenheit, alte Moscheen und Bauwerke zeugen davon. Diese heutige Provinzhauptstadt Herat mit großem Basar hat sehr viele Grünanlagen und überall hat man Bäume, vorwiegend Zedern, entlang der Straße in und um die Stadt angepflanzt.

Alles Wachstum ist nur mit Bewässerung möglich, denn 10 Monate fällt kein Regen und der

Wind sowie die sommerliche Hitze bis 45 Grad Celsius trocknet den Boden völlig aus.

Schon seit ein paar Jahren bauen die Russen in Afghanistan Straßen, sozusagen russische Wirtschaftshilfe, ebenso bauen auch die Amerikaner in Afghanistan Straßen.

Es ist ein Wettstreit der beiden Großmächte, dass nur derjenige merkt, der mit der Sache zu tun hat. Für die Russen kann es nur von Vorteil sein, wenn Afghanistan als Nachbarland gute Straßen hat, denn die russische Fahrzeugindustrie liefert die billigsten und die meisten Fahrzeuge nach Afghanistan.

Von Herat nach Süden haben die Rußen schon 200 km Betonstraße fertiggestellt und dem Verkehr freigegeben, auf diesem Stück komme ich gut voran.

Jeder Straßenbenutzer muss bei der Auffahrt auf das neue Stück einen Betrag von 3 DM entrichten. Mit diesen Geldern will Afghanistan weitere Straßen ausbauen. Von Farah geht es weiter auf der alten Straße, weiter, viele Verbindungen und z.T. steile Anstiege machen die Fahrt durch ein Gebirgsstück sehr unangenehm. Nach weiteren 150 km verlässt die Route das Gebirge und streift die Wüst Margo auf eine Länge von 250 km.

Dieses Wüstenstück ist vollkommen eben und schrecklich langweilig, man glaubt immer wieder, in der Ferne Häuser und Bäume zu sehen.

Doch trotz raschem Vorwärtskommen sind diese Erscheinungen immer gleichweit entfernt.

Es wird dunkel, doch ich kann die Fahrt fortsetzten, weil ich mich in dieser Gegend auskenne, denn schon manche Stunde habe ich auf diesem Wüstenstück verbracht. Spät in der Nacht erreiche ich die Provinzhauptstadt Kandahar, wo ich die letzte Nacht vor Ankunft an meinem Zielort verbringe. In diesem Kandahar, der Sitz einer amerikanischen Straßenbaufirma, welche die Straße bis Kabul baut und außerdem in dieser Provinzstadt einen großen Flugplatz anlegt.

Leider sind erst 100 km dieser Strecke nach Kabul befahrbar und das folgende letzte Stück ist zum Abschluss meiner Fahrt nochmals eine Kraftprobe. Diese Straße zieht sich durch die Ausläufer des Hindukusch bis auf 2400 m Höhe an und fällt dann langsam wieder ab, vorbei an 4000 hohen Bergen erreichte ich dann am Nachmittag des elften Reisetages mein Ziel Kabul

Rund 50 km vor dem Ziel hatte ich das zweite mal auf der ganzen Strecke einen platten Reifen, was mich zuvor nicht besonders freute, aber es hätte viel schlimmer kommen können, denn Kollegen berichteten von 10mal und mehr Plattfüße auf demselben Stück von Europa nach Afghanistan.

Mein Tachometer zeigte 9745 gefahrene Kilometer in 11 Tagen und das Fahrzeug war mit einer dicken Dreckschicht über überzogen, ich selbst freute mich ohne Schaden die Strecke bewältigt zu haben.

Nach Ankunft in Kabul meldete ich mich auf dem Ministerium für Schulwesen, mit dem ich einen Vertrag als Ausbilder für Automechanik an einer technischen Schule abgeschlossen hatte.

Zur Erledigung der Formalitäten hatte ich einige Tage in der Landeshauptstadt Kabul zu tun, während dieser Zeit wohnte ich bei deutschen Kollegen, welche bei der Firma Hochtief angestellt waren. Diesen Leuten nach musste ich alles von meiner Reise erzählen, denn zwei dieser Leute wollten ebenso wie ich nach ihrem Heimaturlaub von Deutschland mit dem Auto nach Afghanistan fahren, so sagte es einer dem anderen, denn viel Wissen erleichtert manche Situation.

Knapp eine Woche nach Ankunft in Kabul bekam ich vom Kultusministerium die Nachricht über Ort und Zeitpunkt meiner Anstellung.

In einer vom afghanischen Staat besonders geförderten südlicher Grenzprovinz war eine technische Schule, wo man versuchte Eselstreiber zu
Facharbeitern und Spezialisten heranzubilden.

In Begleitung eines zweiten Fahrzeuges und den
erforderlichen Passierscheinen für dieses unru-
hige mit Militär besetzte Grenzgebiet fuhr ich
frühmorgens von Kabul los, um die 300 km entfernte Provinzstadt am selben Tag zu erreichen.
Es klingt ja kaum glaubhaft, dass ich für diese
300 km 14 Stunden benötigte. Doch ist das leicht
zu erklären, denn einmal liegen 2 Pässe, jeder
3000 m hoch, dazwischen und zum anderen fährt
man manche Stücke durch ausgetrocknetes
Flussbett, weil die Straße keine Brücken aufweist.

Steile Felsen beiderseits des Flusses erschweren
den Straßenbau, die Einwohner kommen mit ihren Kamelen und Eseln auch ohne Straße vorwärts, im Gegenteil, sie wollen gar keine Straße,
deshalb streiten sie mit jeder staatlichen Arbeitseinheit, welche zum Ausbau der Straße in dieses
Gebiet entsandt wird.

Jeder, der in dieser Provinz lebt, trägt ein Gewehr oder eine Pistole mit sich, und recht oft
kommt es zu Schießereien. Auch ich wurde mit

dem Fahrzeug einige Male angehalten und kontrolliert. Es ist ein komisches Gefühl, wenn ein paar verwilderte Gestalten auf der Straße stehen mit dem Gewehr auf die ankommenden Fahrzeuge zielen und sie zum Anhalten zwingen. An einer besonders engen Talschlucht führt der Weg durch den Fluss auf die andere Talseite, hierbei muss man 50 cm tiefes Wasser auf eine Länge von 60 m durchfahren, das geht nicht immer gut und manches Fahrzeug bleibt stecken.Bei höherem Wasserstand kann man nur durch Schleppen hinter einem Lastwagen den Fluss durchqueren, danach kommt eine Wartezeit um Fahrzeuge und Motor zu trocknen, bis die Maschine wieder läuft und ihren Dienst tut. Auch das hatte ich geschafft und war froh, endlich an meinem Einsatzort zu sein, wo ich schon erwartet wurde.

Bald hatte ich mich an meiner neuen Stelle eingelebt, die Eindrücke über Land und Leute, sowie über die deutschen Lehrkräfte, welche schon einige Zeit an dieser technischen Schule waren, liesen verschiedene Zweifel bei mir auftreten. Diese Provinz Pathia, die seit der endgültigen Festlegung der indisch-afghanischen Grenze von Seiten Englands an Afghanistan fiel, ist zum Zankapfel zwischen dem nach dieser Grenzfestlegung neu gegründeten Pakistan und Afghanistan geworden.

Die Bewohner dieser Provinz kümmern sich recht wenig um diese politische Grenze und treiben Handel mit ihren gleichsprachigen Landsleuten im neu gegründeten Pakistan. Früher gehörte diese jetzige in Afghanistan liegende Provinz Pathia zu dem indischen Unionsland Beluchistan, das bis an den Golf von Oman nach Süden reichte. Heute glaubt nun die führende und regierende Schicht in Afghanistan an das Zustandekommen eines neuen Landes Pakistan, was man dann zu Afghanistan eingliedern könnte und somit auch einen Zugang zum Meer hätte.

Das ist der Hauptgrund, warum für die Provinz Pathia von afghanischer Regierungsseite Sonderbestimmungen bestehen und allen sehr viel Großzügigkeit entgegengebracht wird, die irgendetwas mit Pathia zu tun haben.

Selbst die Sprache dieses freien Landes Pastunistan, das man von afghanischer Seite schon längst gründen wollte, wurde in Afghanistan als Amtssprache eingeführt. An allen Schulen und staatlichen Dienststellen wird dieses Kauderwelsch, das sich aus Orelu-Hindi und Persisch zusammensetzt, genannt Pastu, mit besonderem Nachdruck gelernt.

Staatliche Angestellte werden auf ihren Dienststellen während der Arbeitszeit von ausdrücklich für diesen Zweck herangebildeten Sprachlehrern in Pastu unterrichtet.

Diese Sprache hat weder Sinn noch Dauerhaftigkeit, denn selbst eingefleischten Afghanen macht es große Schwierigkeiten, auch nur annähernd diese veraltete Sprache zu erlenen. Bei solchen innerpolitischen Angelegenheiten hilft keinerlei Beratung von Uno oder Wirtschaftshilfe irgend eines auf das betr. Land einflussriechen Staates, denn der arrogante Stolz der Asiaten ist sehr schnell verletzt und es braucht lange Zeit, die Freundschaft solcher Länder zu gewinnen, was heute leider verkehrt angefangen wird.

Natürlich kann nicht Afghanistan die Gründung dieses ihrerseits erwünschten Landes Pakistans alleine vornehmen, denn der größte Teil hierzu müsste Pakistan abtreten und das ist auf Grund der schon immer bestehenden Feindschaft zwischen diesen beiden Ländern kaum zu erwarten.

All diese Eindrücke sammelte ich in der Zeit als ich in dieser Provinzhauptstadt von Paktia, an der von der afghanischen Regierung besonders geförderten technischen Schule angestellt war. Natürlich ist es nicht möglich, von einem Esels- oder Kameltreiber, der noch nie mit der Technik zusammen kam, innerhalb kurzer Zeit einen Facharbeiter heranzubilden, jedoch wird die Ausbildung solcher Leute mit allen nur denkbar verlockenden Mittel gefördert, um die Gunst dieser freidenkender wilden Volksstämme zu erwerben.

So z.B. bekommt jeder Schüler freie Kost und Logie, außerdem Kleidung und hat die Aussicht, auch als Durchschnittsschüler auf die Oberstufe der technischen Schule in die Hauptstadt des Landes nach Kabul zu kommen. Meine Zeit in dieser z.T. sehr unruhigen Gegend war nur 10 Monate, weil das afghanische Kultusministerium die Bezahlung meines Gehaltes verweigerte mit der Begründung, dass alle anderen Lehrkräfte, welche an der Schule eingesetzt waren, von Deutschland aus bezahlt werden und ich somit dem afghanischen Staat zu teuer wurde. Ich war nicht der einzige, der die Erfahrung machte, dass allzu viel Geschenke jeglicher Art an solche Länder die Annahme ihrer Wichtigkeit verstärkt, denn auch bei anderen Ministern hat man zu jener Zeit Verträge mit ausländischen Kräften gelöst in der Annahme, dass diese Kräfte von Seiten verschiedener Staaten als Entwicklungshilfe dem Land zur Verfügung gestellt werden.

So kam es dann, dass ich nach Schuljahrab-schluss, der in jener Gegend infolge großer Hitze in den Sommer fällt, meinen Abschied nehmen musste und mich nach einem anderen Job um-sah.

Es ist nicht immer leicht als Ausländer in irgend-einem Land sich zu behaupten sei es gegen den Landesherrn oder gegen die Anwesenden glei-cher Nationalität. Korruption und Intrigen gibt es nicht nur in Deutschland und wer sich allzu schnell geschlagen gibt, der sollte es, sei denn, er reist als Millionär oder zufriedener Gammler durch die Länder.

Nach Schuljahresabschluss fuhr ich mit meinem Wagen nach Kabul, um die Vorbereitungen für meine Heimreise zu tätigen.

Wieder hatte ich eine recht beschwerliche Fahrt vor mir, die am Anfang durch blühende Felder und Wälder führte.

Wilde Olivenbäume, Zwergpalmen, herrlich duftende Oleandersträucher säumten den Weg, der sich als schwieriges Etwas zwischen Feldern über kleine Hügel zu einem Hochgebirge hin-zog.

Dieses Gebirge bekannt unter Ko-e-Safet „zu Deutsch weiße Berge" ist am Südhang bewaldet, steigt auf kurze Distanz sehr schnell bis 3000 m Höhe an und ist eine sogenannte Klimaschranke, denn in den Niederungen südlich dieser Berge gibt es weder Schnee noch Frost und im Norden auf der sich anschließenden Hochebene hat es sehr lange Schnee und Kälte.

Zu der Hochsommerzeit als ich zum zweiten Mal dieses Gebirge mit seinem europäisch alpinenkarakter durchfuhr, hatte ich lediglich mit Lehm und Wasser zu kämpfen, denn durch die großen Temperaturunterschiede von Süd und Nord gibt es am Südhang viele Gewitter mit starken Regenfällen. Die Straße, die nur von wenigen Fahrzeugen befahren wird, ist als Kamelweg gerade noch geeignet, doch für Fahrzeuge eine bestens geeignete Geländeprüfstrecke. Etlichemal blieb ich im Dreck stecken und kam nur mit Schiebehilfe wieder frei.

Die rund 300 km lange Strecke schaffte ich dieses mal nicht in einem Tag, schon weil ich mich erst in den Mittagsstunden auf den Weg machte, deshalb musste ich in einem Ort nahe der Landesgrenze übernachten, zumal in diesem Gebiet nächtliche Sperrzeiten für die Einwohner bestehen.

Von diesen Sperrzeiten habe ich jedoch erst am anderen Tag gehört als ich mich in Kabul bei der

Polizei betreffs eines unangenehmen Vorfalls, der sich auf meiner Reise ereignete. Bei dieser Übernachtung in dem an der Straße liegenden Ort nahe der pakistanischen Grenze schlief ich wie schon oft im Fahrzeug, das ich vor einem Militärkrankenhaus abgestellt hatte.

Nachts wurde ich durch Rütteln und Stoßen an meinem Fahrzeug wach und stellte fest, dass ein paar wilde Gestalten versuchten eine Türe zu öffnen, worauf ich einige Koseworte in Form von Flüchen über sie ergoss, was die Burschen auch abschreckte.

Mir gefiel aber der Standort daraufhin nicht mehr besonders, ich fuhr weiter, denn es war sowieso schon kurz vor dem Morgengrauen und bald wurde ich von einem einzelnen Mann auf offener Strecke mit vorgehaltenem Gewehr angehalten.

Ich verlangsamte das Tempo, tat so, wie wenn man anhält, der Mann trat etwas zur Seite, ich gab Gas und fuhr davon, denn diese Kerle wollen nur ihre Neugier stillen und ob sie zu ihrem Tun eine Vollmacht haben, weiß man nie.

Besagter Mann war jedoch von der vom Volk gestellten Miliz, welche in Grenznähe während dieser Sperrzeit Wache halten, aber nicht in Uniform sind, deshalb machte er von seinem Gewehr Gebrauch und jagte mir eine kleine Kanonenkugel nach, die an meinem VW einen kleinen Blechschaden hinterließ.

Ich wunderte mich lediglich, dass er mich mit seinem vorsintflutlichen Vorderlader überhaupt noch getroffen hat. Vor einem zweiten Schuss brauchte ich mich nicht zu fürchten, der konnte erst ein paar Stunden später kommen, infolge der Nachladearbeit.

Als ich diesen Vorfall in Kabul der Polizei meldete, erfuhr ich von dieser Sperrzeit und hatte noch mit einer Bestrafung zu rechnen, doch die Verwaltung der Provinz Paktia, sowie die der Provinz Kabul ist so verschieden wie zwei Länder, die durch Grenzen isoliert sind, deshalb geht es Jahre, bis so etwas durch gemeldet wird. Außerdem können die Wachposten in solchen Gegenden wohl ganz gut schießen, aber weder lesen noch schreiben, zum anderen ist das keine Seltenheit, dass geschossen wird und deshalb von keiner Wichtigkeit.

Ich hatte jedoch Glück bei der Sache, denn den Blechschaden konnte ich selbst reparieren, anders wäre es bei einem Hirnschaden gewesen.

In Kabul angekommen, begann für mich die Arbeit der Reisevorbereitung, denn ich wollte recht billig nach Deutschland zurück und das ist über Russland mit der Eisenbahn möglich, nur kostet es auch Ärger bis man von den Russen, Visa und sonstige Genehmigungen bekommt. Als nächstes hatte ich mich mit dem afghanischen Kultusministerium betreffs Restgehalt – Urlaub und Reisegeld herum zu schlagen

Nur wer so etwas erlebt hat, kann ermessen, was für eine nervenraubende Arbeit das ist, die Geduld eines Europäers auf die höchste Zerreißprobe stellt. Meinen Wagen hatte ich in der Zwischenzeit verkauft, auch hierfür brauchte ich vom Zoll und Finanzamt eine Bestätigung für die Polizei, damit ich das Land verlassen kann.

So leistete mir mein aus Deutschland mitgebrachte Fahrrad treue Dienste und in insgesamt 17 Tagen Abwicklungsgeschäften konnte ich meine Heimreise wie vorgesehen über Russland antreten.

Bei Bekannten konnte ich Fahrrad sowie weiteres persönliches Gut, unterstellen, denn ich wollte meinen zweiten Haushalt noch nicht völlig auflösen, weil ich die Absicht hatte, bald wieder mit einem neuen Arbeitsvertrag nach Afghanistan zurück zu kommen.

Wieder einmal nahm ich Abschied von Kabul und flog mit der russischen Luftfahrtgesellschaft Aeroflott über den Hindukusch nach Taschkent. In Taschkent nach der Landung auf diesem Mammut Flughafen wurde ich von Vertretern der Reisegesellschaft Intourist bereits schon erwartet und nach Erledigung der Zollformalitäten, die mir nicht mehr neu waren, ins Hotel Taschkent gebracht.

Dieses Hotel kannte ich nun schon einige Jahre und immer waren Bauarbeiten daran im Gange von Änderungen war jedoch nichts zu sehen, aber es ist wie bei allen russischen Erzeugnissen ob Auto oder Hotelbau kaum in Betrieb, schon die erste Reparatur. Nach der Hotelaufnahme unternahm ich einen Spaziergang in die Stadt, ich lief durch gemütliche Alleeestraßen, die sich durch die ganze Stadt ziehen, die Bauweise der Häuser ist fast durchweg gleich, alles einstöckig mit hohen schmalen Fenstern.

Ich besuchte das modern und groß angelegte Hallenschwimmbad, für Sport und Leibesertüchtigung werden in der UdSSR. keine Mittel gescheut. Dieses Schwimmbad ist unmittelbar an einem Park aufgebaut, der den Taschkenter Kinder besonders Freude macht, darin gibt es

Karussell, Schiffschaukel und sonstige Spielgeräte, deren Benutzung für jedermann gratis ist.

Auch für die Erwachsenen gibt es Unterhaltung unter Platanen sah ich viele Leute beim Schachspiel sitzen, diese Spiele werden ebenfalls gratis zur Benutzung angeboten. Auf einem eingezäunten Platz, der einen Löwenzwinger gleichsah, spielte eine Kapelle westliche Tanzrythmen und einige Paare bewegten ihre Glieder in auserrythmischen Verrenkungen zum Takt der Musik.

Viele Neugierige standen um die Mauer herum und sahen dem Treiben dieser jungen Leute zu, worauf auch ich aufmerksam wurde und mit einer Weile diese neuen Tänze ansah. Hierbei stellte ich fest, dass dies öffentliche Tanzkurse sind, doch für diese Verrenkungen musste man ein Eintrittsgeld bezahlen, ob für die Musik oder Platzbenutzung oder ob das eine Schutzgebühr sein solle, habe ich nicht erfahren habe

Der Park hat auch ruhige und stille Wege mit Sitzbänken und viel Gebüsch, dort sah man viele meistens ältere Leute spazieren gehen.

Später ging ich in ein Restaurant und bestellte einen Usbehen klein, der mir so zusagte, dass ich noch lange in diesem Lokal sitzen blieb und das Leben und Treiben der Menschen studierte.

Abends ging ich in das dem Hotel Taschkent gegenüberliegende Theater, ein Bau, der von außen eher einem Hochbunker gegen Fliegerangriffe gleichsieht, als einem Schauspielhaus. Man spielte gerade „Don Quichotte" die Eintrittspreise lagen zwischen 1,50 und 6 Rubel, also rund 6 – 25 DM.

Theater spielen die Russen ja allgemein gern, aber dieses Stück liegt ihnen nicht. So verging der Tag und zum Abschluss noch eine Sportsendung über das neu eingeführte russische Fernsehen in Taschkent. Im Hotel war auf jeder Etage jeweils ein Gerät auf dem Flur aufgestellt und man sah viele Leute dieses Geheimnissevolle Fernsehen bewundern.

Am darauffolgenden Tag hatte ich auf dem Büro der Touristik einige Schwierigkeiten betreffs meiner Reise, die ich auf dem Büro derselben Gesellschaft in Kabul gebucht hatte. Man wollte nämlich, dass ich mit dem Flugzeug von Taschkent nach Moskau reise, doch ich hatte für eine Bahnreise gebucht und dabei blieb ich indem ich sagte, ich habe kein Geld um aufzuzahlen. Nach längeren Verhandlungen hatte man sich geeinigt und am selben Abend konnte ich nach 2 Stunden Wartezeit auf dem Bahnhof Taschkent nach Moskau abdampfen.

Die russischen Bahnhöfe haben keinerlei Sperren, man kann von allen Seiten die Gleisanlagen erreichen, den Fahrschein will niemand sehen, erst, wenn man den Zug besteigt, zeigt man seinen Fahrschein irgendeinem Schaffner, die sehr zahlreich anwesend sind.

Dieser Schaffner weiß danach den Waggon und das Abteil an, welches man benutzen muss, er behält den Fahrschein.

Ein D-Zug mit 10 Waggons hat je nach Strecke 5-10 Schaffner, von denen jeder einen bzw. zwei Waggons zu betreuen hat. Die Abteile sind mit 2 oder 4 Plätzen ausgestattet, außerdem ein Waschbecken.

Will man sich legen, so wird die durchgehende gepolsterte Rückenlehne nach oben geklappt und befestigt, hierdurch entstehen zwei Betten übereinander.

Dies mach auf Wunsch besagter Waggonschaffner, außerdem bezieht er das Lager mit weißer Bettwäsche, ja noch mehr, er bringt auch einen Tee, der im Preis inbegriffen ist, den er sogar gegen ein kleines Trinkgeld mit Zucker und nicht wie üblich mit Sacharin süßt.

Den Tee bereitet der Schaffner in einem Samowar vorm, der im Waggonende aufgebaut ist und jederzeit äußerst heiß den Fahrgästen gereich werden kann.

Wer in einem Liegewagen der CCCP reist, muss damit rechnen, dass Männlein und Weiblein untereinander im selben Abteil sind, doch kann man durch Tausch die Situation ändern, wenn es die Beteiligten wollen. Jedoch nur innerhalb der gleichen Waggons.

Ich war in einem Zweierabteil gekommen, mit mir reiste ein Armenier, der etwas persisch verstand und wir konnten uns ausgezeichnet in dieser Sprache unterhalten. So begann meine Zugreise von 5000 km durch die Sowjet Union.

Einen Fahrplan der russischen Eisenbahnen hatte ich nirgends gesehen, es war mir auch völlig gleich, ob es vorgeschriebene Fahrzeiten, wer von Afghanistan kommt gab, oder nicht, der Zug setzte sich in Bewegung und bald waren die Lichter von Taschkent in der Ferne verschwunden.

Der Zug kam einfach nicht auf Geschwindigkeit, so wie ich es in Europa her kenne und ich dachte schon, dass wir bei diesem Tempo Moskau erst in 10 Tagen erreichen. Aber als der 5 km lange Sayagac Tunnel nördlich im Altai-Gebirge durchfahren war, rollte der Zug mit 70-80 km/h gleichbleibende einige Stunden durch ebenes

Gelände über Turkestan, entlang des Syr-Darja Flusses gemächlich dahin.

Den ersten Halt gab es in Ksyl-Orda, das war noch zur Nachtzeit und als bald danach die Sonne über ein im Osten zu sehendem Gebirge emporstieg, durchfuhren wir die Ebene bei Novokasalinsk. Diese Ebene ist sehr fruchtbar, man sieht Baumwollfelder, jedoch ist prozentual nur ein kleiner Teil der riesigen Fläche bebaut, man sieht keinen Wald aber Büsche soweit das Auge reicht.

Gegen Mittag hatten wir die Stadt Aralsk am Aralsee erreicht, hier gab es einen längeren Aufenthalt. Auf dem Bahnsteig standen ein paar Bretterbuden, ihre Ähnlichkeit mit Schießbuden war verblüffend.

In diesen Buden hielten Marktfrauen Obst und Gemüse feil, außerdem konnte man auch eine warme Suppe bekommen, jedoch müsste man hierzu ein Geschirr und den Löffel mitbringen. Viele Reisende wussten schon Bescheid und stellten sich in Reihe wie die Soldaten zum Suppenempfang hintereinander auf, mit Kochgeschirr, Schüsseln und auch Blechbüchsen bewaffnet.

Ich selbst hätte auch gerne eine Suppe echt russischer Kochart versucht, doch ich hatte weder

Topf noch Löffel bei mir, so blieb ich bei Kaltver-
pflegung.

Auf mein Befragen, ob es ein Speisewagen gibt,
wurde mir gesagt, dass erst ab Kubyschew der
Speisewagen geöffnet sei. Die einzelnen Wagen-
schaffner forderten alle Reisenden auf einzugs-
teigen, denn es ging weiter, durch eine nicht
übersehbare Ebene und Steppe.

Erst bei Eintritt der Dunkelheit konnte man in
der Ferne Lichter sehen, die auf eine größere Ansiedlung deuteten, was sich ein paar Stunden danach als die Stadt Aktjubinsk herausstellte, wo
der Zug spät in der Nacht ankam.

Akjubinsk, das in den letzten Ausläufern des
südlichen Urals liegt, besitzt einen Bahnhof, den
man bei und in Deutschland als Bedarfshalte-
stelle betrachten würde, im Allgemeinen scheint
auch diese Stadt wenig oder unbedeutende Industrie zu besitzen.

Nach kurzem Halt rollte der Zug weiter und
noch vor Tagesanbruch war die Stadt Orenburg
erreicht. Orenburg am Uralfluss hat ohne Zweifel westlichen Einfluss aus früherer Zeit, nicht
nur der Name klingt bekannt, sondern jeder
deutschsprachige, der als Fremder, der zum ersten mal dorthin kommt, wird vertraute und bekannte altsprachige Worte wahrnehmen. Mir

erging es jedenfalls so, als ich während dem Aufenthalt auf dem Bahnhof Orenburg einen Eisenbahner fragte, wo es etwas zu essen gibt.

In allen gängigen Sprachen der Welt fragte ich den Betreffenden, und stellte hierbei fest, der sprich ja halbwegs deutsch, denn er antwortete mir „Tschap, Tschap", da, da in der Kuchini.

Natürlich kann man bei Zeichenverständigungen den Rest immer dazu denken. Aber ich möchte hier klarstellen, dass überall in Russland deutsch gesprochen wird, erheblich mehr, als in Deutschland russisch. Deshalb ist für Reisende durch CCCP beim Gebrauch dieser Sprache Vorsicht geboten, weil leicht Missverständnisse auftreten, welche auf Nationalstolz und vom russischen Staat wohlgezielte falsche Aufklärung seiner Bevölkerung zurückzuführen sind.

Rund zwei Stunden Aufenthalt in diesem Orenburg waren vergangen, der neue Tag war angebrochen, die Sonne kam über den Horizont, als der Zug durch hügeliges Gelände weiter nach Westen rollte.

Die Betrachtung der Gegend rief alte Bekannte Bilder und Erinnerungen in mir wach, denn der Landschaftscharakter mit Birken- und Föhrenwäldern, sowie Weizen- und Rübenfelder, Wiesen und Bächen stimmte fast mit dem westrussischen Landschaftsbild überein, dessen Bild bestimmt noch viele Deutsche in Erinnerung haben.

Man hat immer wieder eine kindliche Freude in einem Eisenbahnzug zu sitzen, die Landschaft vorbeifahren zu sehen, wobei man sich geruhsam auf sein Reiseziel und die dortige Ankunft freut. Die Zeit wurde langweilig, doch auch das ging vorbei und in den Nachmittagsstunden rollte unser Zug über große Gleisanlagen mit viel Halt und langen Heultönen in der Industrie Großstadt Kuibyschew ein.

Kubyschew das am großen Wolga Bogen liegt, ist eine Industriestadt mit großem Güterumschlag von Zug auf Schiff und umgekehrt.

Auch der Personenverkehr ist bedeutend größer, als auf der Südstrecke Taschkent, denn es treffen verschiedene Eisenbahnlinien in diesem Kubyschew zusammen und der Zugverkehr über die riesige Wolga Brücke ist sehr rege.

Tatsächlich gab es nun einen Speisewagen im Zug, nun konnte ich die russische Küche und ihre Kochkunst bewundern. Nach einem längeren Rangiermanöver ging die Fahrt weiter, vorbei an Fabrikanlagen, Wohnsiedlungen im typisch russischen Kasernenbaustil und dann rollte der Zug übe die schon besagte Wolga Brücke.

Diese Brücke ha einen An- und Ablaufteil bis zum rund 12 m über Wasser hohem Mittelteil, das ungefähr 60 m lang ist und die Schifffahrtslinie überspannt. Nach Verlassen der Stadt sah man riesige Elektro Überlandleitungen, die von dem großen Kraftwerk der sogenannten Wolga Seen nördlich von Kubyschew herkamen, das einige Millionen Strom erzeugt.

Nach der Wolga Ebene begann wieder Hügelland, das z.T. bebaut und bepflanzt war, doch ebenso viel lag auch brach, oder war im Umbruch.

Man konnte überall Traktoren sehen, die zur Feldarbeit eingesetzt waren und den vielen Leuten nach zu schließen, ebenso nach der Größe der Felder die kaum kleiner als 1-2 HA am Stück waren, handelte es sich hierbei um Kolchosen.


Bald wechselte das Landschaftsbild und es war überall nur Wald zu sehen, der sich über die immer höhe werdenden Hügel hinzog. Der Zug hielt etliche Male in kleineren Städten an, rollte aber im Allgemeinen die ganze Nacht recht zügig durch und in den frühen Morgenstunden waren wir in Rjasan. Auf diesem Bahnhof sah ich zum ersten Mal auf dieser Reise ein Elektronetz, das auf elektrischen Trieb schließen lies und tatsächlich wurde die Dampflock abgehängt, wonach der Zug mit einer E-Lok in raschem Tempo Moskau entgegen brauste. Am Nachmittag des dritten Reisetages rollten wir durch verschiedene Vororte von Moskau zum Zentralbahnhof und nach rund 70 Stunden Eisenbahnfahrt war die Strecke Taschkent-Moskau, es sind knapp 3000 km zurückgelegt.

Es hört sich bei uns in Deutschland komisch an, dass man sich vom Zugschaffner bei der Eisenbahn nach einer Reise verabschiedet, sich für die Bedienung bedankt und besagtem Schaffner mit einem Trinkgeld entlohnt, doch auf solchen langen Strecken hat man genug Zeit, um den Schaffner und seine ganze Lebensgeschichte kennen zu lernen, während man auf einer Zugreise durch Deutschland oder halb Europa gerade noch die Tageszeitung lesen kann. Wenn auch der Stolz sozialer Gleichberechtigung verbietet, ein Trinkgeld anzunehmen, so habe ich recht oft bei Reisen durch das sozialistische Lager festgestellt, dass man lieber auf Stolz verzichtet und das Trinkgeld einsteckt.

Es war das erste Mal, dass ich Gepäckträger in Russland zu sehen bekam, als ich den Zug verlies, kam gleich ein junger Mann mit einer Zweiradkarre, lud mein Gepäck auf und brachte es mir zu einem Taxi.

Ich war sehr erstaunt, denn auf russischen Flugplätzen musste bis jetzt jeder Reisende sein Gepäck selbst schleppen, hier war scheinbar ein schwacher Punkt in der Soziologie.

Der Taxifahrer brachte mich zu dem mir vom Intourist-Büro empfohlenen Hotel Metropol am Swerdlowska Platz, wo ich auf Vorlag meiner Bestellkarte und Reisepass ein Zimmer bekam. Zwei Tage Aufenthalt in Moskau mit Zimmer und Verpflegung sind nicht gerade billig, denn die Russen brauchen Devisen und hierzu nützt man auch den Tourismus. Es lohnt sich jedoch für Moskaureisende als Ausländer ein gutes Hotel zu nehmen, zumal in solchen Hotels Dolmetscher für alle gängigen Weltsprachen zu finden sind.

Außerdem ist das Reisebüro, sowie Wechselstube mit am Platze. In den meisten Fällen werden für Ausländer, welche Russland bereisen, die Hotels vorgeschrieben, denn der Staat und die Polizei interessiert sich in der UdSSR für jeden Fremden, der in das Land kommt.

Wenn bei den Russen alles so gut funktionieren würde, wie diese Geheim- und Informationsdienst, dann hätten sie wirklich schon längst die westlichen Länder und Amerika im Lebensstandard überholt, so wie es Chruschtschow vor Jahren auf dem Kreml in die Welt hinausposaunte.

Das Hotel Metropol ist ein altes Gebäude mit 1 Meter dicken Wänden, Marmorfliesen und Steintreppen, überall liegen dicke Läufer, alles ist totenstill. Die Zimmer haben Doppeltüren und sorgen für absolute Ruhe. Der Speisesaal 20 m im Quadrat ringsherum völlig ohne Fenster, lediglich eine Glaskuppel mit Siegelglas bedeckt, das den Raum noch grösser scheinen lässt, in der Mitte ein Wasserbecken mit Springbrunnen und überall große Kübel mit vielen Zierpflanzen,

Ich kam mir wie ein König vor als ich an einen der kleinen Tischchen in diesem Saal Platz nahm, doch nach 1 Stunde Wartezeit hatte ich einen solchen Kohldampf und das königliche Essen war viel zu wenig meinen Hunger zu stillen.

Eine ganze Stunde habe ich in diesem riesigen Speisesaal im Hotel Metropol gesessen und auf das Essen gewartet. Es kommen viele Leute mit guter Garderobe, man konnte sehen, dass es keine gewöhnlichen Sowjetbürger waren. Ich staunte immer mehr über die angehenden russischen Kapitalisten, die es laut Prawda gar nicht geben soll, denn diese Leute tranken Sekt und aßen Kaviar oder andere Leckerbissen.

Die Preise für solche Sachen sind recht hoch und ein gewöhnlicher Sozialist mit 200-250 Rubel pro Monat kann sich das nicht leisten.

Ich bezahlte für ein gewöhnliches Essen Wiener Schnitzel mit Gemüse, eine Flasche Bier und 100gr. Wodka 6,50 Rubel, das sind nach staatlichem Wechselkurs von 0,90 Rubel zu 1 Dollar 26,50 DM, hinzu kommt noch das Trinkgeld für den Ober und wenn russische Zeitungen noch so oft schreiben, in Russland nehmen die Kellner kein Trinkgeld, dann kann ich dem nur entgegen halten, sie nehmen kein kleiner Trinkgeld.

Der offizielle Wechselkurs ist ein großer Betrug, für 4,40 DM Westmark bekommt man 1 Rubel (Ostmark nimmt kein Mensch in Russland). Der Russe selbst betrachtet jedoch 1 Rubel so wie wir 1 DM denn die Kaufkraft des Rubels ist wie 50 Pfennig bei uns.Nach dem Abendessen machte ich noch einen kleinen Stadtbummel, hierbei konnte ich in den Grünanlagen des Swordlowska Platzes eine russische Kapelle bewundern.

Nun hatte ich zwei Tage Zeit die Sehenswürdigkeiten von Moskau zu bestaunen, beim Kreml fing ich an, um auch als Tourist die Staatswürde nicht zu bleidigen. Dieser Kreml, der Regierungssitz eines Riesenreiches, liegt auf einem Hügel und ist von einer Mauer umgeben, die stellenweise durch den Geländeunterschied bis zu 10 Meter hoch ist.

Diese Mauer umschließt in einem ungleichen Fünfeck ein ungefähr 6 HA großes Gelände, worauf die Regierungsgebäude alter und neuer Bauart außerdem 3 Basilikas, Zeughaus und der Glockenturm stehen. Auch Grünanlagen sowie Straßen und ein großer Freiplatz ist innerhalb der Mauer, die 3 Haupteingänge, die sich jeweils unter einem großen Eckturm befinden, sind täglich geöffnet und man sieht sehr viele Besucher in den Kreml hineinströmen.

Es gibt keinerlei Kontrollen, man kann fotografieren, welcher Russe wünscht sich nicht auf einem Kremlfoto, ganze Kolonnen Schaulustiger, Tataren, Mongolen, Usbeken, Kirgisen und wie sie alle heißen, werden täglich von Fremdenführer durch den Kreml geführt und bestaunen all die Sonderheiten.

Für diese Leute, die aus dem 3000-5000 km Entfernung kommen, ist Moskau genau so fremd, wie für einen Westeuropäer oder Amerikaner, auch sprechen sie eine andere Sprache, obwohl heute eine einheitliche Amts- und Schulsprache in Russland besteht, werden diese z.T. ihre Muttersprache nicht so schnell verlieren. Außer solchen Gruppen Schaulustiger gab es auch viele Einzelgänger, Chinesen, Ostdeutsche, die an ihrer Militäruniform zu erkennen waren, Inder und Neger meist Studenten und auch Moskauer Bürger, meist ältere Leute, scheinbar Rentner oder Kranke, die einen Spaziergang durch den Kreml unternahmen.

In den alten Basilikas mit ihren vergoldeten Zwiebeltürmen sieht man viele Heiligenbilder, Wandbemalungen, selbst der Boden ist mit Einlegearbeiten versehen, zwischen diesen Kulturschätze, welche von Seiten der Regierung nur wegen ihrer Touristenatraktion geduldet werden, sind die Gräber von Zaren, Fürsten und geistlichen Größen aufgemauert. Ob sie wirklich in ihrer ewigen Ruhe nicht gestört wurden kann keiner der Besucher feststellen. Das Zeughaus, worin alte Waffen, Kriegsmaterial, Zeichnungen und Skizzen vom heroischen heldenhaften Kampf des russischen Volkes, der schon seit 1000 Jahren dauert zu sehen ist, schließt sich an.

Als besonderes Schaustück und sehr eindrucksvoll für die Jugend ist die riesenhafte Kanone mit

40 Tonnen Gewicht, welche von 50 Pferden gezogen werden musste, und eine ihrer Kugeln alleine 1 Tonne wog.

Weniger eindrucksvoll hingegen muss für die Leute sein, die den Glockenturm bewundern, worauf Glocken verschiedener Größen zu sehen sind, die kleinste Glocke hängt ganz oben, dann darunter eine Größere und so geht es weiter bis zur größten Glocke, welche jedoch nicht hängt, sondern am Boden steht.

Wahrscheinlich werden die Schaulustigen über den wirklichen Grund, warum die Glocke am Boden steht, nie aufgeklärt, denn das würde nicht gut zu der heutigen Lehre passen, wonach alle Erfinder und große Baumeister früherer Zeit Russen gewesen sind.

Die Riesenglocke, die ein Gewicht von 120 Tonnen hat stürzte bei ihrer Aufhängung vom Gerüst herunter und zersprang, das beweist einmal, dass jene Baumeister schlechte Statiker waren und zum anderen, dass auch der Glockenguss kein himmlisch gesegnetes Meisterwerk war. Ich nehme jedenfalls an, dass auch in früherer Zeit die Mentalität der Russen nicht anders war, als heute, nämlich alles, was man sieht, nachmachen, nachbauen, kopieren.

Das ist das einfachste, so arbeitet heutzutage das sozialistische Lager. Auf den Türmen des Kremls, es sind derer recht viele, leuchtet der Sowjetstern. Auf dem Regierungsgebäude kann man Hammer und Sichel sehen und jeder Fremde ist überwältigt von den Bildern, welche Macht und Größe ausstrahlen sollen, doch der Schein trügt, denn wer Moskau oder Teile von Russland genau betrachtet, sieht wohl die Macht der Partei, aber nichts vom Wohlstand und Zufriedenheit der Bevölkerung.

Den Kreml mit all seinen Sehenswürdigkeiten hatte ich nun betrachtet, zum Abschluss ging ich noch einmal ins Mausoleum, das außerhalb der Kremlmauer am roten Platz aufgebaut ist. Meistens muss man eine Zeitlang waren um eingelassen zu werden. Die Besichtigungszeiten der russischen Größen sind begrenzt, fotografieren ist verboten, sprechen untersagt, die Toten könnten es hören, ja selbst die Gedanken darf man nicht zu weit schweifen lassen.

Väterchen Stalin und Lenin könnten beleidigt sein! Vor ein paar Jahren war ich schon einmal im Mausoleum und deshalb staunte ich sehr, dass der alte Lenin nun alleine war, fragten durfte ich ja nicht wieso und warum, schließlich hat man es genug durch die Weltpresse erfahren. Stalin hatte man umgebettet, unmittelbar hinter dem Mausoleum an der Kreml-Mauer steht schlicht und einfach auf einem Grabstein Josef

Stalin, es ist also möglich, dass man selbst nach dem Tod nochmals zum Tod verurteilt werden kann. Lenin hingegen hat an Popularität gewonnen, er wird nicht nur als Gründer des Sozialismus geehrt, sondern er gilt als jüngster Prophet, Kommunismus wurde zur Religion mit einer Anhängerzahl von fast einem Drittel der gesamten Menschheit, Israel freue Dich.

Ein richtiges Schauspiel ist die Wachablösung vor dem Mausoleum, das alle 2 Stunden zu sehen ist. Die große Uhr am Casiapaia-Turm des Kreml zeigte 3 Minuten vor 10.00 Uhr, als die Wachablösung im Stechschritt durch das Tor herauskam und die rund 150 m zum Mausoleum hinter sich brachte, um dann beim dritten Glockenschlag der Stundenanzeige auf dem vorgeschriebenen Platz zu stehen.

Diese Ablösungszermonie habe ich einige Male beobachtet und jedes Mal war es exakt auf die Stunde.

Ich ging weiter auf meinem Stadtbummel, besichtigte das alte Rathaus, ein knallroter Bachsteinbau worin heut eine Bibliothek untergebracht ist. Danach überquerte ich den roten

Platz, besuchte die Basilikus Kathedrale, die unmittelbar am roten Platz steht und als kirchliches Museum für den Publikumsverkehr freigegeben ist.

Ein Besuch im Kaufhaus Gum zeigte mir, was Russlands Textil, Schuhwerk, Spielwaren und Lebensmittelbranche alles zu bieten hat. In den Schaufenstern konnte man vieles sehen, doch zu kaufen gab es das wenigste davon, alles nur Ausstellungsstücke.

Dieses Kaufhaus Gum sieht nicht wie ein Warenhaus aus, es gleicht einem Bahnhof mit 10 Bahnsteigen, seine Bauart sind zweistöckige Reihenhäuser mit Galerien im Oberstock und Verbindungsbrücken von Haus zu Haus. Diese Ladenstraßen sind mit Glas überdacht, deshalb bei jedem Wetter angenehm und sehr gut besucht, doch die meisten der Besucher sind Bummler und keine Käufer.

Ich musste weiter, denn ich brauchte noch ein Visa für die DDR, also machte ich mich auf zur Botschaft der DDR, welche ein unscheinbares Gebäude ist und gar nicht zu den großen Tönen von Ulbricht passt. Die Abfertigung geht flott, man gibt Passbild und 5 Dollar oder 5 Rubel hin und nach 10 Minuten ist alles in Butter. So schnell wurde ich wirklich noch nirgends bedient. Das Visa zur Durchreise von Polen hatte ich mir schon in Kabul auf der dortigen polnischen Botschaft besorgt. Nun konnte ich die Stadtbesichtigung fortsetzten.

Als nächstes fuhr ich mit der Metro zum Sportzentrum, diese Untergrundbahn ist wie alle anderen. Lediglich gibt es automatische Einlassschranken, wo jeder Reisende 5 Kopeken einwerfen muss, damit man hindurch kam, Fahrscheine und Kontrollen gibt es nicht, es kann jeder fahren solange er will. Nur gibt es hinter diesen Automatikschranken keinerlei Verkauf von Waren, auch keine Automaten, sei es Rauchwaren oder Süßigkeiten, sodass niemand länger in diesen unfreundlichen Höhlen bleibt, als er unbedingt muss.

In der Nähe vom großen Leninstadion ist die Universität, ein Riesengelände, quadratisch angelegt mit einem Mittelturm von annähernd 100 m Höhe. Ab den Uhren der 60 m hohen Ecktürme kann man die verschiedenen Tageszeiten der Sowjetunion ablesen, die im großen Sowjetrussland um 7 Stunden differieren.

Es gibt noch verschiedene ähnliche Großbauten, die der Universität im Baustil gleichen, so z.B.

das Hotel Ukraine und verschiedene Ministerien. Auf meiner Fahrt mit Straßenbahn, Autobus und Taxi durch verschiedene Stadtteile von Moskau sah ich aber auch zwischen modernen neune Hochbauten viele alte ein- und zweistöckige Holzhäuser im typischen altrussischen Baustil, ein tolles Bild den fast alle diese Häuser waren schief d.h. sie zeigen eine Neigung nach einer Seite, wodurch Fenster und Türen zu einem verschobenen Rechteck wurden, die Fassade jedoch waagrecht bleibt. Auch viele alte Kirchen konnte ich sehen, wovon viele mit einem Gerüst umgeben waren, doch von Bauarbeitern keine Spur, das Gerüst war nur zum Schein, denn die meisten der Moskauer Kirchen dienen schon lange nicht mehr dem Gottesdienst, sondern einem angeblich sozialen Zweck.

Der Tag verstrich, ich musste ins Hotel zurück, wo man mich schon vermisste, denn ich war schon früh um 6.00 Uhr aus dem Haus gegangen und nun spürte ich die Strapazen der vergangenen Tage auch beim Nichtstun kann man müde werden. Doch ich hatte mir vorgenommen, auch am kommenden Tag eine weitere Entdeckungsreise durch Moskau zu unternehmen.

Am selben Abend habe ich in dem im Hotel untergebrachten Reisebüro Intourist vorsichtshalbe für den nächsten Tag eine Fahrkarte Moskau-

Berlin bestell, um wenigstens ein Liegeabteil zu bekommen, denn der Zug von Moskau nach Westen sind meistens überfüllt.

Der folgende Tag gab mir nochmals Gelegenheit zu einer ausgedehnten Stadtrundfahrt, wobei ich auch ein Teilstück mit dem Schiff auf der Moskwa zurücklegte. Die Moskwa ist ein Fluss in der Größe des Neckar, sie dient als Transportweg wie viele andere Flüsse in Russland, die durch Kanäle verbunden sind und zusammen ein sehr großes Wasserstraßennetz darstellen, das vom Nordmeer und der Ostsee bis zum Kaspischen Meer und an den Hindukusch reicht.

Ich besuchte die Ausstellung der Volkswirtschaft und der Industrie, wo man alle Erzeugnisse der sozialistischen Sowjetrepubliken sehen kann. Diese Ausstellung zeigt alles von der neugezüchteten Kartoffel, Tomate oder Melone über Mais und Baumwolle, bis zum Weizen, dessen Körner so groß sind, wie eine Bohne und selbst auf dem Mond ganz gut gedeihen soll. Die Industrie zeigt ebenso ihre Erzeugnisse, vom Schuhnagel bis zum Sputnik und bei all den Herrlichkeiten konnten auch die Photoindustrie, sowie die russischen Kunstmaler zu ihrer Geltung, wovon die vielen Lenin Bilder in allen Farben und Kunstrichtungen Zeugnis gaben.

Dieser Leninbilder kann man überall antreffen, auf dem roten Platz, an allen Hauswänden, auf allen Ämtern und auch an den Baracken, welche überall in der Stadt zu sehen sind, wovor meistens viele Leute in Schlangen nach Lebensmittel bestimmter Art anstehen.

Um diese Eindrücke zu gewinnen, darf man natürlich nicht nur mit dem Auto über die große Paradestrasse durch Moskau fahren, sondern einige Kilometer zu Fuß die Stadt durchmarschieren, dann wird man auch feststellen, dass man bei der Bevölkerung nur ernste Gesichter sieht.

Lachende und lustige Menschen habe ich nie gesehen, höchstens ein paar betrunkene bei denen man ja nie weiß, warum sie lachen. Das waren meine gesammelten Eindrücke nach dem zweitätigen Moskau-Aufenthalt, ehe ich die Reise per Eisenbahn nach Berlin fortsetzte.

Am Abend um 19.00 Uhr Moskauer Zeit war die Abfahrt des Interzonenzuges, der mit Kurswagen nach Paris-London-Hoek von Holland und Genf bestückt ist. Der Zug war sehr gut besetzt, viele Studenten aus westeuropäischen Ländern und aus Afrika waren unter den Reisenden, ebenso geheimnisvolle Ostzonenfunktionäre, das ich allerding erst nach einigen Stunden Bahnfahrt feststellte.

Ich war mit einem Holländer und zwei Russen in einem Vierer Liegeabteil, der Holländer en Student, der in Moskau an der Universität Sprache studierte, fuhr auf Heimaturlaub. Wir waren bald miteinander vertraut und unterhielten uns über verschiedene Probleme, sowie Weltgeschehnisse.

Bei dieser Unterhaltung kamen wir beide auch auf Berlin zu sprechen, das war ja das Ziel unserer Reise und als wir von der Berliner Mauer sprachen, mischte sich einer der beiden mitreisenden Herren, von denen ich annahm, es seien Russen, weil sie sich die ganze Zeit der russischen Sprache bedienten, in gutem Deutsch in unser Gespräch ein und erklärte uns den Sinn und Zweck dieser Mauer.

Nun war mir klar, dass diese beiden Herren, nachdem der andere ebenfalls deutsch sprach, keine Russen, sondern Ostdeutsche sind, denn der sächsische Akzent hörte ich deutlich heraus. Ich sprach nun die beiden Herren darauf an und wollte von ihnen eine objektive Betrachtung wirtschaftlich und politischer Natur über das Deutschlandproblem erfahren.Der Holländer und ich waren nun sehr gespannt, was ein DDR-Bürger dazu meint. Keinesfalls waren die beiden Herren verlegen, im Gegenteil sie bekundeten beide ihre Ansicht, die jedoch nicht objektiv, sondern fanatisch national war und sich schulmäßig einstudiert anhörte, denn es stellte sich heraus, dass sie gerade von einer Parteifunktionäre Schulung aus Moskau kamen, wozu natürlich nur die 100% Linientreuen Genossen ausgesucht werden.

Unsere Unterhaltung war bald zu Ende mit den Funktionären, denn diese Leute sind politisch sehr beschlagen und ideologisch erzogen. Lediglich Ereignisse außerhalb des sozialistischen Lagers konnte man mit ihnen besprechen.

Der Zug rollte auf der elektrisch betriebenen Strecke recht schnell dahin, bald lag Wjasma Smolensk-Orscha und Minsk hinter uns, der Speisewagen war die ganze Nacht geöffnet und die Reisenden machten regen Gebrauch davon. Als der Tag anbracht, betrachtete ich intensiv die Landschaft und manches bekannte Bild machte sich in meiner Erinnerung Platz, die Wälder und Wiesen waren dieselben geblieben, lediglich der Einfluss der Technik in Form von Traktoren und Maschinen die zu sehen waren, brachte eine Änderung.

Der Anblick eines russischen Dorfes mit den kleinen, einstöckigen Häuschen, die mit gewölbten Ziegeln bedeckt sind, ist heute meistens

durch einige große Gemeinschatsgebäude berei-
chert worden, doch Straßen und Wege, die vom
Zug aus zu sehen sind, haben selten eine Teerdecke, das blieb es beim Knüppeldamm.

Um 8.00 Uhr vormittags war die Grenzstation
Brest-Litowsk erreicht, wo die Breitspur der russischen Eisenbahn endet und die internationale
Eisenbahnspur beginnt. Ein Aufenthalt von rund
2 Stunden bietet außer dem Kauf von Zigaretten
und einigen Andenken nichts war erwähnens-
wert wert wäre.

Es ist ein unfreundlich schmutziger Bahnhof,
den man schnell vergisst.

Die Kurswagen, die von Moskau nach dem westlichen Ausland laufen, werden an der polnischen
Grenzstation Brest mit einem Untergestell der internationalen Eisenbahnspur versehen, ebenso
werden die Anhängerkupplungen gewechselt,
denn der Russe hat Automatik oder selbstschlie-
ßende Kupplungen, die im internationalen Ei-
senbahnverkehr nicht zugelassen sind, obwohl
die Sicherheit genau so groß ist, wie bei der Ket-
tenkupplung.

Es ist in Russland beim Waggon kuppeln noch
kein Eisenbahner zwischen die Puffer gekommen, hingegen im modernen Westeuropa
kommt das sehr oft vor, sicher es hat alles ein für

und wieder, aber so ganz dumm sind die Russen auch nicht, sie möchten manches besser machen, doch nicht immer klappt es. Lokomotive, Speisewagen und die gewöhnlichen D-Zugwagen bleiben in Brest zurück und wurden vom Gegenzug der von Berlin nach Moskau fährt übernommen, In zwei Stunden war das Umbau- und Umsetzmannöver fertig, die Reisenden, stiegen nach der russischen Zollabfertigung auf der anderen Seite vom Bahnhofsgebäude in den neu zusammengestellten Zug ein und die Fahrt ging weiter.

Nach einigen Kilometern ist man in Polen, der Zug hält an der Grenze kurz an, polnische Zollbeamte steigen ein, man erkennt sie sofort an ihren viereckigen Mützen, kontrollieren auf der Weiterfahrt die Reisepapiere der Reisenden.

Doch kann man ab jetzt nur gegen polnisches Geld dort etwas bekommen.

Ganz flott fährt der Zug davon, die Strecke ist immer noch elektrisch und nach 2 Stunden Fahrt überqueren wir die Weichsel, somit war Warschau erreicht. Der Bahnhof und die Anlagen, sowie Straßen, Siedlungen und große Teile der Stadt, welche man auf der Vorbeifahrt sehen kann, ist alles neu aufgebaut. Die Polen haben ihre Hauptstadt wieder schön gemacht, nur ist alles so unfreundlich, ob Gebäude oder die Menschen.

Auf der Weiterfahrt über Kutno-Konin nach Posen, sieht der Bahnreisende dieselben Bilder wie vor 30 Jahren, kleine Bahnwärterhäuschen mit Wohnung daneben, kleine Bretterbuden das die Ökonomie darstellt, denn Ziegen und Schweine sieht man immer in der Nähe.

Polen hat noch immer die Klein-Landwirtschaft, das sah man an den vielen kreuz und querliegenden kleinen Feldern, sowie an den Menschen, die diese Felder nach wie vor mit Kühen oder Pferden bearbeiten. Die beiden Ostdeutschen die mit dem Holländer und mir im Abteil waren, wurden immer zurückhaltender je näher wir der DDR-Grenze kamen, recht oft wurden sie auch von anderen Herren besucht, welche in anderen Abteilen ihren Platz hatten und immer wieder sprachen sie miteinander russisch, damit wir nichts verstehen sollten, doch was ich ihnen zu sagen hatte, sagte ich in Deutsch und das wollten sie nicht gerne hören.

Es war schon dunkel geworden, als wir die polnisch-ostdeutsche Grenze erreichten. Die polnische Zollabfertigung war schnell und einfach, doch nun kamen die Genossen der DDR in den

Zug und durchsuchten jeden Wagen mit einer Genauigkeit, die an Kriegszeiten erinnerte.

Die Grenzkontrolle wurde auf einem kleinen unscheinbaren Bahnhof folgendermaßen durchgeführt: Über Lautsprecher wurden die Reisenden gebeten, den Zug nicht zu verlassen und in ihren Abteilen zu warten bis die Kontrollen abgeschlossen ist.

Drei bis vier Genossen kamen in den Wagen, ihre Uniformen erinnern an die Militäruniform des dritten Reiches, kontrollierten Pass und Visa der Anwesenden, danach wurde man gebeten auf den Gang zu treten, denn nun suchten die Genossen unter den Sitzbänken und auch im Gepäcknetz nach blinden Passagieren,.

Die ganze Abwicklung dauerte 1 Stunde, unsere beiden Begleiter sagten kein Wort, denn als ich mich äußerte, das wären Schikanen und keine normale Grenzkontrolle hatten sie keinerlei Gegenargumente.

Die Genossen vom Zoll selbst antworteten mir nur, wir halten uns an unsere Vorschriften, mit anderen Worten, es ist für diese Herren vollkommen gleichgültig, ob sie einen Viehtransport oder einen D-Zug zu kontrollieren haben. Endlich rollte der Zug weiter, aber schon kurz danach war wieder ein Halt und nun stellte ich fest, dass wir keine Elektrolok mehr vorgespannt hatten, sondern eine Dampflok.

Als nächstes war der Halt um einen Gegenzug passieren zu lassen, denn die Stecke ist ab der polnischen Grenze nur noch eingleisig, und das tollste, der Speisewagen war nun geschlossen.

Als ich nach dem Grund fragte, sagten mir die mitreisenden ostdeutschen Herren, das sei immer so, denn die kapitalistischen Ausländer brauchen nicht in den Genuss des Bauernstaates zu kommen. So ist es also, dachte ich, man fährt mit Kohle, weil die so billig ist und außerdem auf nur einem Gleis, das bringt keinen Defizit, aber für das kleine Stück der Strecke Moskau-Berlin durch die DDR braucht der Zug prozentual die längste Fahrtzeit und diese schlechte, sowie billige Fahrt darf jeder kapitalistische Ausländer genießen. Über Frankfurt an der Oder, erreichten wir Berlin, um 1.30 Uhr nachts lief der Zug auf dem Bahnhof Friedrichstrass ein, wo wieder ein längerer Aufenthalt war.

Die DDR-Bürger stiegen aus, es waren mehr als ich dachte, alle anderen Reisenden durften den Zug nicht verlassen, angeblich soll auch die Freiheit der Zone nur für wenige Auserwählte bekömmlich sein!

Berlin Bahnhof Friedrichstrasse, viele Erinnerungen sind mit diesem Ort verknüpft, wenn auch vor 20 Jahren ein anderes Regime in Deutschland herrschte, das vergangen und vergessen ist, wird wohl recht viel über jene Herrscher heute noch geschimpft, speziell in Ostdeutschland. Jedoch alle Vergleiche jeglicher Art zwischen der DDR und dem 1000jährigen Reich, fallen immer noch zu Gunsten der damaligen Hitlerregierung aus.

Meine Erinnerungen an den Bahnhof Friedrichstrasse sind persönlicher Natur, sie gehen in das Jahr 1942 zurück und ich könnte mir vorstellen, wie schwierig es auch damals gewesen wäre, das wartende Fräulein an diesem Bahnhof zu treffen, hätte eine Mauer, so wie heute den Weg dorthin unmöglich gemacht. Als ich vor ein paar Jahren von Moskau über Berlin reiste, gab es diese Mauer noch nicht und die Kontrolle am Brandenburger Tor oder an anderen Übergängen der Sektorengrenze war freundlich und einfach.

Seit Bestehen der Mauer ist jedoch die Durchreise durch Berlin nicht nur für Deutsche, sondern auch für Staatangehörige anderer westlicher Länder zu einem Problem geworden und mit solchen Schwierigkeit verbunden , sodass viele Leute auf eine solche Reise verzichten und die Schikanen der DDR Genossen nicht über sich ergehen zu lassen.

Kommt man von Moskau und will nach Westen, gibt es gewisse Erleichterungen, denn wenn die Kontrollbeamten einen Stempel der Sowjetunion im Reisepass eines westdeutschen Bürgers sehen, ist alle sin Ordnung, was Moskau macht ist für die DDR nicht nur recht und billig, sondern verbindlich.

Der Zug hatte im Bahnhof Friedrichstrasse 2 Stunden Aufenthalt und es begann schon zu dämmern als die Fahrt nach Westberlin weiterging, wo ich dann auf Bahnhof Zoo ausstieg und meine Reise einen Tag unterbrach. Der Spruch „Berlin ist eine Reise wert", ist nicht nur ein Werbeslogan, sondern eine Aufforderung, die man war machen sollte, soweit man dazu in der Lage ist.

Natürlich ist ein Tag viel Zuwenig, um ganz Berlin zu sehen und zu erleben, doch reicht es für eine Stadtrundfahrt und zu Eisbein mit Sauerkraut, sei es in der Kongresshalle oder am Kudamm.

Es gibt viele Dinge in Berlin, die Leib und Seele erfreuen, solche zum anschauen und solche zum mitnehmen. In der kommenden Nacht fuhr ich mit einem Interzonenzug von Berlin nach Hannover, diese Züge sind meistens sehr gut besetzt. Das ist einerseits für die Eisenbahn ein Vorteil, aber andrerseits für die Reisenden zum Nachteil, denn je mehr Personen je länger die Kontrollen.

Bald ist die Stadt mit ihrem Lichtermeer und den vielen bunten Reklamebeleuchtungen verschwunden, eine wie im Krieg verdunkelte Gegend zeigt sich dem nächtlichen Reisenden, woran man erkennt, wiederum im Gebiet der Ostzone zu sein.

Die Dunkelheit wir zum Tage, sobald der Zug auf der Grenzstation Marienborn einläuft, da ist Licht im Überfluss, denn nur Gesindel sucht die Nacht, deshalb wunderte es mich sehr, wieso jeder Eisenbahner, Lokomotivführer, Wagenmeister genauso wie die Grenze und Kontrollleute bewaffnet waren. Die Zurufe Genosse, wie viele Wagen und wie viele Personen, hörte sich an, als ob ein Transport Kriegsgefangener abgefertigt wird, die Pistolen, welche diese Genossen am Bauch hängen hatten, gaben Zeugnis ihrer ehrenhaften Tätigkeit. Ich stand am offenen Abteilfenster, als gerade ein Mann, der mit einer Pistole bewaffnet war, vorbei ging. Da rief ich ihm Spaß halber zu, „ He Genosse, kannst du mir nicht mal deine Kanone leihen, ich will mich erschießen," worauf er mit antwortete „du verstehst das Ding sicher nicht so gut, aber wenn du dich umlegen willst, dann kann ich das für dich tun, sonst bleibt bloß die Waffe ungereinigt". So ging es weiter bis endlich auch die letzte Kontrolle in Helmstadt vorbei war, wonach die meisten der Berlinreisenden, die mit dem Interzonenzug fahren, aufatmen, denn auch der nervlich stärkste, der glaubt alles kaltlächelnd hinzunehmen, wird von den kontrollierenden Genossen, wenn ihnen an der Person etwas nicht passt, zur Raserei gebracht.

Der Name Arbeiter und Bauernstaat für die DDR ist vollkommen verkehrt und soll nur ein Aushängeschild sein, denn der richtige Name heißt Polizei- und Militärstaat, das ist in dem Land die stärkste und größte Berufssparte, somit ist es nicht verwunderlich, wenn Industrie und Landwirtschaft nur gezwungen existieren.

Ich war recht froh, diese 11 Tage lange freiwillige Reise, auf der ich viele Eindrücke sammelte, bald hinter mir zu haben. Von Hannover nach Offenburg waren es nur ein paar Stunden, welche wirkliche Reisefreuden bereiten, denn auf westeuropäischen Eisenbahnen ist eine Zugreise bequem und angenehm. Nun war ich wieder zu Hause im schönen Renchtal, doch das Fernweh trieb mich bald wieder hinaus, dieses Fernweh ist nicht für jedermann verständlich, doch bis jetzt medizinisch unheilbar!

Während meines Heimataufenthaltes stand ich in steter Verbindung mit Afghanistan und ebenso mit der afghanischen Botschaft in Bonn.

Schon nach 6 Monaten ist mein von Seiten Afghanistans mit der Bitte an mich herangetreten, einen weiteren Vertrag beim königlichen afghanischen Arbeitsministerium anzunehmen, weil die dort angestellten russischen Spezialisten nur die Maschinen und Fahrzeuge russischer Herkunft verstehen.

Nach längeren Verhandlungen mit dem Amt für Entwicklungshilfe in Bonn habe ich dann auch ohne deren Unterstützung diesen mir vertrauten Posten beim afghanischen Arbeitsministerium für eine weitere Vertragszeit angenommen.

Die Laufzeit der Abwicklung irgendwelcher Angelegenheiten mit Ministerium ist nicht nur in Afghanistan weit begrenzt, auch in der Bundesrepublik muss man mit Monaten rechnen, bis man eine Antwort bekommt.

Mir war jedenfalls die Mentalität der Afghanen bekannt und ich rechnete von vornherein mit der Dauer eines Jahres, bis der neue Vertrag Gültigkeit beider Partner erlangte.

Wiederum hatte ich mir vorgenommen auf dem Landweg per Auto nach Afghanistan zu fahren, doch wollte ich die kürzeste Strecke über Russland nehmen und deshalb habe ich auch sofort Intourist Büro Moskau angeschrieben, betreffs Unterlagen, die für eine Autoreise durch die UDSSR erforderlich sind. Die Auskunft, die man mir von Moskau zuschickte, war nicht sehr befriedigend, denn außer Carnet, internationaler Zulassung, Führerschein, Kraftfahrzeugschein, sowie Versicherung musste ich noch ein Zertifikat ausfüllen mit Angaben von Reiseziel, Reiseweg und Reisezweck.

Diese meine Eingaben und Angaben wurden nun von zuständiger russischer Seite überprüft und kontrolliert, ob man die Genehmigung zur Durchreise mit Auto erteilen kann, oder nicht. Das Jahr ging um, jedoch bekam ich von Moskau innerhalt dieser Zeit keine amtliche Mitteilung, ob mein Ersuchen genehmigt wurde oder aussichtlos ist.

Mein Vertrag war inzwischen abgeschlossen und ich musste mich auf den Weg machen, zumal mir nur eine kleine Karenzzeit eingeräumt war, also entschloss ich mich, den mir bekannten Reiseweg einzuschlagen, denn ob die Russen jemals eine Durchreisegenehmigung erteilen, ist fraglich, andere Länder hingegen freuen über jeden Pfennig Straßenzoll, der noch verschiedentlich verlang wird.

Zur Vorsorge hatte ich mir schon die erforderlichen Visas besorgt, denn wer mit russischen Stellen verhandelt, muss zur gleichen Zeit mehrere Eisen im Feuer haben, um vom Njet nicht überrascht zu sein.

Auf meiner ersten Autoreise war ich mit dem VW sehr zufrieden, also habe ich mir wieder einen VW-Kombi beschafft und denselben mit einigen Besonderheiten ausgestattet, um die Strecke reibungslos zurück zu legen.

Einige wichtige Verschleißteile als Ersatz, ferner Benzin-Öl und Fettvorrat, Behälter für Wasch- und Trinkwasser, Lebensmittel, ein Bett und viele Besorgungen, die vom Fahrzeugersatzteil bis zum Rasenmäher reichten, und für Bekannte in Afghanistan bestimmt waren, musste ich mit auf die Reise nehmen.

Die Vorbereitungen nehmen immer eine gewisse Zeit in Anspruch, wobei man sich auch manchmal ärgert, speziell auf verschiedenen Ämtern, die noch immer nicht das europäische Arbeits-Normtempo übernommen haben.

Schließlich kommt noch ein weiterer Faktor hinzu, nämlich die erforderlichen Schutzimpfungen gegen Pocken, Cholera, Typhus, Gelbfieber usw. die zwar zum Schutz der eigenen Person dienen, habe manchmal recht unverträglich sind, wenn man diese Proportionen zu schnell aufeinander dem Körper zufügt.

Nach all diesen Erledigungen und Vorbereitungen habe ich die große Fahrt zum zweiten Mal am 05.Juni 1966 früh um 6.00 Uhr angetreten.

Ich will hier keine herzzerreisende Abschied Szenen schildern, Tränen gibt es bei Frauen oft, es muss nicht unbedingt bei einem Abschied sein, außerdem spielt es keine Rolle, ob einer mit dem Auto von zu Hause wegfährt um zu 10 km entfernten Arbeitsstelle zu kommen, oder ob die Fahrt über einige tausend Kilometer geht. Die Möglichkeit eines Unfalls ist in beiden Fällen gegeben.
Sicher ist es ein anderes Gefühl von vornherein zu wissen, dass man nicht am selben Tag oder nach einer Woche wieder zurück ist, sondern erst nach ein paar Jahren wieder kommt. Doch wer solche Gefühle nicht unterdrücken kann, der wird auch niemals etwas derartiges unternehmen.

Es reisen heutzutage viele Menschen in die entferntesten Gebiete der Erde, das Flugzeug hat die Orte näher gerückt und trotzdem gibt es immer noch Weltreisende, die das Auto und die damit verbundenen Flugzeuge vorziehen.

Das Fahrzeug ein VW-Kombi, den ich mir für die Fahrt gekaut hatte, trug ringsherum die Reklameaufschrift Rowenta mit Zeichnung von ihren Erzeugnissen und überall wo ich hinkam glaubte man, ich komme von dieser Firma als Vertreter.

Schon in Klagenfurt steckt man mir Visitenkarten unter die Scheibenwischer mit Anschrift der Bitte, bei diesen Leuten vorbeizukommen, auch in weiteren Städten des Orients erlebte ich ähnliches.

Es war ein Frühsommer Sonntag, schönes Wetter, blauer Himmel, wer möchte da nicht gern verreisen, als ich von Lautenbach losfuhr.

Über Offenburg durch das Kinzigtal den Schwarzwald hoch Richtung Bodensee, überall winkte ich den Städten der Landschaft und den Menschen ein stilles Ade und Auf wiedersehen. Friedrichshafen-Lindau lag schon hinter mir, als der eigentliche Sonntagsverkehr richtig begann, der in dieser Zeit im Allgäu auf den z.T. sehr schmalen Straßen recht unangenehm sein kann.

Sonthofen und Hindelang waren die letzten Ort der Bundesrepublik Deutschland, bevor ich über den Grenzpunkt Oberjoch nach Österreich kam.

Nun wechselt die Strecke mit schmalen und breiten Straßen über verschiedene kleinere Pässe auf und ab, ehe man Innsbruck erreicht.

Kurz nach Innsbruck Richtung Süden beginnt die sehr schön ausgebaute Autobahn, die sich ohne große Steigung, was durch riesige Erdbewegungen und durch die über 100 m hohe Europabrücke, die einen Taleinschnitt überbrückt möglich war, zum Brennerpass hinzieht.

Sehr vielen Italienreisenden wird dieser Pass Grenzpunkt Benner bekannt sein, denn nicht immer wird man von den angeblich so charmanten Italianos höflich behandelt. Ich glaubte mich schon im Vorderen Orient zu wissen, als man mir beim passieren dieser Grenzstelle den ganzen Inhalt meines Wagens umkrempelte, bis ich dann so wütend wurde, dass ich diesen unkorrekten und schmalzigen italienischen Grenzbeamten meine ehrliche Ansicht äußerte.

Ich war schon dabei mein Fahrzeug umzudrehen und nach Österreich zurückzufahren, als ein anscheinend kultivierter und ranghoher Beamter, der auf mein Schimpfkomando aufmerksam wurde, näherkam und der Durchsuchung ein Ende machte, worauf ich diesem Herrn,

außer meinem Dank auch noch ein Schmiergeld geben sollte.

Das war die Begrüßung beim Eintritt in ein Land das Hunderttausende von Menschen nach Deutschland schickt, die von deutscher Seite überhaupt nicht kontrolliert werden. Sicher mögen die Unruhe in Südtirol zu jener Zeit dazu beigetragen haben, dass die Kontrollen verschärft wurden, aber das sollte man nicht auf Ausländer dritter Seite übertragen. Denn wer ein Grenzer dieser stolzen Garde mit dem Dollarschein winkt, wird immer durchgelassen, ohne genaue Kontrolle.

Endlich war es soweit, dass ich die Fahrt fortsetzen konnte über Sterzing, Bruneck, Toblach kam ich knapp 100 km au österreichisches Territorium. Vor dem Grenzübertritt von Italien nach Österreich musste ich jedoch einen Straßenzoll bezahlen, der sich gar nicht mit Touristenwerbung vereinbaren lässt.

Nun war ich auf der Drautalstrasse die mich über Lienz – Spittal – Villach nach Klagenfurt führte, wo ich abends um 20.30 Uhr ankam.

Auf der ganzen Strecke hatte ich gutes Wetter mit Ausnahme von einem Gewitter, das mich am Wörtersee in der für diese Gebirgsgegend üblicher Stärke überraschte.

Klagenfurt war mir bekannt, ich parkte mein Fahrzeug schon am Abend vor dem jugoslawischen Konsulat, wo ich anderntags das Durchreisevisa für Jugoslawien beantragte.

Als ich vor Jahren schon einmal ein Visa auf diesem Konsulat forderte, wurde ich als Westdeutscher sehr unhöflich behandelt, was mir noch in guter Erinnerung war und ich hoffte, so etwas dieses Mal nicht erleben zu müssen. Anscheinend hat sich das Verhältnis verbessert, denn nach 20 Minuten Wartezeit bekam ich das Durchreisevisa, obwohl außer mir noch sehr viele Antragssteller anwesend waren.

Somit konnte ich schon um 9.30 Uhr vormittags von Klagenfurt nach Süden weiterfahren, und hatte bald den Anstieg zum Loibl-Pass erreicht.

Bevor ich Österreich verlies, machte ich noch einmal rast in einem einladenden Berggasthaus, das sich Deutscher Peter nannte und einen ausgezeichneten preiswerten Rotwein zu bieten hatte. Außer dem guten Rotwein machte ich auch noch Bekanntschaft eines jungen Deutschen, der nach Jugoslawien unterwegs war, das der Anfang seiner Weltreise bedeutete, es war ein Tramper. Dieser Deutsche bat mich bis Laibach mitzunehmen, was ich ihm versprach, wenn er mir übern

Loibl schieben hilft, falls der VW die 30 % Steigung mit Überladung nicht nehmen sollte.

Er willigte ein, doch seine Hilfe war unnötig, der Tunnel, der ein Aufstieg zur Passhöhe unnötig macht, war fertiggestellt und zur Durchfahrt freigegeben. Das ist für viele Reisende auf dieser Strecke eine Erleichterung, obwohl die Passhöhe viele Schönheiten der Berge zeigt

Die österreiche Zollstation ist auf der Nordseite am Eingang zum Tunnel der ungefähr 1 ½ km lang ist und in Gemeinschaftsarbeit der beiden Länder Österreich und Jugoslawien errichtet wurde. Die Abfertigung ging flott, auch mein Begleiter war schnell fertig, er hatte nur eine Handtasche dabei und von mir wollte man nicht einmal das Carnet sehen. Das war ein Beweis österreichischer Gastfreundschaft. Aber auch die Abfertigung auf der Südseite des Tunnels, wo ebenfalls unmittelbar am Tunneleingang die jugoslawische Zollstation aufgebaut ist,

war freundlich und schnell. Der gute Straßenzustand erlaubte ein flottes Fahren, wodurch wir über Kranj das Save Tal abwärts, bereits nach 1 Stunde in Laibach ankamen.

In Laibach setzte ich meinen Begleiter ab, sein Dank für die Mitnahme wird mich immer verfolgen, doch ich musste weiter.

Ab Laibach konnte ich wieder auf die Autoput, es war gutes Wetter, trockene Straßen, also machte das Fahren Spaß. Bald lag Zagreb hinter mir und noch vor Einbruch der Dunkelheit hatte ich Belgrad erreicht. Zu dieser Zeit war ein reger Verkehr in der Stadt, was lange Zeit in Anspruch nimmt, bis man die Stadt durchfahren hat.

Es gibt wohl diesen Autoput in Jugoslawien, aber fast alle Städte müssen durchfahren werden, Umgehungen für Fernverkehr sie wie in Deutschland oder Frankreich üblich sind hat man noch nicht angelegt, schließlich ist auch die Verkehrsdichte noch gering.

Ich fuhr weiter auf der Autoput, deckte mich mit Benzin ein, aber auch für mein leichliches Wohl mit Salami, die zu günstigen Preisen in den Imbissbuden zu bekommen sind.

Um Mitternacht hatte ich Nis passiert und einige Kilometer danach parkte ich bei Leskovac zur Übernachtung. Als ich am anderen Morgen erwachte, war ich sehr erstaunt, weil die Scheiben am Fahrzeug alle mit Eis beschlagen waren und das im Juni in Jugoslawien. Jedoch der Oberlauf der Morawa liegt sehr hoch, die Erhebungen der Berge sind dort 1500-2000 m, das erklärte diese niedrige Temperatur. Jugoslawische Fernfahrer, die mit ihren Fahrzeugen ebenfalls an diesem

Ort parkten, unterhielten sich mit mir über woher und wohin.

Sie boten mir Rauchfleisch und Wurst an und ich bereitete einen Tee zum internationalen Frühstück.

Danach setzte ich die Fahrt fort über Skopje, Titov-Veles, das Vardar-Tal südwärts.

Vor einigen Jahren musste man noch Titov-Veles durchfahren, dort überquerte man den Vardarfluss und die engen dreckigen Gassen von dieser Stadt.

Heute ist die Autoput fertiggestellt, sie durchzieht hoch am Berg über viele Viadukte und durch einige Tunnel das Vardar-Tal, mit seinen steilen Berghängen nach Süden.

Die griechische Grenze brachte einen kurzen Aufenthalt, denn meistens ist der Eingang in ein Land etwas schwieriger als der Ausgang. Griechenland verlangt zwar kein Visa, aber in der Abfertigung sind sie sehr genau, das braucht etwas Zeit, sonst jedoch sehr höflich und entgegenkommend. Ungefähr 100 km und man ist in Saloniki, die Straßen sind in gutem Zustand, wenn auch z.T. sehr schmal. Nun spürte ich zum ersten Mal die Wärme, das Meer war nicht mehr weit und die Landschaft hat südlichen Charakter.

Saloniki ist für Autofahrer ein Wespennest, denn die Verkehrsdisziplin der Griechen ist lange nicht mehr so wie in Jugoslawien, wo man die Eselskarren auf der Autoput nicht duldet, hingegen in Griechenland kann sich schon alles auf der Straße bewegen. Der Orient ist nicht mehr weit, eigentlich sollte man diese Stück der schönen Landschaft am ägäischen Meer nicht so durchrasen, aber Zeit ist Geld und Griechenland ist nicht billig für Touristen.

Schon am Benzin das 65 Pfennig pro Liter kostet, ist das zu spüren. Über Kavalla-Komotini-Alexandropolis-Peplos erreichte ich am dritten Reisetag die türkische Grenze. Auch in Griechenland machten sich der verbesserte Straßenzustand gegenüber ein paar Jahre zuvor deutlich bemerkbar, außerdem hatte man einen neuen Grenzübergang nach der Türkei geschaffen, sodass man von Saloniki kommend nicht mehr das Maritza-Tal bis Edirne hochfahren musste, um nach Istanbul zu gelangen, was ein Umweg von über 150 km war.

Auch die Türken hatten dieses Straßenstück ausgebaut und man gelangt heute von der griechischen Grenze bei Peplos über Kesan-Tehirdag am Marmarameer entlang direkt nach Istanbul.

Dieser neugeschaffene Grenzübergang ist Tag und Nacht geöffnet, wodurch ich noch um Mitternacht abgefertigt wurde und die Fahrt bis Tehirdag fortsetzte, wo ich in unmittelbarer Nähe des Meeres übernachtete.

Immer wieder muss ich mich über die türkische Grenzabfertigung wundern, niemand fragte jemals nach Ladung oder Kofferinhalt, lediglich Carnet und Versicherung wollte man sehen, außerdem Reisepass für den Sichtvermerk.

Nun war ich beim Rauschen des Meeres eingeschlafen und konnte am anderen Tag Istanbul schon in aller Frühe erreichen, bisher hatte ich jeden Tag mein gestecktes Ziel erreicht, der Wagen lief einwandfrei ohne Störungen.

Beim Rauschen des Meeres bin ich eingeschlafen, beim Rauschen des Meeres wurde ich wieder wach, es war noch sehr früh als ich mich wieder hinter das Steuer setzte und 6.30 Uhr war ich schon in Istanbul. Zu dieser Zeit ist der Verkehr noch nicht so stark, man findet sich gut durch, wenn man bestimmte Stellen, so wie ich, noch in Erinnerung hat, obwohl ich das vorige Mal Istanbul trotz seiner engen Gassen und wüst wilden Verkehr auch gut hinter mich gebracht habe.

Um 7.30 Uhr bin ich schon mit dem Fahrzeug auf der Fähre, die mich über den Bosporus nach dem anderen Erdteil bringt.

Trotz der Frühsommerzeit weht ein starker und kühler Wind durch die Meerenge. Im Hafen von Istanbul sieht man 3 größerer Schiffe liegen die vielleicht 30.000 Register Tonnen aufweisen, alles andere sind kleine und mittlere Kähne. Es ist schon ein großer Unterschied beim Anblick des Hafens von Istanbul zu Genua, Hamburg oder Bordeaux. Die Fähre legte an, es warteten schon viele Fahrzeuge an der Anlegestelle, die von Üskidar dem asiatischen Stadtteil von Istanbul nach Stambul wollten, so nennt sich Istanbul in der Ortssprache.

Ich hingegen trieb mein Fahrzeug die kurze Steilstrecke von Meereshöhe durch Üskidar auf ungefähr 80 m Höhe an, wo unmittelbar am Stadtrand die Betonstraße nach Ankara beginnt. Bei der Durchfahrt durch diesen Stadtteil Üskidar hatte ich gleich das erste eindrucksvolle Erlebnis auf asiatischem Boden. Beinahe wäre mir eine Frau ins Auto gelaufen, die ganz verstört aus einem Haus auf die Straße rannte, es ging bergauf, dadurch brachte ich das Fahrzeug sofort zum stehen.

Inzwischen war ein Mann mit einem Krummsäbel in der Hand aus demselben Haus gerannt, der die Frau auf der Straße einholte und ihr den Säbel mitten über den Kopf schlug. Das war ein schreckliches Bild, der ganze Verkehr kam zum stehen, eine Menge Volk wollte den scheinbar verrückten Mann festhalten, doch der schlug wild mit dem Krummsäbel um sich.

Daneben lag blutüberströmt die Frau am Boden, es war ein Bild das Anekdoten aus dem Türkenkrieg übertraf.

Nur schnell weg von diesem Ort dachte ich und brachte mein Fahrzeug in Bewegung, vorbei an vielen Schaulustigen, denen man richtige Freude über das Geschehene im Gesicht ablesen konnte. Bevor ich mich auf die Strecke nach Ankara begab, deckte ich mich nochmals mit Benzin ein, das in der Türkei nur 37 Pfennig kostete. Das Öl führte man besser mit, weil man außer Europa beim Ölkauf sehr gern beschwindelt wird, zumal der Inhalt nie mit der Aufschrift außen übereinstimmt. Hiernach begab ich mich auf die Strecke, die mir nicht mehr neu war, es fährt sich gut auf der Zementstraße, nur muss man den Straßenrand meiden, weil es dort viel Risse und Aufbrüche hat, die leicht zu Fahrzeugschäden führen kann.

Zur linken kleine Berge und zur rechten der Meerbusen der sich bis Izmir hinzieht. Weiter über Adapazarı zieht sich die Straße in langen Schleifen und Kurven am Aladag Gebirge über Düzce, Bolu zum 1600 m hohen Güvem Pass.

Auf den Bergen hat es Nadelwald, der jedoch nicht so dicht im Bestand ist, wie unsere heimatlichen Wälder. Die Straße führt nach dem Pass abwärts bis Ankara, das auf etwa 800 m Höhe liegt. In Ankara befragte ich mich über den Straßenzustand der Stecke durch die Osttürkei, man sagte mir nur, sie sei gut befahrbar. Zumal es ja Sommer war, und die Flüsse durch den niedrigen Wasserstand leicht zu nehmen sind.

Ich entschied mich also für die Nordroute, 30 km südlich von Ankara zweigt die Strecke nach Osten ab, es ist eine Umstellung in der Fahrweise, denn die Straße gleich einem ausgetrockneten Flussbette. Bald steigt die Strecke auf 1000 m Höhe und im dauernden Wechsel auf und ab erreichte ich Kirsehir. Die Straße ist sehr schlecht, Staub und Dreck veranlassen öfters Reinigung vom Luftfilter sowie Schmierdienst, den ich am Straßenrand meistens im Beisein schaulustiger und neugieriger Hirten ausführte.

Als ich ein Dorf in der örtlich typischen Bauweise mit großen Lehmmauern beiderseits der
Straße durchfuhr, wurde mir eine Flasche von
unsichtbarer Hand direkt vor das Fahrzeug ge-
worfen, die Folge ein Plattfuß und den der Reifen durchschnitten.

Ohne Zweifel war das absichtlich geschehen,
denn während ich schnell den Reifen wechselte,
erschien eine Menge Volk, das sehr neugierig
war und Bakschisch von mir verlangte. Viele
wollten sehen war ich im Wagen hatte und andere wollten mitfahren.

Gegen so viel Neugierde und Frechheit kann
man sich nur mit List und Tücke wehren, darum
nahm ich eine Handvoll Unterlagscheiben, deren
ich genug dabei hatte und warf diese ein paar
Meter hinter das Fahrzeug.

Wie vermutet, stürzte sich die Meute auf das ver-
meintliche Kleingeld, ich aber fuhr mit Vollgas
davon, denn die Enttäuschung der Burschen
wollte ich nicht erleben.

Weiter ging die Strecke über Baum und Strauch-
lose Berge, entlang in jeden Bergeinschnitt um jeden Bergvorsprung brückenlos auf und ab. Als
nächstes musste ich den Fluss Kizil-irmak der
ungefähr 40 m Wasserstand hatte, durchfahren,
bevor ich die Stadt Kayserie erreichte, wo ich die

Fahrt zur Übernachtung nach dem vierten Reisetag unterbrach.

Am kommenden Morgen wurde ich durch nicht enden wollendes plöken von Schafen geweckt. Ich dachte, dass ein Hirte vorbeizieht, doch als ich mich umsah, stellte ich fest, dass mein Fahrzeug von vielen Schafen, Ziegen und Kühen umringt war, ich stand auf dem Viehmarkt von Kayseri, der zur Nacht als ich dort ankam nicht zu erkennen war.

Mit viel Hupen und Geschrei konnte ich mich aus der Tiermenge auf die nahe Straße durchkämpfen und machte mich gleich die Weiterfahrt.

Die Berge wurden immer Höhe, alles unbewaldet, es ist ungefähr so wie wenn man den Schwarzwald in seiner Längsrichtung von Karlsruhe bis Basel durchfahren würde. Wäre natürlich kein Wald auf den Bergen, würde man auch die vielen Felsen und Geröllhalden sehen, die es in den Schwarzwaldbergen hat, das entspräche dem Charakter der Berge in der Osttürkei, die allerdings die doppelte Höhe der Schwarzwaldberge erreichen,

Bis Sivas machte die Fahrt außer der sehr schlechten Straße und zweimal Plattfuß keine großen Schwierigkeiten.Nach Sivas beginnt eine

Gebirgsstrecke wie es keine in den europäischen Alpen gibt, kurze steile Kurven alles Fels und Steinweg, sämtliche Strecken sind unbefestigt. Auf der Außenseite zum Abhang von vielen kleinen Wasserläufen ausgefressen und stellenweise so schmal, dass man zuerst anhält und sich von der Durchfahrtmöglichkeit überzeugt.

Über eine Strecke von rund 200 km werden an Fahrzeug und Fahrer auf diesem Stück die höchsten Anforderungen gestellten man schläft nicht ein bei der körperlichen Arbeit.

Ich war zwar von Afghanistan noch schlechtere Strecken gewohnt, aber dass der Straßenzustand der Osttürken so schlecht wäre, hätte ich nicht gedacht. Es liegt eben auch an der Bevölkerung dieses Landes, überall sah man Menschen im Schatten liegen und faulenzen.

Hätte ich alle mitgenommen, die als Anhalter an der Straße standen, dann hätte ich alle 2 km anhalten müssen und die Osttürkei würde übervölkert sein.

Man glaubt nicht, mit welcher Hartnäckigkeit diese Leute Autos zum Halten bringen, sie stehen mitten auf der Straße gehen einfach nicht weg und zuletzt lassen sie noch die Kiste oder das Bündel, das sie dabeihaben, vor dem herannahenden Fahrzeug liegen, sodass man doch anhalten muss.Überall in der Türkei gibt es Ortstafeln wie in Deutschland, auch nur mit dem Unterschied, dass die Tafeln in der Türkei lange nicht in dem guten Zustand wie bei uns sind. Vielfach unleserlich oder beschädigt. Außerdem schreibt man in der Türkei neben Ortsnamen und Provinz auch noch die Einwohnerzahl, sowie die Höhe über Meer, die der Ort liegt auf diese Tafeln .So gelangte ich über Zara-Susehri nach Ercincan das 1200 m hoch liegt und von allen Seiten durch Berge die meistens 3000-3550 m hoch sind umgeben ist.

Nach Ercincan führt die Steinstraße über einen weitern 2000 m hohe Pass, der nennenswert erscheint, danach hört die Gebirgsstrecke zwar nicht auf, aber die Bergrücken sind langgezogener, die Straße deshalb besser befahrbar und 40 km vor Erzerum das fast 2000 m hoch liegt, findet man sogar noch kleine Teerfelder auf der Straße, die allerdings die Fahrt mehr verschlechtern, als verbessern.

Schon von weitem sah ich das Lichtermeer von Erzerum, das an einem Hügel hochgezogen gebaut ist und dem bei Nacht von Westen ankommenden ein herrliches Bild bietet. Man glaubt, es wäre eine Großstadt mit vielen bunten Reklamen, so farbig ist die Lichterpracht.

Bei Tage hingegen stellte ich fest ein alter Stadtteil mit Lehmhäusern und auf dem Hügel viele
große Neubauten, fast ausschließlich Kasernen.

Die Berge sind alle nach wie vor unbewaldet,
schwarzes Gestein ist zu sehen und ich wunderte
mich immer wieder, dass man gut diesen Bergen
Schafe und Ziegen herumjagte, wo doch nirgends etwas grün zu sehen war. Ab Erzerum war
nun die Straße wirklich geteert und in gutem Zustand. Sie führt durch ein enges Tal, dessen Berg-
hänge 500 m hoch sehr steil ansteigen aber ihr
Gestein ist lose und es gibt daher viele Gefahren-
momente, wenn man im Scheinwerfer plötzlich
wieder so ein Brocken von 1 cbm und mehr vor
sich auf der Straße liegen sieht.

Als nächstes wunderte ich mich, wo plötzlich die
Eisenbahn vor mir herkam, die doch in unver-
schämter Weise die Straße kreuzte, es war ja
Nacht und die Eisenbahn fährt in der Türkei
auch ohne Licht, so wie die Lastwagen auf der
Straße.

Es gab keine Warnbaken, keine Schranken, die
den Bahnübergang anzeigten, die Eisenbahnstrecke kommt aus einem Tunnel einerseits der
Straße überquert, dieselbe und geht über eine
Brücke auf die andere Talseite, wo die Bahn wieder in einem anderen Tunnel verschwindet.

Infolge der guten Straße fuhr ich etwas schneller, doch dieses Eisenbahngespengst hat mich wachgerüttelt, denn die Strapazen des Tages machten sich in Form von Schlaf bemerkbar und bald danach erreichte ich Horasan, wo ich übernachtete.

Durch das Zischen und Rattern der Eisenbahn wurde ich am anderen Morgen wach, denn ich stand mit meinem Wagen in Herasan unmittelbar neben dem Eisenbahngleis. Herasan ist ein Verkehrsknotenpunkt in der Osttürkei, hier führt die Straße nach Kars und weiter nach der russischen Grenze, ebenso nach dem Iran Richtung Täbris.

Auch der Bahnhof von Herasan ist anscheinend ein wichtiger Umschlagplatz. Es liegen dort drei Gleise nebeneinander, die sonstigen kleineren Bahnhöfe sowie alle Strecken sind nur eingleisig.

Hier konnte ich nun eine Lok, sowie einige Waggons der türkischen Eisenbahn bewundern, so etwas scheint ja für ein Europäer immer wieder als Wunder. Denn das Baujahr dieser Lokomotive, sowie der Waggons war von 1910 und wurde in Europa schon längst verschrottet sein. Die Schienen sind ausgefahren, die Strecke uneben und verwahrlost. Aber der Zug fährt, wenn auch nur mit 30 oder 40 km/h, das Volk freut sich.

Bald machte ich mich auf den Weg nach der iranischen Grenze, doch zuvor musst ich den Agri-Pass mit seinen 2475 m Höhe überwinden, die Straße ist wieder wie altbekannt, Steine, Sand und Fels. Geteert ist nur ungefähr 100 km in der Nähe von Erzerum. Die Berge sind alle kahl, doch ist das Aras-Nehri Tal fruchtbar, denn man sieht Weizenfelder und das Grün der Kulturen zieht sich weit an den z.T. wie Kuppen aussehenden Bergen hoch.

Die Passabfahrt ist lange nicht so steil als von Westen, es geht 100 km stetig abwärts bis Dagubayazit, das 30 km vor der iranischen Grenze liegt. Lange schon sieht man das schneebedeckte Haupt vom Ararat, der einfach nicht näherkommen will.

Dieser Berg ist wie ein Kegel, er steht allein auf einer Hochebene, man sieht 3000 m von seiner Gesamthöhe wie ein einzelstehendes Haus gen Himmel ragen.

Auf der Straße steht ein großes Schild, beschriftet in 5 Sprachen 5165 m Höhe nur von der Arche Noah steht nichts dabei, deren Reste auf dem Ararat vermutet werden. Er trägt ewigen Schnee deshalb ist es sehr schwierig, den Kahn das oben wieder schwimmfähig zu machen.

Das letzte Stück zum Grenzpunkt Iran war bald zurückgelegt, ich sah den Ararat verschwinden und bereitete mich auf die Zollabfertigung vor.

Der türkisch iranische Grenzzollhof sieht man schon von weitem, er liegt zwischen zwei Hügeln, auf dessen Höhen einerseits das türkische Wappen, die Mondsichel mit einem Stern und andererseits, das iranische Wappen, der Löwe mit dem Schwert, mit weißen Steinen original-treu in vielfacher Übergröße für alle ankommen-den weithin sichtbar ausgelegt ist.

Der Zollhof selbst ist ein Viereck 150 m im Quad-rat, ringsherum umbaut, i der Mitte des Zollho-fes die Grenze gekennzeichnet durch eine halb-hohe Mauer mit Durchgang, der mit einer Kette verschlossen ist.

Die Abfertigung auf türkischer Seite ging flott, nur fehlt es den türkischen Zollbeamten an Stem-pelfarbe. Ich dachte, die ganze Bude fällt ein, als mir ein Beamter den Pass und die nötigen For-mulare stempelte. Das sah aus, wie wenn einer schwere Holzkötze mit der Axt klein schlägt.

Als das erledigt war, konnte ich zum Durch-gang auf der Grenzlinie fahren und nun kam ein possierliches Spiel. Zwei Soldaten marschieren von einer Seite des Zollhofes an der Mauer oder eine auf der türkischen Seite der andere auf der iranischen Seite. Beide sind auf gleicher Höhe, denn sie sehen sich durch das Gitter über der halbhohen Mauer.

Kommt man nun von der Türkei und will in den Iran, so macht der iranische Soldat die Kette auf, der türkische hingegen marschiert an der Mauer weiter auf die andere Seite des Zollhofes.

Kommt man in umgekehrter Richtung, ist die Aufgabe es Öffnens der Kette auf türkischer Seite, also jedes Mal beim Eingang.

Sofort nach Überschreiten der Grenze muss man den Reisepass abgeben, danach das Fahrzeug an vorgeschriebener Stelle parken. Erst dann kann man zur Abfertigung in das Gebäude hineingehen.

Es ist kaum zu glauben, mit welchem Ernst und vor allem mit welcher Ruhe diese Zeremonie täglich einige Male durchgeführt wird.

Als ich nun die Abfertigungsräume betrat, erwartete mich eine böse Überraschung.

Ein Grenzbeamter stellte fest, dass mein Einreisevisa für Iran vor 48 Stunden abgelaufen war, ich hielt eine große Lobrede über sein Land, den

Shah in Shah und bat ihn beim Barte des Propheten, er möchte das übersehen, denn ich kann ja diese arabischen Hieroglyphen nicht lesen. Ein weiterer Beamter kam hinzu, mein Bitten halt alles nichts, es wurde mir erklärt, sie hätten strickt Befehl, alle Leute mit ungültigen Visen zurückzuschicken und ich sei nicht der Erste.

Es half alles nichts, ich musste sofort über die Grenze zurück, wieder in die Türkei einreisen, dieselben Formulare ausfüllen und um Durchreise bitten, doch die Türken waren anständig und zuvorkommend bei der Abfertigung wie zuvor auch.

Bis vor wenigen Monaten war es möglich, direkt am Grenzübergang noch einige Stunden Wartezeit und ein kleines Bakschisch ein Visa für den Iran zu bekommen. Geschäftstüchtige Makler übertrieben jedoch die Forderung des Bakschischs wonach der Staat alles unterbot und zur Einreise in den Iran nur Visas von Botschaften und Konsulaten ausgestellt Gültigkeit hatten.

Die nächste Botschaft war in Ankara, das sind von der Ostgrenze 1400 km, die nächste konsularische Vertretung ist in Trapzon am Schwarzen Meer, das sind nur 650 km, also auf nach Trapzon.

Wieder einmal konnte ich somit feststellen, dass die Bürokraten bis in die hintersten Winkel unserer Erde vorgedrungen ist. Fordert man irgendein Visum von einer zuständigen Stelle an, dann zählt immer der Tag der Ausstellung als Beginn dieser Zeit von meistens 3 Monaten Karenz. Auch wenn man einen späteren Reisetermin angibt, wird das nicht beachtet, so erging es mir bei der Besorgung verschiedener Einreise Visas, wodurch ich dann diese Schwierigkeiten bekam.

Alle Aufregung nützte nichts, ich startete mit einer Wut im Bauch und strapazierte das Auto wie ein Kutscher seinen Gaul, wenn er nicht laufen will.

Das Auto jedoch lief großartig, vor mir tauchte der Ararat auf, der östliche Anstieg auf den 2445 m hohen Agri-Pass war bald genommen.

Auf der Passhöhe gibt es einen Brunnen mit herrlich kühlem Wasser, wo ich meinen Trinkwasservorrt ergänzte und dann ging es talwärts durch die vielen Kurven in zügiger Fahrt bis Horasan, dort hatte ich am frühen Morgen das letzte Stück der Türkei ostwärts zur Grenze in Angriff genommen, aber nicht mit dem Gedanken bis nachmittags wieder hier zu sein. Auf der dort beginnenden Teerstrecke war ich bald in Erzrum und kurz vor der Stadt war mir das Glück besonders hold.

Ich fuhr was die Karre hergab auf einer leicht ansteigenden Strecke mit 1 ½ % Steigung schaffte er gerade noch 95 Stundenkilometer.

Der Verkehr war gering, lediglich einige Ochsenkarren fuhren heimwärts, denn es war schon Spätnachmittag.

Weit vor mir sah ich solche Fahrzeuge entgegenkommen, die mit zwei Büffeln bespannt sind und gemächlich am Straßenrand dahinziehen, doch plötzlich bricht eines dieser Gespanne aus der Reihe aus, überquert die Straße und kommt genau auf mich zu. Zuerst wusste ich nicht nach welcher Seite ich ausweichen soll, denn trotz Vollbremsung brachte ich das Fahrzeug nicht auf 50 m zum stehen, also musste ich versuchen vorbeizukommen, was mir dann auch gelang, jedoch hatte ich auf der linken Seite einen Kratzer über die gesamte Länge des Wagens, der vom Horn des einen Büffels herrührte.

Nun sah ich im Rückspiegel, dass das Gespann mit dem zweirädrigen Karren samt den Leuten, die darauf saßen, über die Böschung raste und sich überschlug. Das war eine Nervenzerreisprobe, die mir noch lange Zeit in Gedanken blieb, einmal die Visa Geschichte mit dem Ärger und dann diese Karambolage.

Zuerst hatte ich vor anzuhalten und nach den Leuten zu sehen, doch nach einiger Überlegung lies ich den Gedanken fallen, denn zum Schluss hätte man mich für den Schuldigen erklärte mit der Begründung, die Viecher hätten durch die rote Farbe meines Fahrzeuges gescheut.

Ich kannte ja die Mentalität der Asiaten und lies mich nicht auf solch zeitraubenden Palaver ein, der kleine Kratzer am Fahrzeug nahm ich in Kauf, nachdem mir sonst nichts passiert war.

So brachte ich Erzerum hinter mich die Strecke durch die Militärstadt war mir bekannt bis 30 km westlich von Erzerum die Straße nach Trapzon abzweigt und nach Norden verläuft.

Bald begannen die ersten kleineren Berge, die dem Anadolu Daglari Gebirge vorgelagert sind. Über Bayburt nach Gümüsane gibt es dann die ersten großen Bergprüfungen die nicht nur das Fahrzeug anstrengen, sondern auch den Fahrer, denn die Straße ist schmal, steil und kurvenreich, ungeteert, unbefestigt und auch nicht gekennzeichnet, sodass man bei Nacht als Fremder große Schwierigkeiten hat, speziell bei Gegenverkehr, weil abblenden so gut wie unbekannt ist Ich hatte mir vorgenommen, anderntags auf dem dortigen iranischen Konsulat auch rechtszeitig einzutreffen und das Visa verlängern zu lassen.

Gümüshane hatte ich durchfahren, danach kommt ein Pass von 1800, das Gebirge ist hier bewaldet, es wachsen Tannen und Kiefern. Der Wald wir immer dichter und bei Aralasa hat die Landschaft alpinen Charakter. Der nächste Pass ist 2200 m hoch, überall ist Wald darüber sieht man die Felsspitzen der Berge, die bis 3500 m hoch sind.

Die Strecke führt nun steilabwärts, 30 km vor Trabzon beginnt Teerstraße, allerdings sehr schlecht mit vielen Schlaglöchern. Um 2 Uhr nachts parkte ich zur Übernachtung 10 km vor Trabzon.

Ein Konsulat öffnet nirgends in der Welt die Pforten schon vor 9.00 Uhr vormittags, dass wusste ich, also hatte ich noch genug Zeig zum schlafen, was ich auch nach diesem überaus anstrengenden Tag nötig hatte.

Dieser Tag war der anstrengendste und ärgerlichste Tag meiner Reise, rund 900 km über schlechteste Gebirgstrecken 4 Pässe von 1900-2475 m, wenn hierbei noch das Fahrzeug versagt hätte, dann wäre alle Freude getrübt worden, doch der VW ist wirklich zuverlässig und robust.

Ich war froh, dass ich ein Fass mit über 100 Liter Fassungsvermögen dabeihatte hierdurch brauchte ich höchstens all 1200 km eine Tankstelle anfahren. Gegen 9.00 Uhr am 7.Reisetag fuhr ich in Trabzon ein, die Stadt liegt unmittelbar am Meer und zieht sich an steilen Hügeln hoch es gibt nur ganz wenig ebenes Gelände in und um Trabzon.

Hoch oben auf dem Hügel über der Stadt sind riesige militärische Anlagen zu sehen, die mit ihren vielen Antennen und Masten auf Radar Anlagen schließen lassen, denn über das Meer ist es nicht weit nach Russland.

Um 9.30 Uhr war ich auf dem iranischen Konsulat füllte ein Formular aus zur Erlangung des Einreise Visas, danach wartete ich 1 Stunde bei Tee und Gebäck. Ich staunte über die Gastfreundschaft der Iraner, bis mir dann seine Exzellenz der Herr Konsul persönlich den Pass mit eingetragenem Visa, das gratis erteilt wird, überreichte.

Hierauf bedankte ich mich auf asiatische Art mit vielen guten Wünsche und Segnungen, wie z.B. 1000 Dank du sollst nie müde werden und ewig leben, deine Hand soll der Menschheit weiterhin dienen usw. wonach ich mich entfernte, denn die Neugier der Leute über das woher und wohin von mir war groß, sodass ich noch lange hätte erzählen müssen, was mich unnötige Zeit kostete.

Also auf die Strecke, Leb wohl Trabzon und das Schwarzmeer das genauso graublaues Wasser hat, wie andere Meere, nirgends war ein Schiff zu sehen, lediglich im Hafen lag ein kleiner Kahn.

Man darf sich aber keine falsche Vorstellung machen vom Schwarzmeerhafen Trabzon, da gibt es keine Lagerhäuser, Ladenkräne oder Eisenbahnanlagen, sondern nur eine Kaimauer und eine Landungsbrücke, sowie viele wartende Tragsesel.

Für mich begann nun dasselbe Stück zurück, zuerst das schöne grüne Tal bergan vorbei an Weingärten, Obstanlagen, eine wirklich fruchtbare Gegend, die Straße steigt dauernd, denn auf eine Länge von 50 km führt sie von Meereshöhe auf 2350 m über den Macha-Pass.

Die Eindrücke von der Gegend sind am Tage ganz anders, als in der Nacht. Nun sehe ich die herrliche Gebirgslandschaft mit Nadelwäldern, Hochalm und Steilfels um mich herum, alles ist wie in den europäischen Alpen, nur die Menschen machen hier keinen so freundlichen Eindruck.

Die Bevölkerung ist arm das zeigen die baufälligen Häuser und Hütten, überall deutlich genug. An vielen Stellen längs der Pass Straße sind Brunnen, die alle eine Beschreibung der Heilkraft ihrer Wasser aufweisen, nur kann ich es nicht lesen, denn türkisch ist eine komplizierte Sprache, aber um von jeder Heilkraft etwas mitzubekommen, habe ich von mehreren Brunnen meine Wasserflasche gefüllt. Somit hatte ich alle Minerale auf einmal. In flotter Fahrt kam ich aber die Pässe, Gümüshane Bayburt nach Erzurum und bald war ich über Horasan, den Agri Pass wieder in der Nähe des schneebedeckten Ararat und näherte mich dem bekannten Grenzzollhof, wo ich die Nacht auf türkischer Seite verbrachte, bevor ich nach Iran einreiste.

Innerhalb 36 Stunden hatte ich 1354 km gefahren, die eigentlich unnötig waren, wenn man zuvor an der Grenze etwas Verständnis von Seiten der Iraner aufgebracht hätte. Essen und schlafen und das Visa besorgen fällt mit in diese Zeit, sodass man auf den Gebirgsstrecken mindestens 25 Stunden für diese Strecke am Steuer sitzen muss, denn ein Schnitt von 50 Stundenkilometer auf solchen Straßen ist nicht so leicht zu halten, wie es sich anhört.

Durch diese Geschichte hatte ich nun einen Reisetag verloren und stand am 8.Reisetag früh um 6.00 Uhr zur Zollabfertigung vor der iranischen Grenze. Die Türken kannten mich schon, denn nicht jeden Tag Passanten zu zählen sind.

Türkische Abfertigung 10 Minuten und die Iraner hatten sich tatsächlich angestrengt, denn auch dort war ich in 20 Minuten abgefertigt,

nachdem nun meine Einreise Visa erneuert war. Gerade als ich den Zollhof in Richtung Täbris verlassen wollte, wurde ich von der Wache angehalten, es wollte ein Zollbeamter mitfahren, denn Eisenbahn oder Linienbusse gibt es hier keine.

Dieser Beamte wurde nun zum Sündenbock, denn ich klagte ihm mein Leid und schimpfte über seine Kollegen, die mich vor 1 ½ Tagen zurückwiesen, deshalb nahm ich den Mann nicht mit, gleiches wird mit gleichem vergolten. Es ist für einen Asiaten egal, ob er zu Fuß gehen muss oder fahren kann, ihre Zeit ist ausreichend genug, deshalb fühlt sich auch niemand beleidigt, wenn man tatsächlich Platz im Fahrraum hat du doch niemand mitnimmt, nur verstehen können es die Leute nicht, dass jemand alleine mit einem großen Auto fährt.

Nach der Vorstellung irgendwelcher Asiaten, muss ein Fahrzeug bis zum letzten Platz einschließlich Dach, besetzt sein, überladen mit Personen, das kann man doch nicht, denn jeder ist so leicht, dass es das Auto kaum spürt.

Die folgende Strecke jedoch verträgt kein Kilo zu viel am Fahrzeug, das ist so ein schlechtes Stück, eine richtige Steinwüste, die jedes Schnellfahren unterbindet. Das Gelände wird ebener du vor allem niedriger, dass man besonders an der Temperatur merkt, die nun schon über 30 Grad Celsius angestiegen ist. Vor mir liegt ein weites ebenes Tal, das ich von den Hügeln der Steinwüste aussehen kann und dahinter die ein langgezogenes Gebirge, das so aussieht, wie wenn von den Schwarzwaldvorbergen die Rheineben und dahinter die Vogesen sieht, lediglich das Grün muss man sich wegdenken.

In diesem Tal liegt die Stadt Choy, wie eine Oase in der Wüste, denn ringsum ist alles öd und wüst, hier erreichte das Thermometer schon 38 Grad Celsius, das noch angenehm erscheint, solange man fährt, hält man aber eine Weile an, ist die Hitze unerträglich zumal nirgends schattenspendende Bäume zu finden sind.

Das schon beschriebene Gebirge bringt etwas Abkühlung, die Strecke führt in höhere Lagen und bald sieht man wieder bewaldete Höhen, über welche die Straße Täbris erreicht. Es beginnt nun ab Täbris eine Gebirgs- und Hochlandstrecke, die manchmal in vielen Kurven zum Tal absteigt, dieses quer durchläuft und wieder bergan steigt über einige Hundert Kilometer geht.

Ein monotones Landschaftsbild, die Straße schlecht und ausgefahren, nirgends geteert. Wenigstens ist die Hitze nicht groß 32-34 Grad Celsius, das ist angenehm ohne zu schwitzen beim Nichtstun.

Immer wieder freute ich mich, wenn mein VW einen neuen Hügel erklommen hat, denn abwärts ging es z.T. auch ohne Motor, gerade als die Straße wieder anstieg, machte der Motor nicht mehr mit.

Nach längerem Suchen der Ursache, hatte ich den Fehler gefunden, ein etwas seltener Fall, die Feder in der Benzinpumpe war gebrochen, und klemmte den Pumpenhebel fest, sodass keine Kraftstoffförderung mehr vorhanden war.

Bevor ich diesen Fehler fand, hatte ich allerdings schon den Tank und die Benzinleitung gereinigt. Kleinteile hatte ich genug dabei, um die Pumpe zu reparieren, bald war alles wieder klar und ich konnte die Fahrt fortsetzen.

Ein Unglück kommt selten allein, so dachte ich, denn 3 Stunden nach dieser Reparatur in der Sonne, wobei ich schwitzte, bekam ich Schüttelfrost und Fieber, das rasch anstieg. Also stellte ich mein Fahrzeug vor einem Teehaus ab, trank einen Krug heißen Tee und schluckte 5 Resochin Tabletten. Hiernach begab ich mich in mein fahrbares Hotel, das diesesmal eine Krankenstation war.

Resochin ist ein gutes Mittel, zwar ist es eine Rosskur, wenn man 5 Tabletten auf einmal nimmt, doch hat es mir schon öfters geholfen und so auch jetzt, denn am anderen Morgen war das Fieber weg.

Nach einer Nacht voller Phantasie Träume, die meistens durch Fieber hervorgerufen werden, fühlte ich mich zwar fit, doch leichte Kopfschmerzen, die von den Tabletten herrührten, zeigten mir an, dass die Rosskur das Fieber verdrängte, aber bestimmte Nachwirkungen noch zu erwarten sind.

Die Sonne stand schon hoch und die Temperatur war nahe an 40 Grad Celsius Hitze gestiegen, als ich Qazvīn 100 km vor Teheran erreiche, wo die gute Asphalt Straße beginnt und das fahren wieder mehr Spaß macht. Teheran lag vor mir, es graute mir vor diesem Verkehrsgewühl, wo jeder gerade fährt, wie er will, aber ich wusste nun, gegenüber der ersten Fahrt, die genaue Fahrtroute durch die Stadt, was mir die Durchfahrt erleichterte, trotzdem brauchte ich über 1 Stunde Fahrtzeit, um auf die Ausfahrtstrecke nach Meschhed zu kommen.

Erst als ich die Straße, die nach Meschhed führt, erreicht hatte, parkte ich vor einem der vielen einladenden Teehäuser und labte mich an einem guten persischen Reisgericht. Obwohl der ganze Iran ein Moslemgebiet ist, gibt es in der Hauptstadt Teheran für Ausländer und auch für Moslem alles zu kaufen, sei es Bier, Schnaps oder Schweinefleisch. Man fragt die Käufer nicht nach ihrer Religionszugehörigkeit.

Das ist wohl vernünftig vom Stand der Kaufleute gesehen, aber die Mullahs (Hohepriester) sehen diese Leute, die Schweinefleisch essen und Alkohol trinken als Abtrünnige an und bezeichnen sie als ungläubig.

Immer mehr Menschen gibt es unter den Moslems, welche durch Entwicklungshilfe aufgeklärt werden und die vielen veralteten überholten Vorschriften und Bestimmungen des Korans (oder Moslembibel) verurteilen. Das ist nicht nur eine Gefahr für die Stellung der Hohepriester in Moslemländern, sondern auch für verschiedene Regierungen in Vorderasiatischen Staaten, weil bis jetzt Religion und Politik miteinander verschmolzen sind. Beirut, Teheran und Bangkok sind die einzigen Städte im Vorder- und Mittelasien, die schon europäische Mentalitäten haben, sei es im Hotelwesen, Vergnügungen und in den Preisen für diese Verlockungen.

In den vielen Teehäusern überall an den Straßen im ganzen Land, ist es für Fremde nicht ratsam, etwas zu essen, denn Sauberkeit kennt man nicht und schnell hat man Krankheiten, die man zeitlebens nicht mehr los wird. Lediglich Tee, kann man trinken und auch hierfür wird das Wasser aus dem Bach verwendet, da manchem den Appetit verderben kann.

Mann und Ross waren gestärkt und getränkt für die nun folgende Wüstenstrecke immer am Gebirge und am Rand der Wüste Kawir sich entlang zieht. Auf der einen Seite Berge, alle kahl und mausgrau, und auf der anderen Seite die unendliche Ebene der Wüste, wovon große Stücke weiß wie mit Schnee bedeckt erscheinen, doch ist das kein Schnee, sondern Salz.

Immer wieder muss ich alle Fenster schließen, wenn die großen Lastwagen wie z.B. Mack, International, Federal usw. alles amerikanische Typen, auf der Strecke entgegenkommen, die eine riesige Staubwolke hinter sich herziehen.

Wenn kein Wind weht, kann man schon weithin an den Staubwolken den Verlauf der Straße feststellen, das ist in der Sommerzeit fast ein genauso großes Hindernis für den Verkehr, wie Schnee und Eis im Winter.

Mehrere Male am Tag musste ich den Luftfilter reinigen, das ist ein Nachteil am VW, weil die Kurbel hinter dem Fahrzeug den Staub noch verstärken, das den Motor enorm in seiner Leistung beeinträchtigt.

Über Semnon – Sharud kam ich nun mitten in der Salzwüste, wo die Hitze 42 Grad Celsius erreichte, das auch meinem VW nicht ganz gefiel, denn er stotterte und wollte nicht mehr richtig ziehen.

Zuerst dachte ich an Überhitzung, deshalb habe ich die Kühlgebläse Luftklappe ausgebaut und die Zündkerzen gewechselt, doch half das nur wenig und bald stellte ich fest, dass es nur ein kleiner Fehler war, der das verursachte. Zuviel des Guten ist ungesund, so auch beim Motor, wenn der Schwimmer im Vergaser undicht ist, wodurch zu viel Kraftstoff in die Zylinder gelangt.

Viele Ersatzteile hatte ich dabei, aber keinen Schwimmer, doch mit etwas Geschick kann man den Schwimmer in seinem Gehäuse so unterlegen, dass die Zuflussmenge von Benzin klein gehalten wird und ich über 100 km bis zum nächsten größeren Ort kam.

Sabzevar hieß das Nest, das außer einer farbenprächtigen Moschee nur Lehmhütten aufweist und in einer dieser Lehmhütten, worin ein Spezial Motor-Workshop untergebracht war, bekam ich einen neuen Schwimmer für den VW.

Kaum zu glaubten, aber der Werbespruch von VW stimmt, das man überall in der Welt Ersatzteile bekommt selbst im Urwald oder in der Wüste.

Der heutige Reisetag war heiß und staubig, aber die Straße durch die Wüsten erlaubte ein flottes Tempo, keine Berge, nur kleinere Steigungen und festgefahrene Straßendecke. Gesagt sei hier noch, dass kein europäischer Verkehr Nerven und Hirn besonders anstrengt.

Nach der Montage des neuen Schwimmers setzte ich die Fahrt fort, hierbei entdeckte ich in Sultanabad eine Tankstelle mit einladendem

Teehaus. Ich tankte nochmal alle Behälter mit dem preiswerten iranischen Benzin voll, stellte das Fahrzeug in der Nähe der Tankstelle so auf, dass ich es im Auge behalten konnte und begab mich in das Teehaus.

Nachdem ich eine Kanne Tee bestellt hatte, der im Iran auch schon von Frauen gereicht wird, lud man mich zu einer Opiumpfeife ein, dass ich jedoch dankend ablehnte.

Danach versuchte man es mit einer Frau, die mich mit ihren nur spärlichen Reizen eine gewisse Zeit ablenken sollte. Ich war müde und begab mich in mein Fahrzeug, legte mich aber einer gewissen Eingebung folgend nicht wie sonst auf mein Lager im hinteren Fahrzeug, sondern auf den Fahrersitz und war somit von außen nicht zu sehen, zumal es ja Nacht war.

Es mag vielleicht 1 Stunde vergangen sein, ich war eingeschlafen doch schlief ich nicht so ruhig und fest wie in einem Federbett, als ich durch Rüttel am Fahrzeug wach wurde. Mein erster Gedanke war, es könnte ein Erdbeben sein, das sich in dieser Art zeigt doch als ich menschliche Stimmen hörte, wusste ich Bescheid. Man wollte das Fahrzeug aufbrechen und mich bestehlen. Was sollte ich tun, alleine gegen 2 oder 3 halbwilde, nämlich den Motor anlassen, worauf die

Kerle erschrocken sind, Vollgas, Licht an und ab. Wieder einmal hatte es sich bewährt, vor dem Schlafen das Fahrzeug in der gewünschten Fahrtrichtung so auf zu stellen, dass man ungehindert weiterfahren kann.

Natürlich war ich etwas überrascht und aufgeregt, das war einesteils nur zu meinem Vorteil, denn dieses Nervenaufpeitschungsmittel gab mir die Möglichkeit, weitere 75 km bis zu dem Ort Neyschabur zu gelangen, wo ich dann nach diesem angstengenden und heißen Tag über 975 km Fahrkilometer eine ruhige Nacht verbrachte.

Früh am 10.Reisetag mache ich mich auf über Meschhed Fariman nach der afghanischen Grenze, ein Niemandsland, das durch seinen Steppenkarakter wie eine Mondlandschaft aussieht. Alles ist verdorrt, jegliche Wasserläufe sind ausgetrocknet und das Thermometer ist bis 9.00 Uhr morgens bereits schon auf 35 Grad Celsius angestiegen.

Ich kannte dieses Stück der Fahrt von meiner ersten Reise, nur war es damals eine andere Jahreszeit und nicht so furchtbar heiß. Als ich den Zollhof an der afghanischen Grenze erreichte, war die Hitze auf über 40 Grad Celsius angestiegen und das ist auch für die einheimischen rechts unangenehm, denn arbeiten tut niemand bei dieser

Temperatur und sei es auch nur eine Zollabfertigung.

Es verging eine lange Wartezeit bis ich alle Unterschriften und Papiere zusammen hatte, um weiterfahren zu können. Bis es allerdings soweit war, musste ich verschieden Schimpfnamen ansprechen, sonst wäre die Abfertigung vor Abend nicht fertig geworden.Immer wieder ist es für jeden Fremden, der solche Länder bereist, ein Rätsel, wie diese Staaten deren Beamte die faulsten und eingebildetsten Bürger sind, existieren können. Korruption heißt das erste Gebot und auch die Zukunft wird trotz Entwicklungshilfe nicht anders aussehen, denn in die Verwaltung lassen sich solche Staaten weder hineinsehen, noch hineinreden.

Wenn Allah die Sonne erschaffen hat, die so eine Hitze ausstrahlt, dann muss man Allah dankbar sein und dies geschieht in Form von schlafen während Allah wacht und aufpasst, dass keiner schwarz über die Grenze geht.

Als ich vom Zollhof zu der 5 km entfernten Grenze durch den Niemandsland Streifen fuhr, traf ich doch jemand, der sich zu Fuß mit Feldflasche und Sportsack bewaffnet nach der Grenze bewegte. Ich hielt an, sprach den Mann auf Persisch an, fragte ihn wohin er will und stellte bald fest, dass es ein Deutscher ist.

Ein sogenannter Weltenbummler, auch Tramper genannt, als Gammler konnte man ihn trotz Vollbart noch nicht bezeichnen, denn er trug einen kurzen Haarschnitt. Ein junger Mann von Beruf Tischler aus Radolfzell am Bodensee, der eine Reise zu Fuß rund um die Welt vorhatte. Ich habe ihn von den rund 50.000 km, 1500 km gratis befördert. Vielleicht denkt er noch daran, aber meistens sind bei späteren Erzählungen solcher Leute über ihre Reise, diese Abschnitte ausgelassen, sonst verblassen die großen Unternehmungen aus eigener Initiative und mit eigenen Mitteln.

Vor uns war die Grenze, der Baumstamm, der über der Straße liegt, war noch derselbe, wie vor Jahren, nur die Wachsoldaten wurden gewechselt. Wachsoldaten ist allerdings übertrieben, weil sie mehr schlafen als wachen! Doch hier kann man von einem medizinischen Wunder sprechen, denn klingende Paisas (Gold) wecken diese wilden Burschen viel eher auf, wie jegliches ärztliche Mittel.

An solchen Grenzübergängen haben Tramper oder Weltenbummler, wie mein Begleiter, den ich freundlicherweise mitnahm, diesen Vorteil, dass sie kein Bakschisch geben müssen, damit das Hindernis weggeräumt wird um die Fahrt fortsetzten zu können, denn über einen Baumstamm der als Ersatz für eine Schranke dient, kann man zu Fuß hinwegkommen.

Nach weiteren 5 km war der afghanische Zollhof Kizil-Islam-Kallah erreicht, wo ich gerade zur rechten Zeit eintraf, um einer Gruppe junger Österreicher bei der Erledigung ihrer Zollformalitäten zur Einreise nach Afghanistan behilflich sein konnte. Diese Österreicher waren Bergsteiger, die einige 6000 m hohe Berge im Hindukusch besteigen wollten und dann weiter nach Pakistan und Indien reisten, wo noch höhere Gipfel zu besteigen waren, und ihre Mutprobe zu bestehen. Zu diesem Zweck hatten die Leute viele Lebensmittel und Ausrüstungsgegenstände mitgeführt, deshalb machten die afghanischen Zollbeamten Einreiseschwierigkeiten. Auch die persische Redekunst, mit vielen in der Landessprache bekannten Sprichwörter geschmückt, versuchte ich als Vermittler in dieser Sache die Zollbeamten zu überzeugen. Ich erklärte ihnen, dass diese Österreicher keine Schmuggelwaren bei sich haben, sondern lediglich Vorräte für den eigenen Gebrauch.

Schließlich gestatteten die Afghanen nach längerem Palaver die Einreise der Österreicher,
ebenso die Einfuhr ihrer mitgeführten Gegenstände. Doch ohne mein Zutun wäre es nicht so
glatt gegangen, wofür mir diese Bergsteiger-
truppe mit einem kleinen Geschenk dankten.
Nun, erst dachte ich an die eigene Zollabfertigung, die mir keine Schwierigkeiten machte,
denn nun lies ich zuerst eine nach afghanischer
Sitte einige Portionen Tee und übersüßes Zu-
ckergebäck aus dem nicht allzu weit entfernten
kleinen Basar holen, was überaus imponierend
wirkt.

Das folgende Teegelage lässt die Zollabfertigung
zur Nebensache werden und nach kurzer Zeit
waren die meisten Angestellten der Zollstelle in
einem Raum um mich versammelt. Dann musste
ich den Leuten von meiner Reise erzählen, wobei
schlimme Münchhausen Geschichten entstanden, die ich hier lieber nicht weitergeben will,
obwohl vieles davon den Tatsachen entspricht.
Nach diesem Plauderstündchen war auch die
größte Hitze vorbei, es hat in diesen Wüsten und
Steppengelände 42-45 Grad Celsius Wärme über
die Mittagszeit um diese Jahreszeit. Deshalb
fährt man besser in den frühen Vormittagsstun-
den und in der Abendzeit.

Nach 130 km Sand und Staubweg bis Herat, das einzigen Hotel am Platze, das für Ausländer zu empfehlen ist, die österreichische Bergsteiger gruppe noch einmal traf. Auch hier habe ich den Leuten nochmal freundliche Hilfe bei Essenbestellung, sowie bei der Bezahlung von Getränken und Essen zuteilwerden lassen. Diese Leute mögen wohl gute Bergsteiger gewesen sein, aber die Fahrt und die Hitze machte ihnen sehr zu schaffen, außerdem das Essen und Trinken, da in asiatischen Ländern mit anderen Fetten und Gewürzen gekocht wird. Jeder von ihnen klagte über etwas und jeder hatte ein anderes Wehweh. Es ist ja verständlich, dass man Magenschmerzen und Durchfall bekommt, wenn man 10 Flaschen Coka-Cola hintereinander in kurzer Zeit trinkt, so wie es einer von diesen Leuten an diesem Abend getan hat.

Ich trank heißen Tee, denn ich hatte die Erfahrung früher auch gemacht, dass man kalte Getränke bei großer Hitze und großem Durst zu gierig trinkt, was zu Magenschmerzen führt. Deshalb je grösser die Hitze, je heißer das Getränk, das durststillend wirken soll. Man kann ja niemand belehren, das soll und wird jeder selber merken, wenn die Zeit es bietet. Nach diesem kurzen Hotelaufenthalt fuhr ich weiter, mein Begleiter der Weltenbummler wollte zuerst in Herat bleiben, doch er zog es dann vor, lieber gleich mit mir weiter zu fahren, denn dass ich mich nicht nach ihm richte, hatte er schon gemerkt.

Ab Herat beginnt eine Betonstraße, von den Russen gebaut, einspurig, typisch russische Bauweise, große Dehnungsfugen zwischen den 4 m langen Betonblocks, ferner kurze und steile Wegabschnitte durch hügelige Gebirgslandschaft.

Der Verkehr ist so gering, wodurch ein schnelles Fahren auch bei nach möglich ist, denn mehr als zwei Autos auf 100 km kommen selten.

Man freut sich, nach langen schlechten Straßen auf diese Betonstraße fahren zu können, doch das ist nicht gratis, außer dem Benzin, das der Motor braucht, muss man einen Straßenzoll jeweils für 500 km rund 1 Dollar bezahlen.

An diesem 10.Reisetag erreichte ich Farah, das am Ende der großen Wüste Margo liegt, wo ich übernachtete, weil ich vor Müdigkeit trotz der guten Straße einfach nicht mehr weiterfahren konnte. Der Motor hingegen schnurre zufrieden in seinem vertrauten Geräusch. Mein Begleiter war ja ein leidenschaftlicher Fußgänger, sonst hätte er auch die Reise rund um die Welt zu Fuß nicht gemacht, deshalb konnte er mich am Steuer nicht ablösen, überdies wollte ich das auch nicht haben, denn ich würde mich schrecklich ärgern, kurz vor dem Ziel einen Fahrzeugschaden, durch Unkenntnis hervorgerufen zu bekommen.

Am nächsten Tag begann die Fahrt durch die Wüste, obwohl man bei guter Straße ein flottes Tempo fahren kann, wird die Hitze fast unerträglich, je höher die Sonne steigt. Es war doch gut, dass ich schon in Persien die Kühlgebläseluftklappe ausgebaut hatte, damit der Motor nicht zu heiß wird, zumal die russischen Kraftstoffe, die es in Afghanistan gibt, kaum mehr als 70 Oktan erreichen.

Noch vor Mittag erreichte ich die Stadt Kandahar, der frühere Name war Sxander nach Alexander dem Großen benannt, der in früheren Zeiten allerding ohne Auto auf seiner Indienreise hier vorbeizog.

Die Hitze war auf 45 Grad Celsius gestiegen, das ist bei einer ganz geringen Luftfeuchtigkeit von nur 12 % noch auszuhalten, besonders im Schatten von Maulbeerbäumen, unter denen ich mich ein paar Stunden verweilte, bis die größte Hitze vorbei war, bevor ich weiterfuhr.

Ab diesem Kandahar ist die Straße von einer amerikanischen Firma gebaut, kein Beton sondern Asphalt, man merkt den Unterschied, die Steigungen sind kleiner und ausgeglichener. Auf eine Länge von 350 km steigt die Strecke von 1000 m auf 2200 m an, dies ist kaum zu spüren, danach fällt die Straße nach Kabul wieder auf 1860 m an.

Nach kurzer Zeit hat man für die Strecke von Kandahar nach Kabul mindestens 12-14 Fahrstunden gebraucht. Die alte Straße war sehr schlecht, brückenlos und stellenweise sehr steil. Heute fährt man das 500 km lange Stück in 5-6 Stunden, das ist für viele ältere Afghanen kaum glaubhaft, zumal diese Leute vor 20 Jahren dieselbe Strecke mit dem Kamel zurücklegten, wofür man damals 6-8 Tage benötigte.

Afghanistan hat heute schon mindestens 3000 km Teerstraße, das es seiner geografischen Lage zu verdanken hat, welcher die beiden großen Rivalen Russland und USA in politischer Hinsicht Bedeutung beimessen. Diese beiden Großmächte sind es auch, die Afghanistan unvorstellbare Mengen finanzieller und materieller Hilfe zuteilwerden lassen. Hier weicht sogar Russland von seinen so gepriesenen sozialistisch ideologischen Grundsätzen ab, indem es die Afghanen zu Materialisten erzieht, nur damit Amerikaner nicht zu viel Einfluss in Afghanistan gewinnen.

Jedenfalls ist diese neue Straße als West-Ost Verbindung durch Afghanistan ein großer Fortschritt und zugleich ein Teilstück internationaler Asien-Route. Diese Feststellung machte ich, als ich mich auf dem letzten Stück meiner Reise von Kandahar nach Kabul befand, wo ich in der Nacht am 11.Tag meiner Autofahrt eintraf. Mein Kilometerzähler zeigte 10.426 gefahrene Kilometer von Lautenbach bis Kabul in der Zeit von 11 Tagen, das entspricht einem Tagesdurchschnitt von 947 Kilometer.

Die Direktstrecke beträgt jedoch nur 9.100 km und ist in 10 Tagen durch den verbesserten Straßenzustand zu bewältigen. Leider hatte ich das Pech mit dem Einreisevisa für den Iran (wie berichtet), deshalb 1 Tag länger gebraucht, und über 1.000 km mehr fahren müssen. Bekannte hatte ich genug in Kabul, außerdem wurde ich von einem Kollegen erwartet, wo ich die erste Nacht verbrachte.

Es gibt nach einer Reise immer viel zu erzählen, man freut sich, ohne Fahrzeugschaden oder Diebstahl das Ziel erreicht zu haben, denn Versicherungen übernehmen für asiatische Länder nur mit hohen Prämien eine Deckung für Mensch und Material.

Auch wenn man in einer Landeshauptstadt wohnt, ist man vor Diebstahl nicht sicher, obwohl in Kabul jede Nacht und in allen Straßen einige Polizeiposten stationiert sind, wurde mein Fahrzeug in der zweiten Nacht nach meiner Ankunft in Kabul aufgebrochen und das Ersatzrat gestohlen.

Leider hatte es keine Garage im Haus meines Freundes, weshalb ich das Fahrzeug auf der Straße abstellen musste, alles hatte ich ausgeladen, nur an das Ersatzrad dachte ich auch nicht. Es ist unglaublich, was alles gestohlen wird. Den Diebstahl meldete ich der afghanischen Polizei, die von deutschen Polizeispezialisten ausgebildet wird aber in administrativen Angelegenheiten nichts zu bestimmen haben, denn man sagte mir nur, die Polizei ist nicht dafür da, auf Fahrzeuge aufzupassen, die auf der Straße abgestellt sind.

Das Ersatzrad konnte ich später im Basar für Gebrauchtwagen wieder zurückkaufen, der Händler konnte nicht bestraft werden, einmal weil ich der Bestohlene, ein Ausländer bin, und zum anderen, weil der Händler die Ware nicht gestohlen, sondern gekauft hat, von wem, das wusste er nicht mehr.

Ich will hier keinesfalls zum Ausdruck bringen, dass nur Ausländer bestohlen werden, oh nein, auch die lieben Glaubensbrüder, wie sich die Moslem untereinander schimpfen, müssen den zweiten Rock manchmal unfreiwillig hergeben, lediglich die Untersuchungen von Seiten der Polizei sind verschieden. Wenn ein Ausländer bestohlen wird, und die Polizei diesen Fall bearbeitet, dann ist von vornherein das Leitmotiv der einheimischen Polizei: „Der Ausländer hat ja Geld genug, dass der bestohlen wurde ist recht und billig, er ist ja sowieso ein Ungläubiger."

Das sind keine Märchen oder Anschuldigungen an die deutschen Polizeiausbilder, die in Afghanistan im Staatdienst sind, oder waren, lediglich eine Feststellung von mir, dass Korn zu guter Ernte wohl gesät werden kann, was jedoch nicht bedeutet, dass die Frucht auch edel sein wird. In Afghanistan ist selbst der Helfende nicht immer willkommen, das haben auch schon andere Leute, außer mir gemerkt, nur mit dem Unterschied, ob man als Helfer einer Staatorganisation hier ist, oder aus eigener Initiative, letzteres erfordert zwar kein Dr. Titel, dafür mehr Entbehrungen sowie Mut und Energie

Diesen kleinen Diebstahl vom Ersatzrad meines Fahrzeuges hatte ich schon längst vergessen, denn die Arbeitsaufgaben im Bauhof nahmen mich voll in Anspruch. Kaum 3 Wochen waren seit meiner Ankunft in Kabul vergangen, als ich den Auftrag bekam, eine Stahlkontruktion angefertigte englische 40 m lange Pioniers Brücke im Norden des Landes in der Provinz Batagshan aufzubauen. Es verging noch eine lange Zeit bis ich alles Vorbereitungen für den Transport der Brückenteil sowie der Hebewerkzeuge und vielen anderen Dinge getroffen hatte.

Nach einigen Wochen dieser Vorbereitungszeit konnte ich 10 russische, 12 Tonnen 3-achser Lastwagen, das ist ein original GMC Nachbau

(ein sogenanntes Roosevelt Geschenk für die Russen) auf die Strecke schicken.

Nachdem der von einem deutschen Experten schon vor 15 Jahren geplante Tunnel durch das 5000 m hohe Salang Massiv 80 km im Norden von Kabul fertiggestellt ist, wurde die Strecke von Kabul nach der russischen Grenze um 150 km kürzer.

Die Strecke ist nun geteert und bildet eine wichtige Verkehrslinie mit gerader Führung der Trasse, soweit es möglich war. Lediglich haben die Russen von dem Tunnel, der nach deutschen

Plänen gebaut wurde, nicht alle Höhen und Weiten korrekt ausgeführt. Einmal wurde der Tunnel 2 m in Breite und Höhe kleiner ausgeführt und anderen 500 m höher als geplant angelegt.

Das bedeutet für die Ausführung eine kürzere Bauzeit, weniger Aufwand, weniger Beton usw. bei gleichbleibender Publikationswirkung für die Russen. Was jedoch das Volk nicht gleich begriffen hat, spürten die Kraftfahrer und die Staatskasse für Straßenbau, schon wenige Monate nach der Eröffnung des Salang Tunnels.

Einmal blieb es nicht bei 10% Steigung der Straße zum Tunneleingang auf beiden Seiten, sonder sie beträgt 22% aller Fahrzeuge, speziell solche der russischen Fahrzeugbaukunst ächzen im ersten Gang mühsam den steilen Berg hoch. Wollte man gar mit Anhänger den Transport rentabel gestalten, so bräuchte man einen Vorspann.

Genau mit einem solchen Vorspann konnten die von mir beladenen Fahrzeuge ohne Anhänger nämlich mit 12 Tonnen wie es die russische Herstellerfirma angibt, die Steigung überwinden. Natürlich verliert jeder Verbrennungsmotor sehr viel seiner Leistung auf Höhen von 2500-3000 m über Meer, das haben die Russen genau so übersehen, wie die Schneegrenze, die in diesen Bergen über 8 Monate vom Jahr auf 3000 m liegt.

Das bedeutet, dass recht viel an Arbeit und Maschinen aufgebracht werden muss, um die Anfahrtsstrecke schneefrei zu halten. Aber die Russen sind in ihrer Überzeugungstaktik sehr gute Diplomaten, denn immer wieder fallen die Afghanen auf ihre Angebote herein.

Die Amerikaner und die Deutschen haben bis jetzt nur dieses Projekt in Afghanistan gebaut, die zu 50% an Afghanistan geschenkt wurden und 50% auf der politischen Kreditliste stehen.

Dieses Salang Projekt hat schon viel Unfrieden gestiftet, denn es gibt tatsächlich unter den Afghanen schon ein paar Straßenbau Ingenieure, die in Europa studiert haben und dadurch die Einsicht genossen, dass man für ein solches Projekt keine Russen anstellen sollte, denn Tunnelbau ist in Russland noch ein völlig neues Gebiet. Leider haben in Afghanistan Fachkräfte keinerlei Einfluss in Beratungen, das macht die jeweilige brüderliche Familienregelung je nach Höhe des Bakschischs, alleine unter sich aus. Mein Auftrag war ja nicht den Salang Pass zu ebnen aber, wenn man das sieht, macht man einfach diese Feststellung, es sei denn man ist Russe, denen ist selbst ein schlechter Gedanke über ihr Werk nicht erlaubt.

Mit dem Jeep, der mich zur Brückenbaustelle brachte, kommt man gerade noch die Steigung hoch, aber bei der Fahrt durch den Tunnel darf man nicht hinter einem russischen Lastwagen sein, der mit 2 Takt-Dieselmotor ausgerüstet ist, denn sonst braucht man eine Gasmaske um nicht im Dieselqualm zu ersticken, der außerdem jegliche Sicht mit Scheinwerferlicht unmöglich macht.

Wie gesagt, im Winter gibt es Schneeprobleme und jetzt in der Sommerzeit, als ich den Pass befuhr, gibt es Wasserprobleme, infolge der Höhe kocht der Kühler recht schnell. Der Kühler und der Motor wird immer wieder mit kaltem Wasser übergossen, das hilft.

Eines, was die Russen allerding beim Bau dieses Projektes nicht voraussahen, ist eingetreten. Die Touristen und Bergsteiger können nun bald bis zum Gipfel mit dem Auto fahren, das macht ja heute Bergsteigen so viel schöne

Die Strecke nach dem Norden des Landes war mir ja nicht unbekannt und gegenüber früher, durch die neu gebaute Straße, heute in kurzer Zeit bewältigt. Von afghanischer Seite war alles zum Bau dieser Brücke vorbereitet, trotzdem hatte ich noch genug Schwierigkeiten, betreffs

Durchfahrt mit großen Lastfahrzeugen über bestimmte Straßenabschnitte, die noch nicht vom Staat unterhalten wurden.

Nach einigen Tagen Anfahrt mit längeren Halten bis immer wieder die Durchfahrt Erlaubnis von Hahimi (Bürgermeister) erteilt war, erreichten wir die Stelle, an der die Brücker erstellt werden sollten. Eine Arbeitseinheit von rund 200 Soldaten war schon einige Zeit anwesend, sie hatten ein Zeltdorf aufgeschlagen, wovon ein Zelt zu meiner Verfügung stand. Somit war unsere erwartete Ankunft nichts Überaschendes, jeder der Fahrer, auch ich, war zufrieden, als man uns bei der Ankunft eine Portion Reis mit Hammelkeule vorsetzte.

Viele Europäer, die in Afghanistan sind, haben ja noch nie etwas aus einer solchen Soldatenküche gegessen, einmal weil diese Leute nur in der Hauptstadt des Landes ihre Zeit verbringen und zum anderen, weil viele zu fein sind und glauben, so etwas isst höchstens das Vieh.

Doch Hunger ist der beste Koch und wer keinen Hunger kennt, hat weder die Höhen noch die Tiefen des Lebens gekostet.In einem zirka 100 Liter großen runden Kupferkessel, der auf ein paar zusammengelegten Steinen sitzt, wird Reis und Fleisch mit Fett zusammengekocht. Der Kessel ist außen überall vom Feuer schwarz, der Deckel wird ringsherum mit Lehm bedeckt, damit kein Dampf entweichen kann, hierdurch wird der Reis mehr gedämpft, als gekocht, zumal kein Wasser beigemengt wird. Das ganze schmeckt sogar sehr gut, doch wie gesagt, es ist nicht für jedermann verträglich, speziell wer noch nicht lange im Land ist. Sehr viele Ausländer, speziell Amerikaner, die hier sind, halten sich zu wenig an die Landeskost, das macht diese Menschen sehr krankheitsanfällig, obwohl diese Leute nur abgekochtes Wasser trinken, das überhaupt nach nichts schmeckt. Alles Obst in bakterienvertilgende Flüssigkeiten waschen, ja selbst die Weintrauben schälen, ist das alles kein Schutz vor bestimmten Krankheiten, die der normale Körper ohne fremdes hinzutun von selbst bekämpft.

Natürlich ist eine gewisse Veranlagung hierzu notwendig, welche allerdings nicht von Komservenkost, sondern durch einfache, unkomplizierte natürliche Nahrung dem Körper verliehen wird.

Sicher hatte ich jedes Mal, wenn ich auf Außenbau stellen war, eine Hausaphotke dabei, einmal für erste Hilfe bei Unfällen, denn der Mister ist auch der Doktor Sahib und zum anderen für die Vorbeugung, hauptsächlich gegen Malaria,

Gelbfieber, sowie Insektenstiche und Schlangenbisse.

Die Gegend am Kokcha Fluss, über den wir die Brücke bauten, war das Klima allerdings nicht sehr heiß und auch infolge geringer Vegetation sehr angenehm und erträglich. Durch die Steilufer des Flusses, welches festgewachsene Felsen aufweisen war die Verankerung. Der Brückenkopfteil wesentlich einfach. An einem Drahtseil, da ich noch am Felsen mit über 200 m Länge befestigte, konnte ich mit einem Flaschenzug die einzelnen Brückenteile hochziehen und einsetzten.

Zur Unterstützung dieser Einsatzstücke, stellte ich zwei Lastwagen nebeneinander in das fast ausgetrocknete Flussbett, auf deren Ladeflächen Hölzer aufgeschichtet wurden, bis zur Unterseite der Brückenhöhe. Auf diese einfache Art hatte ich nach 6 Wochen Bauzeit die 40 km lange mit 20 Tonnen Tragfähigkeit englische Pionierbrücke an ihrem Bestimmungsort aufgebaut.

Das ganze soll laut Aussagen meines afghanischen Vorgesetzten nur ein Provisorium sein, doch sind mir bekannte ähnliche Projekte in Afghanistan schon seit 50 Jahren nichts anderes als provisorisch.

Mein Auftrag war erledigt, einen Großteil der Fahrzeuge wurde für den Transport benötigt und somit konnte ich nach der Entladung diese wieder zurückschicken, d.h. diese Fahrzeuge fuhren nicht leer nach Kabul zurück, sondern sie wurden im größten afghanischen Binnenhafen Kisil-Kalah am Oxus mit Waren, welche aus Russland kamen und für das afghanische Arbeitsministerium bestimmt waren, für die Rückfahrt beladen.

Ich selbst fuhr mit dem mir zur Verfügung gestellten russischen Jeep auf Umwegen nach Beendigung aller schriftlichen Formalitäten mit dem Kommandanten der Arbeitseinheit nach Kabul zurück, wo mich bei meiner Ankunft eine böse Überraschung erwartete

In Kabul wohnte ich, wie schon gesagt, mit einem Deutschen zusammen, der auch schon 10 Jahre in einigen Ländern des Nahen Ostens beruflich tätig ist. Dieser Mann stand kurz vor seiner Urlaubsreise nach Deutschland, als ich von der Außenbaustelle nach 2 Monaten wieder zurückkam.

Er musste jedoch seinen Urlaub verschieben, denn während er auf Arbeit war, hatte man zwischen 9 und 11.00 Uhr vormittags in unserem

Haus eingebrochen und viele Wertsachen, meinem Kollegen das Reisegeld gestohlen. Das war die Überraschung, die auf mich wartete, obwohl ich immer alles eingeschlossen hatte, wenn ich auf Montage längere Zeit auswärts war. Die Diebe hatten mit einem großen Brecheisen Schrank und Kisten aufgebrochen und Kleidungsstücke, sowie Geld mitgenommen.

Von mir hat man Wertsachen und Gold in Höhe von rund 600 DM gestohlen, mein Kollege war übler dran, denn bei ihm belief sich die Summe auf ungefähr 5.000 DM. Die afghanische Kriminalpolizei, welche wie schon gesagt, von deutschen Experten ausgebildet wird, nahm den Fall in die Hand und versprach, die Diebe zu finden, schon bevor alles aufgenommen war.

Ich kannte die Versprechungen, denn vor 7 Jahren wurde ich auch schon einmal bestohlen und es wurde bis heute noch kein Dieb aus jener Zeit gefunden, genauso ist es auch mit dem heutigen Fall und machte mir deshalb keine falschen Vorstellungen.

Einbrüche bei Ausländern in Kabul ist keine Seltenheit, sondern an der Tagesordnung und wenn ein Moslem hört, selbst wenn es der erste Polizeihauptmann von Kabul ist, dass bei Europäern oder Amerikanern eingebrochen wurde, dann freut der sich noch und sagt bloß, das ist nicht schlimm, denn das sind sowieso Ungläubige.

Würde sich jedoch der Fall umgekehrt verhalten, dann gibt es für die Moslem nur eine Rache und das ist irgendeinen Ausländer umbringen, egal ob der bei dem Einbruch dabei war, oder nicht. In solchen Fällen können weder die zuständige Botschaft oder ausländische Polizeiausbilder etwas dazu tun, denn hier lassen sich die Afghanen nicht hineinreden. Das ist ihr Stolz, deshalb sind auch viele Zweige der sogenannten Wirtschaftshilfe völlig sinnlos, weil trotz guten Ratschlägen Ausländer nie anerkannt werden.

Mein Kollege und ich vermuteten, dass es der Sohn des Hauseigentümers war, welcher unmittelbar neben uns wohnte. Denn dieser Kerl, wusste genau zu welcher Zeit keiner von uns zu Hause ist. Als wir das der afghanischen Polizei meldeten, sagten sie uns, dass auch die Polizei diesen Verdacht hegt, jedoch sei der Hauseigentümer ein großer Sahib und begleitet ein hohes Amt, deshalb kann man gegen seinen Sohn nichts ankommen.

Dieser Entscheid war zugleich der Abschluss in Sachen Einbruch bei uns Ausländern und ein typisches Bild asiatischer Mentalität, nach der nur die Reiche Recht hat und immer tabu bleibt.

Für mich war der Einbruch bald vergessen, der Sommer war vorbei, ich war wieder im Bauhof in Kabul tätig und die Außenarbeiten durch zunehmend schlechte Witterung eingestellt werden musste. In diesem Bauhof sind außer mir noch 11 Russen, sogenannte Spezialisten beschäftigt. Die Russen sind nicht, wie wir vom Westen, aus freien Stücken hier im Land, sondern sie werden von ihrer Regierung ausgesucht und einfach in irgendein Land geschickt, mit dem die russische Regierung einen Hilfevertrag abgeschlossen hat.

Ich möchte die Russen mit Herdenvieh vergleichen, sie sind nie alleine, sei es bei der Arbeit oder beim Stadtbummel, es ist immer ein Aufpasser mit dabei, der die Herde leitet.

Arbeitsmäßig kann man mit den Russen gut auskommen, die meisten sind nur einseitig ausgebildet, so kommt es, dass man viele Leute braucht, weil jeder nur seine Fachrichtung kennt. So z.B. ist der Autoelektriker nicht in der Lage auch ein Motor mit 220 V Spannung anzuschließen, oder der Motorenschlosser kann nicht Elektro Schweißen. Grob gesagt, kann der eine Spezialist nur Schrauben aufmachen, aber nicht zu, und der andere umgekehrt.

Recht oft schon hat man mich zu Rate gezogen, bei irgendwelchen Arbeiten, dies geschieht jedoch nur über den russischen Vorarbeiter (Natschalnik) der kleine Gasputin traut sich eine solche Abweichung seiner ideologischen Anschauung nicht zu.

Auch irgendwelche Unterhaltungen mit den Russen sind immer nur dann möglich, wenn man alleine ist, sobald ein Dritter hinzukommt, ist jegliche Unterhaltung vorbei, die Angst eine Übertretung begangen zu haben, sitzt jedem Russen im Nacken.

Die Zeit verging, ich hatte als einziger Deutscher oder besser gesagt, Westdeutscher in der Abteilung Mechanik des afghanischen Arbeitsministeriums nicht immer einen leichten Stand. Aber die Afghanen merkten den Unterschied zwischen den Russen und mir. Hatte einer Kopfschmerzen, Zahnschmerzen oder sonstige Wehwehchen, kamen sie zu mir, um eine Tablette zu holen.

Auch erste Hilfe bei irgendwelchen Betriebsunfällen holte man mich zum verbinden von Wunden. Ich hatte immer eine große Hausapotheke

In meinem Umkleideraum mit Tabletten und Verbandsmaterial. Selbst die Russen kamen zu mir und baten um Hilfe, obwohl es für Sozialisten untersagt ist, von uns angeblichen Materialisten etwas anzunehmen.

Ich möchte an dieser Stelle der Delphinen-Apotheke in Oberkirch (in meinem Heimatort), wo ich auf mein Bitten einen ganzen Karton mit Tabletten verschiedener Art und ebenso Verbandsmaterial geschenkt bekam, dass ich sehr gut brauchen konnte, nochmals meinen besonderen Dank aussprechen.

All diese Dinge, die ich während meines Aufenthaltes in Deutschland sammelte, habe ich mit nach Afghanistan genommen, sie dienten nicht alleine dem Eigennutz, sondern einem guten Zweck, dem Allgemeinwohl der Arbeiter im staatlichen Bauhof in Kabul.

Nicht immer war meine erste Hilfe von Erfolg, denn wenn sich jemand verletzt hatte und sollte hinterher einen Arzt aufsuchen, wurde das von den meistens Leuten unterlassen, einmal aus Angst der Schmerzen und zum anderen aus Angst vor den Kosten, denn Krankenkassen und sonstige soziale Einrichtungen wie in Europa. Die Leute gehen viel lieber zum Hohepriester als zum Arzt, wenn sie eine Krankheit haben. Dier Mullah wie er genannt wird, bespricht dann die

Krankheit, beschreibt irgendein Stückchen Papier, das dann in einem beutelartigen Behältnis verschiedener Größen an die betreffende Körperstelle geheftet wird.

Mit anderen Worten, die Zeit heilt alle Wunden und Zeit hat man hierzulande noch genug. Das kann man immer wieder beobachten, am besten auf irgendeinem afghanischen Amt, wo man tagelang warten muss, bis man etwas erledigt hat. Alles was mit Verwaltung, Zoll, Handel usw. zusammenhängt, lassen sie sich nicht belehren, oder von jemand hineinreden.

Obwohl ihr Verwaltungssystem schon lange einer Reform bedarf, führen sie diesen Papierkrieg unbeirrt fort, wo man hinsieht wird geschrieben, geschrieben und nochmals geschrieben.

Man glaubt als Ausländer, dass die wenigen schreibkundigen Afghanen das Schreiben als eine Kunst betrachten und diese Kunst mit vielen nutzlos vollgeschriebenen Blättern vor dem Volk demonstrieren um gebührend beachtet zu werden.

Kopien oder Zweitschriften, die mit Blaupapier als Durchschlag dem Original haargenau gleichen, werden nicht amtlich anerkannt, warum, man hat ja Zeit genug, um das zwei oder mehrmals zu schreiben, obwohl dann vielmehr Fehler drin, ja sehr oft die Texte voneinander abweichen.

Ebenso die vielgerühmten Kugelschreiber, die doch von den Herstellerfirmen als dokumentenecht bezeichnet werden, erkennt man in Afghanistan bei Staatsstellen nicht an, das muss in Tinte sein und wenn sie nur noch blassblau ist, weil sie schon zu oft mit Wasser verdünnt wurde!

Das sind Dinge, die man wirklich als unterentwickelt bezeichnen kann, aber werde amerikanische, russische oder deutsche Entwicklungshilfen konnten diese Missstände bis jetzt bereinigen. Im Gegenteil, der Bürokratismus wird von den fortschrittlichen Europäern und Amerikanern auf höchster Ebene in Blüte gehalten.

Zeit spielt wirklich keine Rolle oder bedeutet Geld wie wir Ausländer das glauben und uns manchmal über Dinge aufregen, die aus afghanischer Sicht völlig normal und zeitgerecht verlaufen.

Wenn ein Haus gebaut wird, braucht das seine Zeit und wenn man 20 Jahre davon baut, ist es immer noch neu, während das Haus, welches nach einem Jahr fertig ist, nach 20 Jahren schon wieder zusammenfällt. Schildbürgerstreiche in der Verbauungskunst gibt es so viele, dass man zu keinem Ende käme, wollte man davon erzählen. Ebenso auf dem Gebiet der Elektrik, das für die meisten Leute hierzulande etwas Geisterhaftes bedeutet, Strom ist etwas das man sieht und nicht festhalten kann, deshalb unbegreiflich.

Motoren und Fahrzeuge, die nun doch schon 30 Jahre unter der Bevölkerung bekannt sind, haben auch noch viel Geheimnisvolles an sich, weshalb man die Dinger oft auf der Straße zerlegt, schon aus reiner Neugier, was denn da drin sein könnte. Wenn solche von Afghanen behandelte Motoren nach dem Zusammenbau nicht gleich anspringen, muss man eben etwas Geduld haben. Ein modernes Fahrzeug ohne Handandrehkurbel für den Motor ist für Afghanen nicht vollständig, die brauchen eine Kurbel und viel Draht um alles beweglichen Teile zusätzlich anzubinden, erst dann ist ein Auto vollständig.

Auf auch diesem Gebiet ist jegliche Belehrung vollkommen sinnlos, sie lassen sich nicht belehren.

Natürlich sehen und spüren diese afghanischen veralteten Methoden nicht alle Leute, die hier ins Land kommen. Man muss sehr lange hier sein, um Dinge zu erleben, die vielen Ausländern nie bekannt werden, speziell diesen Leuten nicht, die entweder mit einer Firma oder mit dem eigenen Staat im Rücken hier sind.

Ich habe es im Anfang meiner Berichte schon einmal beschrieben, was es für Schwierigkeiten gibt, wenn jemand ausreisen will der bei afghanischen Dienststellen als Ausländer vertraglich angestellt ist. So z.B. sperrte man mir die Ausreise mit der Begründung, ich hätte von 10 Jahren zurück noch Steuerschulden an den afghanischen Staat. Trotz Vorlage der Einzahlungsquittungen über alle Steuerbeträge, die mir auferlegt waren, lies man mich einfach nicht ausreisen, obwohl ich zuvor schon einige Male das Land verlassen hatte, „damals auch alles in Ordnung war."

Ich musste selbst zur Bank, zum Finanzamt und zur Ausländerabteilung, auf das Einwohnermeldeamt um die Sache zu regeln, hierbei erlebte ich Sachen, die jeden normalen Menschen zur Verzweiflung bringen könnte. Um das Verständlich zu erklären, muss ich auf eine nähere Beschreibung eingehen, denn selbst Leute, die den Orient und somit die dort übliche arabische Schreibweise verstehen, würden vielleicht glauben, ich übertreibe in meinen Ausführungen.

Also man schreibt hierzulande persisch mit dem arabischen Alphabet und zwar von rechts nach links, wohlgemerkt mit der rechten Hand und genauso wird das Geschriebene gelesen, die Zahlen jedoch liest man wie in der lateinischen Schreibweise von links nach rechts, also für alle persisch und arabisch schreibende umgekehrt.

Die Reisepassnummer eines Ausländers auf irgendeinem Amt von einem ganz schlauen Beamten, der sogar im Ausland studiert haben kann, notiert denn liest dieser Beamte die oft recht lange Zahl, von links nach rechts, schreibt sie aber in seiner Schrift umgekehrt, von rechts nach links und schon ist das größte Durcheinander fertig.

Als ich dieser Sache betreffs meiner Steuerschuld nachging, kam ich auf die Idee, nach der Passnummer zu fragen, und stellte hierbei fest, dass diese Nummer nicht mit meiner übereinstimmt, denn es was die Nummer 7512204 doch wie war ich erstaunt, als man mir diese Nummer vorsagte, nämlich umgekehrt was dann 4022157 heißt und tatsächlich meine Passnummer war.

Nun erst kam ich dahinter, dass diese Nummer infolge der umgekehrten Schreibweise zu Verwechslungen führen. Genau so war es mit dem Namen der als Rudif zu lesen war, während mein Name Rudi Schreiner ist, hat man mich mit diesem Rudif, der ein Tscheche war, wie sich später herausstellte verwechselt.

Die Passnummer dieses Rudif, lautete jedenfalls umgekehrt gelesen genau wie die meiner Passnummer und es kostete Nerven, bis ich verschiedene afghanische Finanzbeamte überzeugt hatte, dass das eine Verwechslung ist. Erst danach wurde meine Quittung, die von verschiedenen Einzahlungsstellen in Kabul stammten, bekam ich das Ausreisevisa, jedoch hatte ich eine ganze Woche hierdurch zusätzlich Aufenthalt in Kabul. Was mich selbst bei der ganzen Sache am meisten in Verwunderung setzte, war die Wirklichkeit der Gleichheit beider Nummern, jeweils vorwärts oder rückwärts gelesen, das ist doch nach der Wahrscheinlichkeit zu schließen noch seltener wie wenn man das große Los zieht, was mich begreiflicherweise mehr gefreut hätte.

Es gibt noch andere Dinge, worüber sich Ausländer in Kabul wundern, so kann man z.B. erleben, dass über der Stadt Kabul, je nach Jahreszeit und Wetter, Hunderte von kleinen Papierdrachen in bunten Farben auf und abschwingen. Drachenspiel werden mit Begeisterung von Jung und Alt ausgeführt, das geschieht meistens vom Hausdach, wobei die ganze Familie mit dabei sitzt und in lautem Geschrei den Helden anfeuert, der gerade die Drachenschnur hält. Eine ebenso beliebte Beschäftigung, jedoch etwas teurer als Drachenspiel ist die Taubenhaltung.Sehr viele Leute, die selbst sehr arm sind halten Tauben, die sie jeden Tag mit viel Gepfeife und Gewinke einigemal ums Haus herumfliegen lassen, wobei es oft vorkommt, das die Vögel bei einem anderen landen, was dann wieder zu Streit führt, weil derjenige bei dem fremde Tauben anfliegen, die Vögel nicht mehr hergibt.

Es gibt eine Art Wildtauben, sie sind kleiner als unserer europäischen Wildtauben, die hierzulande nicht besonders Scheu sind. Diese Tauben kann man mit der Haustaube anlocken und wer sie in den Stall gelockt bringt, hat oft einen billigen Taubenbraten.

Im Allgemeinen sind alle Vögel vogelfrei, kleine Burschen fangen mit der Steinschleuder as Mittagsfleisch, Singvögel sind besonders beliebt, vor allem die Schwalben, es kümmert sich niemand darum, ob das recht ist oder nicht. Ein Gesetz gibt es nicht das den Vogelfang verbietet, auch für diese Unterentwicklung gibt es keinen Einfluss von außen, der wirkungsvoll wäre, man kann sich nur wundern.

Ebenso wundert man sich, wenn man zusieht, wie die Afghanen einen Wassertankwagen mit

8000 Liter Inhalt an einen ½ Zoll Wasserhahn füllen. Hier sieht man wirklich, dass Zeit keine Rolle spielt, denn es braucht einige Stunden bis ein Behälter in dieser Größe an einer halb Zoll Zapfstelle gefüllt ist. Nun, ich habe in der Zeit meines Afghanistan Aufenthaltes das wundern verlernt, sonst hätte ich diese Nervenprobe nicht überstanden.

So z.B. oblag mir, auch die Ersatzteilbestellung für deutsche Fahrzeuge und Maschinen, das jeweils in einer Sammelbestellung an das Arbeitsministerium eingereicht werden musste, eine dieser Bestellungen braucht 5 Jahre bis sie alle Kontrollen auf dem Ministerium durchlaufen hatte. Bei uns in Europa geht es ja auch nicht gerade am schnellsten, wenn man mit einer Regierungstelle etwas zu verhandeln hat, doch ist das kein Vergleich zu asiatischen Verhältnissen. Als dann nach dieser langen Zeit von 5 Jahren die Bestellung endlich genehmigt wurde, waren die Preise aller bestellten Teile und bei allen Firmen um 25% gestiegen, was das Arbeitsministerium davon abhielt, tatsächlich zu kaufen.

Die Zeit verstrich, einige Maschinen konnten infolge Ersatzteilmangel nicht mehr überholt werden, was immer wieder zu Streitigkeiten mit Regierungsstellen führte. Ein zweites Mal wurden neue Preisangebote eingeholt, einige Firmen zeigten sich sehr kulant, indem sie ihr Angebot zum selben Preis boten, wenn das Arbeitsministerium innerhalb 4-6 Monaten den Kaufauftrag erteilt.

Eine solche Zeitspanne ist natürlich für asiatisches Zeitgefühl viel zu kurz, denn es geschah innerhalb 6 Monaten nichts.

Ein ganzes Jahr war verstrichen, als das Thema Bestellung wieder akut wurde, ich musste die Bestellung noch weitere zweimal ändern, zuletzt waren es nur noch 20% aller benötigten Teile, um Fahrzeuge und Maschinen instand zu setzen.

Über die Dauer von 6 Jahren lief diese Bestellung, festgehalten auf mehr als 100 DIN A4 Seiten, aber auch genau so viel Schreibe und Staatsbeamte halten sich daran fest um täglich eine Arbeit zu haben.

Bei solchen Abwicklungen verliert man jegliches wundern, doch der Clou kommt erst, als dann tatsächlich die Bestellung genehmigt war und das Akkreditiv eröffnet werden konnte, war das Konto leer und somit ist alle wie am Anfang. Natürlich gibt das auch Anlass zu Ärgernissen, denn mit z.T. selbstgefertigten Ersatzteilen und Improvisierungen arbeitet keine Maschine lange Zeit, aber trotzdem sei hier gesagt, dass jede deutsche und auch amerikanische oder englische

Maschine und sei sie noch so alt, jede russische neue Maschine überlebt.

Es gibt bis heute noch keine russischen Erzeugnisse, die auf dem Weltmarkt konkurrieren können, ganz egal welcher Art diese Dinge auch sein mögen. Ganz egal welcher Art diese Dinge auch sein mögen, wer sich natürlich durch die z.T. niedrigen Preise bluffen lässt, muss den Schaden selbst tragen. Das einzige was die Russen auf dem Weltmarkt hält, ist ihre diplomatische Politik, speziell in Entwicklungsländern immer wieder Gefallen zu finden.

Die Vorbereitung der Lehre Lenins, der Prophet aller Russen und ihren vielgelobten Sozialismus betreiben sie überall und mit allen nur denkbaren Mitteln, nicht selten ohne Erfolg. Allerdings ist es jedem, der Russland kennt, bekannt, dass die besten Köpfe und Techniker auf den unerforschten Neugebieten mit staatlicher Förderung und Zwang, eingesetzt werden, das natürlich auf einen besseren Stand als der üblichen Industrieerzeugnisse schließen lässt.

Ich habe bei Militärparaden in Afghanistan und Indien russische Waffen und Kriegsmaterial gesehen, das diesen Staaten sicher nur geliefert wurde, weil es veraltet ist, aber trotzdem eine gewisse Täuschung hervorruft.

All solche Eindrücke tragen dazu bei, Eile und Verwunderung zu verlieren, es lebt sich ruhiger und ohne nervliche Belastung, das viele Menschen bedrückt.

Wieder war ein Winter vergangen, das Jahr 1345 nach mohammedanischer Zeitrechnung ging dem Ende zu, der Frühling begann in Kabul als man den Bundespräsidenten der Bundesrepublik Deutschland zu einem Staatsbesuch in Afghanistan erwartete.

In dieser Vorfrühlingszeit ist jedoch das Wetter im Hindukusch sehr launisch und wechselhaft, es ist die Regenzeit, die jedes Jahr über einige Wochen dauert. So traf es auch ganz ungünstig am 15.März 1967 zu, als die Maschine mit Lübke an Bord, von Nepal kommend infolge Regen, tiefhängende Wolken, zu wenig Bodensicht in Kabul nicht landen konnte.

Alles war zu seinem Empfang vorbereitet, die Straßen mit Fahnen und Triumphbogen geschmückt, beidseitig von vielen Menschen umsäumt. Der afghanische König, der seinen Gast am Flughafen abholen wollte, fuhr wieder in seine Residenz zurück. Das diplomatische Corps und die Angehörigen der deutschen Kolonie in Afghanistan hatten sich alle auf dem Flugplatz

versammelt und mussten ohne das Begrüssungs-
erlebnis, das auf den folgenden Tag verschoben
wurde, wieder nach Hause fahren.

Die Maschine der deutschen Lufthansa mit welcher der Bundespräsident auf seiner Asienreise
unterwegs war, landete auf den vor einigen Jahren erbauten, rund 500 km von Kabul entfernten
Flugplatz Kandahār. Der derzeitige Botschafter
der Bundesrepublik Deutschland in Afghanistan
Dr.Moltmann flog mit einer Maschine der afghanischen Fluggesellschaft „Ariana" am selben Tag
noch nach diesem Kandahār, um Lübke zu begrüßen. Zugleich wurde bekanntgegeben, dass
am folgenden Tag dem 16.März vormittags um
10.00 Uhr die Maschine mit dem Bundespräsidenten, seine Frau, Entwicklungsminister
Wischnewski und dem weiteren Gefolge in Kabul eintreffen wird. Inschallah d.h. mit „mit Gottes Hilfe" und alle Moslems benützen diese Re-
dewendung bei passender Gelegenheit, sei es bei
Terminsfestlegungen, Reisen oder auch zum Ge-
lingen irgendeiner Arbeit. So z.B. hat man der afghanischen Luftfahrtgesellschaft „Ariana" den
Beinamen „Inschallah Airlines" gegeben, weil
Flugzeiten und Flugmöglichkeiten bei dieser Gesellschaft nie im Voraus bestimmt werden. Natürlich sei hier gesagt, dass die Flugbedingungen
in asiatischen Ländern sehr verschieden sind

und weit von europäischen Vorstellungen abweichen.

Der 16.März zeigte sich als freundlicher Tag, der Himmel war fast wolkenlos. Von der Ferne grüßte der Hindukusch mit seinen schneebedeckten Häuptern, ein schönes Bild für Neuankömmlinge in Kabul. Wieder war alles auf den Beinen um den Staatsbesuch zu begrüßen und zu bejubeln, denn nun galt es als sicher, dass die Maschine zur angesagten Zeit um 10.00 Uhr vormittags eintreffen wird. Die meisten der in Afghanistan befindlichen Deutschen waren anwesende, als die Maschine der deutschen Lufthansa Boeing 707 mit Namen Duisburg um 10.05 Uhr Ortszeit zur Landung ansetzte.

Nach wenigen Minuten war der Vogel vor das Flughafengebäude herangerollt und unter großem Jubel aller Anwesenden betrat als Erster der angekommene Bundespräsident Lübke afghanischen Boden. Danach kam die Begrüßung von König Zahir Shah und seiner Frau Homeira umringt von einer großen Schar Reporter, die emsig wie Ameisen hin und her rannten und die beiden Staatsoberhäupter mit ihrem Gefolge zeitweilig vor den Augen der Schaulustigen verschwinden liesen.

Die Militärmusik spielte die Nationalhymnen beider Staaten und nach Abschreiten der Ehrenkompanie begrüßte der afghanische König und sein Gast das diplomatische Corps. Was nun folgte, war für alle Beteiligten eine große Überraschung, denn der Bundespräsident, seine Frau und der afghanische König und Königin Homeira gingen die fast 200 m lange Front zur Begrüßung der gekommenen Deutschen und viele wurden mit einem Handschlag beehrt, ohne Unterschied. Sei es von Lübke, von seiner Frau, König Zahir Shah, oder seiner Frau, egal welcher Rang oder Stellung die betreffenden Personen aus der Masse waren. Diese Geste gab dem Besuch des Bundespräsidenten von deutscher Seite gesehen eine ganz besondere Note, zumal die Herren der deutschen Botschaft in Kabul schon tagelang vorher beratschlagten, und festlegten, wer von Lübke mit einem Händedruck geehrte wird.

Seite an Seite im königlichen Rolls-Royce von Polizisten eskortiert, begann nun die Fahrt nach dem königlichen Gästehaus quer durch die Stadt Kabul, wobei der Bundespräsident Lübke und König Zahir Shah von einer nicht übersehbaren Menschenmenge, die mit Fähnchen in den Farben beider Staaten, den Staatoberhäuptern jubelnd zuwinkten und weiterhin durch Händeklatschen ihrer Freude Ausdruck gaben.

Ich habe einige Staatsbesuche in Afghanistan erlebt, doch nur der Eisenhower Besuch, sowie Chruschtschow und der Shah in Shah Reza Pahlewi Besuch, kamen etwa dem Besuch von Lübke gleich.

Das Programm von Bundespräsident Lübke während seinem Aufenthalt in Afghanistan war infolge des Schlechtwetters ins Wanken gekommen und durch die verspätete Ankunft in der Landeshauptstadt Kabul mussten einige Programmpunkte ausgelassen bzw. verschoben werden. Die Vorstellungsparty zu Ehren des Bundespräsidenten und Frau Lübke im Hotel Kabul welche am 17.März stattfand und wozu alle in Afghanistan anwesenden Deutschen von Botschafter Moltmann und seiner Frau eingeladen waren, wurde jedoch nicht verschoben.

Leider konnte Frau Lübke dieser Party infolge Unwohlsein nicht beiwohnen, wofür volles Verständnis der Anwesenden aufbracht wurde, denn es war für Herr Lübke und seiner hochbetagten Gattin eine enorme Anstrengung Klima, Zeit- und Höhenunterschiede, verbunden mit schwierigen Landungen auf dieser Asienreise zu überstehen. Nach einer kurzen Ansprache von Bundespräsident Lübke, wobei auch einige male herzlich gelacht wurde, mischte sich Lübke unter das Volk und jedermann konnte ein paar Minuten mit dem Staatsoberhaupt sprechen.

Auch ich nutzte diese Gelegenheit und erzählte dem Bundespräsidenten von meiner Arbeit und den Schwierigkeiten bei der Zusammenarbeit mit russischen Spezialisten, was ihn infolge meiner langjährigen Tätigkeit in Afghanistan sehr interessierte. Nicht umsonst lobte Lübke nach seiner Asienreise die Zusammenarbeit vieler Nationen in Afghanistan vor Pressevertretern, und brachte zum Ausdruck, dass so etwas auch in Europa möglich sein sollte.

Diese Zusammenkunft aller Deutschen mit dem Staatsoberhaupt und seinem Gefolge verlief in voller Harmonie, es wurde Bier und Sekt ausgeschenkt, ebenso Würstchen und kalte Platten, sowie Gebäck wovon jeder Teilnehmer sich laben konnte, wovon auch reger Gebrauch gemacht wurde.

Wie Anfangs schon erwähnt, gibt es im strengen Moslem Land Afghanistan keinen freien Alkohol Ausschank, es herrscht immer noch völliges Alkoholverbot, wenn auch in 2-3 Hotels der Landeshauptstadt für Ausländer Flaschenbier zu horrenden Preisen abgegeben wird.

Die Tage des Staatsbesuches von Bundespräsident Lübke in Afghanistan gingen schnell vorbei, einige Geschenke der Bundesrepublik Deutschland an Afghanistan im Zuge der Entwicklungshilfe und der Völkerverständigung wurden durch Lübke übergeben. Im großen Rahmen hatte sich jedoch nichts geändert, Russland und die USA sind für Afghanistans Zukunft entscheidend, denn Deutschland ist nicht mehr der Nabel der Welt.

Am 19.März hat der Bundespräsident Afghanistan wieder verlassen, genau wie bei seiner Ankunft wurde er von König Zahir Shah und seiner Frau, sowie hohen afghanischen Regierungsbeamten und vielen Deutschen verabschiedet. Die Tage der Aufregung waren nun für viele Leute vorbei, die zeitweilige Sperrung einzelner Straßen in Kabul hatte ein Ende, Fahnen und Triumphbogen wurden wieder entfernt und das Leben ging in der altgewohnten Form weiter.

Von einem Bekannten hatte ich eine Briefmarke aus Korea bekommen, worauf Bundespräsident Lübke und der südkoreanische Ministerpräsident zu sehen ist. Diese Briefmarke wurde bereits schon am Tage der Ankunft zum Staatsbesuch des Bundespräsidenten in Südkorea in Umlauf gebracht. Ich zeigte diese Briefmarke einem hohen Beamten vom afghanischen Postministerium und fragte, ob es so etwas zu Ehren des Besuchs hier auch gibt. Darauf antwortete mir dieser Herr, dass diese Gelegenheit vom Postministerium völlig übersehen wurde.

Afghanistan hat sich innerhalb der letzten 5 Jahre zu einer Briefmarken Fundgrube entwickelt, das viele Philatelisten aufhorchen lässt, leider werden alle Briefmarken schon von staatlicher Hand auf dem Hauptpostamt in Kabul nur ungern und in kleinen Mengen zum Realwert verkauft. Viele regulär noch im Umlauf befindliche Marken, kann man offiziell nicht mehr kaufen, sondern nur zum 10-100fachen Preis, denn es gibt bis jetzt keinen verantwortungsvollen und starken Mann in Afghanistan, der solche Verhältnisse unterbinden kann, damit muss sich jeder, der Briefmarken braucht abfinden.

Es sind natürlich zum größten Teil die Ausländer, die hiervon betroffen sind, denn einmal ist die Auslandspost zehnmal teurer als im Inland und zum anderen schreiben diejenigen Afghanen, die des Lesens und Schreibens kundig sind, alles andere als Briefe.

Es ist in Asien überall dasselbe, ohne Bachschick kein Geschäft, diese Mentalität der Asiaten wird auch in 1000 Jahren nicht anders sein.

Kurze Zeit nach dem Staatsbesuch von Bundespräsident Lübke in Afghanistan, begann in den Städten des Landes eine Krisenzeit, von der natürlich Lübke und sein Gefolge nicht hätte betroffen werden können, denn vom staatlich angestellten Schuhputzer, Kammerdiener, Frisör bis zum Koch nebst Marschverpflegung.

Es begann in Afghanistan eine Brotknappheit, die sich speziell nur in der Hauptstadt und einigen größeren Orten des Landes auswirkte, weil die Landbevölkerung fast ausschließlich Selbstversorger sind. Diese Brotmisere war nur auf schlechte Wirtschaft und Verwaltung zurückzuführen, was wiederum klar und deutlich erkennen lässt, dass asiatische Mentalität auch in höchsten Regierungsstellen sich durch äußeren Einfluss nicht ändern lässt.

Von Amerika und auch von europäischen Staaten sind recht viele Wirtschaftsexperten und Beratungsgruppen in Afghanistan, doch Zugehörige solcher Gruppen werden niemals einsehen, dass ihr Tun von afghanischer Seite vollkommen ignoriert wird, denn das würde die Steuerzahler einzelner Länder aufhorchen lassen und die

Nutzlosigkeit solcher Unternehmen publik machen.

Schon der Ausdruck Hilfe für unterentwickelte Länder, wie man anfangs solche Unternehmen nannte, stieß bei einigen Ländern, denen man Hilfe zukommen ließ, auf Widerstand, speziell in Moslem-Ländern glaubt man, mindesten religiös kulturell viel weiter entwickelt zu sein, als die ungläubigen Europäer und Amerikaner, was jeder Ausländer in solchen Ländern täglich zu hören und zu spüren bekommt.

Obwohl man heute diese Hilfen als Wirtschaftshilfe bezeichnet, wollen viele Länder auch das nicht ganz gelten lassen, weil für sie jeglichen Preis von Waren und Maschinen, sowie die Bezahlung von Experten aus Industrieländern zu teuer erscheint.

Hinzu kommt das tatsächlich Wirtschaftshilfen, speziell von westlichen Ländern von ihren eigenen Experten zu 50% selbst verbraucht werden, dem Land jedoch auf das Konto Unterstützung gebucht wird.

Das hat sich Russland in erster Linie zu Nutze gemacht, indem es seine Waren und Spezialisten viel billiger anbietet und dadurch, hauptsächlich bei der unteren Bevölkerung mehr Ansehen genießt.

Wenn auch russische Waren und Maschinen aller Art auf dem Weltmarkt nicht konkurrieren können, nur vom Weste wissen das sehr gut, so werden sie doch von technisch unterentwickelten Ländern bevorzugt.

Lebensdauer und Rentabilität irgendeiner Maschine hängen nicht nur von guter Wartung derselben ab, sondern auch von der Zufriedenheit jener Leute, denen solche Wartung obliegt. Oft kommt es vor, dass von diesen technisch unterentwickelten Leuten, recht schnell einer den höchsten Entwicklungsstand erreicht, nämlich vom Eseltreiber zum Chauffeur oder Maschinenwärter emporsteigt, der dann trotz Wissen von Fahrzeug oder Maschine eher alters Öl einfüllt und das neue verkauft.

Hierbei zeigt sich dann, dass die weniger moderne unkomplizierte russische Maschine etwas solches viel besser übersteht als unsere hochmodernen, überkomplizierten amerikanischen Maschinen, was anderseits allgemein Anklang findet und für russische Erzeugnisse Reklame macht.

Das Problem Entwicklungshilfe, das man mit schönen Namen wie Völkerverständigung, Weltfrieden usw. ziert, hat größtenteils politische Ziele, deren Vor- oder Nachteile in jedem Fall ungewiss und nicht voraussehbar sind. Jedermann der nur einen kleinen Einblick in solche Entwicklungshilfe Programme hat, wundert sich nicht nur über die Mengen der Hilfen, sondern vielmehr über die Undankbarkeit verschiedener Völker, denen die Hilfe zukommt und hierbei ist es fragwürdig, ob die Weiterentwicklung in einzelnen Ländern nicht absichtlich gebremst wird.

In Afghanistan ist es bis jetzt noch nicht gelungen, die Entwicklung voran zu treiben, obwohl das Land schon seit mehr als 50 Jahren unter europäischem Einfluss steht, im Gegenteil, Europäer haben sich dort entwickelt, d.h. finanziell saniert, denn Idealisten zu welchen ich mich zähle, ohne Überheblichkeit meiner Person und meiner Hilfe für das Land Afghanistan, gibt es nur noch wenige. Wer als Europäer einige Jahre in einem wirklich armen unterentwickelten Land wie Afghanistan sich vertraglich verpflichtet zu helfen, der gilbt wirklich als Botschafter seiner Landes, wie sich Bundespräsident Lübke vor den versammelten Deutschen bei seinem Staatsbesuch in Afghanistan ausdrückte.

Wenn auch ein solches Lob keinen materiellen Nutzen hat, bleibt doch die Genugtuung, dass die Namen solcher Botschafter in ihrem Wirkungsbereich über viele Jahre nicht vergessen werden.

MIX

Papier | Fördert
gute Waldnutzung

FSC® C083411

Zeitfracht Medien GmbH
Ferdinand-Jühlke-Straße 7
99095 Erfurt, Deutschland
produktsicherheit@kolibri360.de